U0650501

PDD 拼多多

客服口才训练 与下单技巧

徐 茜 ◎编著

中国铁道出版社有限公司

CHINA RAILWAY PUBLISHING HOUSE CO., LTD.

内 容 简 介

竞争的激烈，导致商家对客服人员的用人要求逐渐提高，由于网络成交的属性，客服人员几乎就是销售人员，客服人员口才的好坏，直接决定了销售额的高低。

如何提高客服人员业务水平，抓住每一笔订单，打造懂顾客、会销售的网店客服，从而让店铺销售额和口碑提升同时，又能轻松应对各类买家，实现零差评服务，是每个商家和客服从业者均要思考的问题。

本书从客服素质、把握心理、推荐商品、灵活沟通、刺激需求、打消疑虑、消除抱怨、拒绝还价、处理差评、处理投诉、培养店铺粉丝和提高沟通效率12个方面进行讲解，教读者掌握客服服务技巧，为成为优秀的金牌客服人才打好基础。

本书是一本快速提高沟通与下单技巧的客服工具书，不仅适合拼多多客服人员、品牌商家、创业者和电子商务从业者参考学习，还可以作为企业培训拼多多相关岗位人才的培训教材。

图书在版编目（CIP）数据

拼多多客服口才训练与下单技巧 / 徐茜编著 . —北京：
中国铁道出版社有限公司，2021.6
ISBN 978-7-113-27625-6

Ⅰ.①拼…　Ⅱ.①徐…　Ⅲ.①电子商务 – 销售 – 口才学
Ⅳ.① F713.36 ② H019

中国版本图书馆 CIP 数据核字（2021）第 048203 号

书　　名：拼多多客服口才训练与下单技巧
　　　　　PINDUODUO KEFU KOUCAI XUNLIAN YU XIADAN JIQIAO
作　　者：徐 茜

责任编辑：张亚慧　　　编辑部电话：（010）51873035　　　邮箱：lampard@vip.163.com
编辑助理：张 明
封面设计：宿 萌
责任校对：焦桂荣
责任印制：赵星辰

出版发行：中国铁道出版社有限公司（100054，北京市西城区右安门西街 8 号）
印　　刷：北京铭成印刷有限公司
版　　次：2021 年 6 月第 1 版　2021 年 6 月第 1 次印刷
开　　本：700 mm×1 000 mm 1/16　印张：18　字数：272 千
书　　号：ISBN 978-7-113-27625-6
定　　价：69.00 元

版权所有　侵权必究

凡购买铁道版图书，如有印制质量问题，请与本社读者服务部联系调换。电话：（010）51873174
打击盗版举报电话：（010）63549461

前　言

　　近年来，拼多多平台迅速火爆全网，并成功拿下了高份额的市场。现在的拼多多平台正处于红利期，所以，越来越多的商家开始涌入这个平台，以期能在红利期分一杯羹，这给很多人提供了就业机会，拼多多客服就是其中的一个。

　　拼多多客服作为连接商家与顾客的桥梁，对店铺具有举足轻重的影响。顾客浏览商品时，直接下单的概率并不高，大部分顾客会选择先咨询客服，在进一步了解商品的具体信息后，才决定是否下单。可以说，客服人员的服务直接影响店铺商品的销量。

　　客服的岗位门槛不高，多数客服人员可能认为只要打字的速度快，学会拼多多的系统后台操作就可以了。其实不然，客服人员直接接触顾客，除了为顾客解答疑惑，还需要为顾客提供高质量的售后服务，甚至承担着销售员的角色。所以，对拼多多客服人员来说，优秀的沟通能力与引导下单技巧是必须具备的基本技能。

　　那么，拼多多客服人员如何提升沟通的能力？如何有效应对各种类型的顾客，从而达成交易的目的呢？具体来说，拼多多客服人员可以从如下方面入手。

（1）具备基本素质，给顾客留下好印象。拼多多客服人员在与顾客沟通的过程中，给顾客留下的第一印象可能直接决定顾客是否会下单或回购。

（2）揣摩顾客，把握顾客心理。拼多多客服人员在接待顾客的过程中，只有对顾客的心理有一定的了解，才能思考出具体的应对方法。

（3）推荐商品，突出商品的特色。拼多多客服人员要在顾客未下定购买决心时，有技巧地介绍商品，让顾客更直观地了解商品的特色。

（4）学会倾听与发问、刺激顾客需求。既然目的是达成交易，那么客服人员就需要对顾客有一个全面的了解，才能刺激顾客需求。倾听与发问是在短暂的沟通中快速了解顾客的方式。

（5）掌握打消疑虑、消除抱怨的技巧。答疑解惑、消除抱怨是拼多多客服人员的重要工作内容，有效打消顾客疑虑，可以提高转化率，消除顾客的抱怨，则可以提高顾客购物的满意度。

（6）学会拒绝还价。如何拒绝顾客的讨价还价，维护店铺利益也是拼多多客服人员需要掌握的技巧。

（7）处理投诉、争取追评并且维护店铺顾客关系，增加用户留存。拼多多客服人员能否给店铺打造好口碑，有效争取追评、撤销投诉，并且维护好店铺与老顾客的关系，不仅可以体现出该客服人员工作能力是否足够出色，还决定了该店铺的未来发展方向。

（8）提高工作效率。拼多多客服的工作量大，学会利用平台的部分功能提高效率，可以给自己减轻一定的工作压力。

本书从上述几个方面结合精选案例，对拼多多客服人员如何提高沟通能力与引导下单技巧进行分析，给拼多多客服人员提供借鉴，让客服人员能够针对不同类型的顾客找到合适的应对方法，有效提高自身的沟通能力。

需要特别说明的是，不同使用场景的具体说话技巧不同，所以，拼多多客服人员可以根据实际情况加以变通，灵活应对。

本书由徐茜策划，参与编写的人员还有卢海丽等人，在此表示感谢。由于编者知识水平有限，书中难免有错误和疏漏之处，恳请广大读者批评、指正。

编　者

2021 年 3 月

目　录

第**1**章

提高素质，
留好印象

学前提示

　　正所谓"在其位谋其政"，身为一位客服人员，就应该端正态度，扮演好自己的职业角色，为顾客提供高质量的服务，同时也给客户留下一个好印象。

　　这要求客服人员不仅要拥有一定的职业素养，还必须要掌握一定的服务技巧。

要点展示

　　➢ 接待顾客，具备素质

　　➢ 处理问题，掌握技巧

1.1 接待顾客，具备素质

每个职业都有其必须具备的基本素质，客服人员直接与服务对象接触，在沟通过程中，客服人员的表现很大程度上决定了顾客对店铺的第一印象的好坏。因此，有礼貌、有热情、有责任感都是客服人员必须具备的基本素质。

除此之外，在电商平台竞争激烈，商品琳琅满目的今天，客服人员已经不再是一个被动答疑的角色。因此，客服人员在沟通中需要占据主动权，这要求客服人员要有良好的服务意识，同时还要有良好的心理素质与高超的销售技巧。

1.1.1 礼貌用语，文明沟通

礼貌是商业服务人员基本的职业道德之一。衡量客服人员工作的标准主要是顾客满意度，因此，"礼貌待客"一直是客服人员必须遵守的行为规范。作为一名客服人员，要随时做到礼貌待客，给予顾客尊重，给顾客创造一个愉悦的购物氛围。

【案例展示】

顾客：你好，我想问一下，你们这款衣服的面料是纯棉的还是涤纶的？

客服：是纯棉的。

顾客：容易皱吗？我担心水洗了之后容易变得皱巴巴的，它会不会缩水？

客服（语气变得不耐烦）：不会。我们的衣服都是水洗棉，不会皱。如果你担心，可以考虑清楚再买。

顾客：你什么意思？我在跟你好好说话呢，你连基本的礼貌都不懂吗？你是觉得我买不起你们的衣服还是怎么样？

客服（语调平平，没有起伏）：我没有别的意思，只是让你考虑好再买，如果担心可以看一下商品详情，上面有介绍，我们这款衣服不会缩水不会皱。

顾客：我在你们店看衣服有问题咨询你，你就这态度？算了，你们的服务态度这么恶劣，卖的东西又能好到哪里去？我不买了！

上述为某客服人员与顾客沟通的部分内容，这位客服人员从一开始就抱着无所谓的态度在接待客户，没有做到礼貌待客，在交流开始时，并没有向顾客说"您好"，也没有对自己的身份做一个简单的自我介绍，而是直截了当回复客人问题。同时，客服人员用"你"称呼顾客，让顾客感觉没有受到尊重，这是没有敬业精神的体现。

【技巧解析】

1. 注意礼貌用语

使用礼貌用语与顾客沟通，是对顾客最基本的尊重。与顾客交流时，客服人员应以"您好"开头，并经常把表示恭敬的习惯用语挂在嘴边，如："请""谢谢"，对顾客的称呼，用"您"代替"你"。

当顾客对商品产生质疑时，客服人员可以用委婉、含蓄的表达方式进行解释。遇到顾客的质问，客服人员需要放低姿态，以退让为前提事先道歉，消除顾客的怒气，如对顾客说"实在不好意思""请原谅"等。

2. 善用语气词

没有人会喜欢与语气冷漠的人沟通，因此，客服人员的语言表达既要有礼貌，又需要有亲和力。同一句话用不同的语句来表达，给人的感觉不同。比如，案例中客服人员面对顾客质问时，回答的是"我没有别的意思"，这句话可以用"不好意思哦"来代替。沟通的技巧固然重要，但是语气词传递出来的信息对顾客情绪也有很大影响。

因此，在与顾客的交流中，客服人员可以多使用语气词，如"吗""噢""吧"等，给顾客营造愉快的沟通氛围。

1.1.2 积极主动，热情待客

沟通的过程大多数是非常短暂的，顾客往往以沟通中对客服人员的第一印象来评估服务的好坏，甚至上升到对该企业或店铺印象的好坏。在短时间内，客服人员能够被顾客接纳，与顾客建立起互相信任的关系有一定难度。所以，客服人员一定要把握好沟通的机会，让语言充满热情，向顾客展现自己热情的态度。

【案例展示】

顾客：有人在吗？有急事！

客服：您好，欢迎光临！请问有什么能帮助您的？

顾客：你们卖的这是什么东西啊？我要退货！

客服：实在不好意思，女士，您先别急，方便告诉我退货的原因吗？

顾客：你们是不是卖假唇膏的？我这一支才从你们店里买了几天，拆开放包里还没有开始用，外面包装的漆就掉了，正品的包装怎么会这么劣质呢？

客服：发生这样的事情真的很抱歉，您可以拍照发给我查看一下吗？我帮您看看。

顾客：行，你帮我看看。

客服（迅速查看完图片）：女士，看来是您的口红和钥匙一起放在包里，才划到的，您看，这上面能明显地看到划痕呢！这款口红铜管外面的涂层比较特别，确实比较容易被尖锐的东西划掉，上次我也遇到了跟您同样的情况。

顾客：这样啊，那怎么办啊？这样显得不美观呀！

客服：没关系的，我给您寄一个新的包装，好吗？

顾客：那实在太感谢你了，会不会太麻烦啊？要不我将就用好了。

客服：您不用担心，不过可能需要您等待两天，到时候我教您怎么换上，好吗？

顾客：也行，你们服务不错，我给你们一个好评！

客服：谢谢您认可我们的服务，欢迎您再次光临，希望本次购物能给您带来愉快的体验。

上述为某客服人员与顾客沟通的部分内容，案例中客服在面对顾客负面的情绪时，语言把控得非常好，显得大方且不失热情，可以看出该客服人员心理素质非常好。在沟通过程中，顾客的情绪随着客服人员的引导而做出了转变，客服人员也有效地处理了顾客投诉，给顾客留下了一个热情待客的好印象。

【技巧解析】

1. 语言展现热情

顾客在咨询问题时，主要通过客服人员的语言来判断该客服人员此时的服务态度。如果说肢体动作可以间接表达情意，那么语言则是直接表达情意的有效方式。

沟通是有技巧的，客服人员在与顾客沟通时，对顾客多用一些问候语，在解决问题、提出对策时，多征求顾客的意见，都是显示热情态度与认同顾客的表现，对沟通非常有利。

2. 积极主动显示热情

客服人员在服务顾客时不能处在被动服务的状态，而应该积极主动为顾客解决问题。积极主动是热情服务的一种表现，体现了客服人员的服务欲望。

在服务行业，顾客就是衣食父母，只有从思想深处意识到顾客的重要性，明白积极主动的重要性，才能向顾客展现热情态度。因此，客服人员需要理顺主客关系，调整好心态，避免受到顾客负面情绪的影响，把不良情绪带到工作中。

1.1.3 承担责任，获得尊重

企业有为顾客提供良好服务的责任，客服人员便是企业提供良好服务的执行者。作为服务执行者，客服人员必须要有责任感，设身处地地站在顾客的角度思考问题，这样才能感受到工作中自我存在的价值。

客服是需要有奉献精神的一个职业，付出远远会大于回报，如果没有责任感，就很难有坚持做好分内事情的动力，也就得不到顾客的信赖和尊重。

【案例展示】

顾客：我要退货，我在你们店买了一件衣服，回到家发现有一个地方线头裂开了，太劣质了。

客服：您好，我看看，您是什么时候买的呢？

顾客：我昨天收到货，洗的时候发现的。这是衣服的图片，你看看。

（顾客发来一张图片）

客服：亲，有可能是在运输过程中导致的呢，您缝一下就好了。

顾客：你们店铺衣服有问题，不给我退货，还推卸责任？你就是不想给我退货是吧？商品详情页里面不是说七天包退吗？你们这是在欺骗顾客！

客服：女士，您这个问题不属于质量问题，可能是您人为损坏的。

顾客：又不是我弄坏的，我给自己买的衣服总不会故意弄坏吧？

客服：不好意思，退不了，这衣服您洗过了，按理说吊牌拆了的衣服我们店铺不接受退货，您找针线缝一下得了，不是什么大事。

……

上述为某客服人员与顾客沟通的部分内容，从案例中我们可以发现客服在沟通的初始阶段，对顾客态度还算礼貌，但是在处理顾客退货问题时，却推卸责任，并且在交流过程中缺乏耐心，直接让顾客吃了一个闭门羹，这种行为对顾客非常不尊重，很有可能会对店铺的信誉产生极大的影响。

【技巧解析】

1. 负责任

客服人员面对客户服务中出现的问题，要勇于承担责任。客服人员在工作中经常需要面对各种问题与失误，一旦出现问题，顾客往往会怒气冲冲地找到客服，要求立刻解决问题。在店铺运营过程中，难免会有个别顾客以各种理由退货，客服人员遇到想要退货的客户，应当立即采取行动问清退货原因，而不是先推卸责任。

2. 有耐心

有耐心的人，能够保持不急不躁、不厌烦的心态。客服的服务工作是烦琐、无聊的，不管遇到的是有焦躁心理的顾客，还是有泄愤心理、逆反心理的顾客，客服人员都不要因失去耐心而影响服务质量。

面对顾客消极的负面情绪以及语言上的攻击时，客服人员必须要顶住压力，调整心态，耐心与顾客沟通，了解事情的始末，不能表现出不耐烦的态度。

1.1.4 临危不乱，处变不惊

"客户至上"的服务观念始终贯穿着服务工作的整个过程。作为一名客服人员，必须要有良好的心理素质，这要求客服人员必须要拥有"临危不乱"的应变能力，在遇到紧急情况的时候不能惊慌失措。同时，客服人员还要有百折不挠的承受能力，以及自我掌控的调节能力，只有这样才能在服务工作中独当一面。

【案例展示】

客服：刘女士您好，这里是×××旗舰店，我是客服小优。

顾客：哦，我不认识你，有什么事快说，不然我挂电话了。

客服：实在不好意思，打扰您了，是这样的，我们店铺最近周年庆在做活动，有礼品免费赠送，所以今天想把这个好消息告诉您，不知道您现在是否方便通话呢？

顾客：确定是免费的吗？你们不会是骗子吧？

客服：亲，当然是免费的，您几天前在我们店铺买了一件外套，您还记得吗？

您还问了那件外套的详细信息，当时就是我接待您的。

顾客：呵呵，你还好意思打电话给我？你把那件外套说得天花乱坠，结果我买了收到货后才发现，那色差简直太严重了，我都没法穿，直接就给了一个差评！

客服：非常不好意思哦，我查看了一下，有可能是拍商品图片的时候滤镜影响了拍出来的颜色，我这就让我们美工去改图片。女士，您还是对这个颜色有所芥蒂吗？

顾客：我比较喜欢图片上的颜色，没想到收到货却发现颜色差别太大了。

客服：实在不好意思，是我们的失误导致您有了一个不愉快的购物体验，如果您不太喜欢这件衣服的颜色，小优可以帮您申请退货，您看需要吗？

顾客：这样啊？可是退货太麻烦了啊，我已经送给我朋友穿了，她比较喜欢那件衣服，不然我直接丢进衣柜不穿它了。

客服：哈哈，看来咱们这件衣服跟您朋友比较有缘分呢，如果您朋友比较喜欢的话，那么您看差评的事情是否可以修改一下呢？

顾客：那不是太麻烦了吗？一个差评放在那里又不会有多大影响啊！

客服：您就抽空帮帮忙，好吗？还得请您填一下收货信息，给您发赠送的礼品呢！

顾客：好吧，礼品是真的免费的，是吧？

客服：当然啦，您就放心吧，有问题您随时联系小优！

上述为某客服人员与顾客沟通的部分内容，从该案例中，可以看出客服人员超强的应变能力，客服人员以店铺周年庆送礼品为由联系顾客，实际是为了处理客户差评。面对顾客多次的质疑与抱怨，客服人员不但没有受到消极情绪的影响，反而表现得落落大方，成功地引导顾客修改了差评。

【技巧解析】

1. "临危不乱"的应变能力

对一名客服人员来说，拥有"临危不乱"的应变能力非常重要。多数客服人员都会遇到突发事件，比如，顾客打电话投诉店铺，在情绪不稳定的情况下对客服人员进行了人格侮辱，或者触碰到了客服人员的底线，客服人员应该如何应对？部分客服人员可能与顾客争论，或者受到消极情绪的影响，导致被顾客牵着走，而具有应变能力的客服人员，则能耐心安抚顾客情绪，做到大事化小，小事化无。

2. 百折不挠的承受能力

客服人员经常会遭受各种各样的挫折，被顾客辱骂或者被顾客误解。长此以往，与顾客紧张的人际关系导致客服人员产生难以承受的心理负担，他们（她们）可能会自我否定，从而产生较大的情绪波动，甚至对本职工作产生恐惧心理。

客服是一个比较锻炼人的职业，因此，如果选择了客服这个职业，就必须要有百折不挠的心理承受能力，对顾客多一些耐心，多一分理解。

3. 自我掌控的调节能力

即使最优秀的金牌客服，也会因服务工作中遇到的某些事物而产生个人情绪。试想，当客服人员刚与一位脾气暴躁的顾客沟通完，接下来还有各种顾客的问题等着处理，他（她）如何能快速调整好心态接待下一位顾客呢？除了需要处理好复杂的人际关系，客服人员每月还需要完成考核指标，这无形中使客服人员承受着非常大的压力。

不管是身体上的操劳，还是严峻的心理压力，都要求客服人员必须要有自我掌控的调节能力。所以，客服人员在休息的时候，可以合理地宣泄自己的负面情绪，比如，看一场喜欢的电影，听一首好听的歌曲，以此来适当地放松心情，调整好个人情绪，避免影响本职工作。

1.1.5　诚实守信，说到做到

俗话说得好："人无信不立。"人一旦失去了信用，便没有了立足之地。拼多多网店面对庞大的受众，谋求的是长久的良性发展，所以诚实守信非常重要。

客服人员作为店铺或公司的"发言人"，其一言一行都代表着店铺或公司形象。因此，作为一名客服人员，你的行为对你所代表的对象将产生非常大的影响，切不可在沟通过程中失信于顾客。

【案例展示】

顾客：我觉得你们店的 A 商品挺不错的，我在 5 天后急着要用，所以，想问一下，下单之后大概多久可以收到货。

客服：关于快递的时间，您可以放心，小店选择的都是速度比较快的快递公司。从以往的经验来看，国内快递两天内一般可以送达。小芳可以保证，下单之后最多不超过 3 天，您一定可以收到商品。

顾客：看你信誓旦旦的，我就相信你了。

（几天后）

顾客：你们这些骗子客服，我要投诉你们！

客服：亲，能告诉小芳发生了什么事吗？

顾客：呵呵，你还好意思问？在我下单之前，我特意询问多久可以收到货，你们的客服信誓旦旦地说3天之内可以送达。我竟然相信了，结果等了差不多一个星期才到，你们完全是为了让顾客下单才欺骗顾客的。

客服：非常不好意思，通常情况下，小店的快递确实是3天之内可以送到您手上的，但是，这一段时间正好赶上快递高峰期，所以，快递的运送速度与平常相比，确实要慢一些，这是客观原因，还希望您可以多一分谅解。

顾客：我不管那么多，既然你们承诺了就要做到。我这次是来特意告诉你一声的，我要投诉你们！

上述为某客服人员与顾客沟通的部分内容，不难看出，在该案例中，顾客在询问快递送达时间之后，客服人员为了让顾客快速完成交易，作出了一定的保证，结果客服人员承诺的事没有做到。因此，顾客对于没有在预期时间内收到商品非常愤怒，认为这件事情是客服人员欺骗自己导致的。

【技巧解析】

1. 不要欺骗顾客

在沟通过程中，客服人员一定不要欺骗顾客。然而，部分客服人员在与顾客的沟通过程中，为了完成销售目标，可能会夸大其词，用一些不符合实际情况的说辞来引导客户下单。虽然适度夸张是与顾客沟通的一种必要技巧，但是，如果顾客在收到商品之后，发现客服人员所说与实际不符，就可能认为客服人员是在欺骗自己。

2. 说到就要做到

除了适度夸张增加商品的吸引力，部分客服人员在面对顾客的询问时，为了坚定顾客的购买决心，还会作出一些承诺，结果承诺没有实现，反倒惹恼了顾客。

客服人员在与顾客沟通的过程中，应该以诚信为本，说到做到，如果没有把握做到，就不要轻易给出承诺。否则，顾客将会把怒火发泄到客服人员身上，并给客服人员所代表的店铺打上一个不诚信的烙印。

1.1.6　找好定位，服务至上

客服人员在沟通过程中一定要找到自己的定位，顾客是你的服务对象，你需要做的就是以顾客为中心，秉承服务至上的原则，根据顾客的需要为其提供相应的服务。在服务顾客时，千万不要把自我想法看得太重，理所当然地认为顾客应该跟着你走，或者对顾客爱答不理。

【案例展示】

顾客：我想在你们店买一台 A 品牌的手机，你能给我一些参考吗？

客服：A 品牌的商品越来越不行了，您要买手机的话，小周向您推荐 B 品牌的手机。这个品牌的手机不仅外观好看，更关键的是小店是该品牌手机的授权店，可以给您意想不到的优惠。

顾客：我是 A 品牌的老用户，对于它的品质我个人还是比较信赖的。我就想买这个牌子的手机，你就说你们店有没有吧？

客服：好吧，那您说您有什么要求？

顾客：嗯，只要打电话、发短信、上网这些基本功能都具备就可以了。另外，最好价格在 1 000 元以内。

客服：小周觉得吧，手机也是一个人的门面，买手机就应该买好一点儿的。您看这款手机怎么样？ 5.5 英寸的屏幕、前后 5 600 万像素的摄像头，无论是看视频、玩游戏，还是拍照都是上上之选，而且价格也不贵，2 000 元左右。

顾客：为什么总是我说东，你要跟我说西呢？我就是用手机联系别人，哪里需要什么大屏和像素？都跟你说了要 1 000 元以内的，你还给我推荐 2 000 元价位的。跟你沟通我是真的累，我看我还是去别家好了。

上述为某客服人员与顾客沟通的部分内容，在该案例中，可以看出顾客对于要购买的东西显然是有明确要求的。这时，客服人员只需顺水推舟，给客户介绍符合需求的几款商品供顾客对比，适当地给出一些小建议即可。然而，这位客服人员却试图通过沟通给顾客一些不需要的建议，想让顾客购买自己推荐的商品。结果导致顾客认为客服人员答非所问，没有为自己推荐需要的东西。

1. 根据要求应答

客服人员与顾客沟通就好比在写命题作文，虽然客服人员可以相对自由地发挥，在沟通过程中可以使用各种技巧，但是沟通必须要围绕主题。

当顾客在沟通过程中就某一问题询问客服人员时，客服人员在看到顾客提出的问题之后，必须根据问题进行应答。否则，客服人员给出的答案很可能与顾客想要的答案相差甚远。这样一来，顾客势必不能得到其真正需要的内容，而沟通也将难以获得预期的效果。

2. 多进行换位思考

虽然客服人员在沟通过程中扮演了一个意见提供者的身份，但是最终做决定的还是顾客自己。所以客服人员要在沟通过程中体现自身的价值，就要为顾客提供其需要的信息，遇到目的性强的客户，不要试图改变顾客的想法。

因此，客服人员一定要在沟通过程中多进行换位思考，站在顾客的角度想问题，提炼顾客所表达的关键词，判断顾客需要的商品的功能、要求，推荐顾客想要的商品。

1.1.7　推荐商品，促成交易

拼多多客服岗位虽然门槛较低，但是职位竞争激烈。客服人员如果没有销售技巧，那么很有可能将会面临被替代的风险。

因此，不管是为了企业或店铺的盈利，还是个人业绩目标，在顾客主动咨询商品时，客服人员都要以促成交易为目的，面对已经在店铺购物过或咨询未果的客户，要积极跟进，推荐商品。

【案例展示】

客服：您好，李女士。这里是×××旗舰店的客服小王。

顾客：哦，找我有什么事吗？

客服：实在不好意思，打扰您了，是这样的，前天您在我们店里看了一款包包，您问了很多问题，想必您挺喜欢的。今天我们这款包包只剩一个了，我担心到时候被别的顾客买了，所以想问一下您对这款包包是否还有意向。

顾客：我已经不需要了，别人买了就买了吧！

客服：女士，那天跟您沟通的时候，我觉得您看中的那个包包真的特别符合您的气质，您是有哪些考虑呢？

顾客：太贵了，我还没有买过这么贵的包包呢，所以我不想买了。

客服：女士，这款是真皮的材质哦，而且牌子很高端，想必您也了解过，这个款式今年卖得特别好，而且这款包包很耐用，贵点没有关系的，一个包包的使用寿命可以顶好几个便宜的包呢，我们还有保修的服务。

顾客：有保修是吧？可我还是觉得有点贵啊，能不能便宜一点呢？

客服：女士，您还别说，这个包包相比其他的款式，价格已经很便宜了，而且您得对自己好一点，背个好看的包，出去跟朋友聚会也有面子呀！

顾客：说得也对，我确实蛮喜欢这个包包的，但还是考虑价格问题。

客服：那这样吧，女士，您如果买这个包包，我送您一张购物优惠券怎么样？我自己也经常在我们店里买东西，给自己办了会员，最近店里有活动，给每个会员都送了一张优惠券，你下次到我们店里买东西，可以优惠一点。

顾客：可是我不会经常买包，买了这个包包之后估计很长一段时间都不会买了。

客服：没关系的，您以后到我们店里买东西，找我就行，我可以跟店长说说，而且我们店里还有其他类目的商品，最近刚到几款新的鞋子，都是爆款，您可以来看看。

顾客：好吧，那我就买下这个包了，下次如果再买东西就到你们店看看，谢谢啊！

客服：您太客气了，我应该谢谢您才对，您以后有什么问题都可以来找我。

顾客：好的。

上述为某客服人员与顾客沟通的部分内容，从该案例中，可以看出，这位客服人员与顾客交流时一直处于主动的状态。顾客两天前购买意向强烈，却由于价格的原因，考虑之后决定不购买。对此，客服人员给顾客营造了一种紧张感，又抓住了顾客的痛点，从顾客的顾虑出发，巧妙打消顾客对价格的芥蒂，从而促成了交易。

【技巧解析】

1. 积极推荐商品

不管顾客是否有意向购买商品，客服人员都必须积极推荐商品给顾客。主动推荐商品，可以增加商品曝光率，还可以锻炼客服人员对商品卖点的提炼能力。需要注意的是，积极推荐商品并不是强买强卖，而是让顾客知道我们可以给他们提供什么，店铺与顾客寻求的是长期的合作，客服人员需要尊重顾客的选择。

积极推荐商品，可以表现为在顾客咨询商品时，客服人员积极地介绍商品卖点，并且在介绍该商品的过程中，积极推荐店铺其他商品，增加其他商品的曝光率。不仅如此，对于咨询未果的顾客，还可以及时跟进，激发起顾客咨询时的购买热情。

2. 以促成交易为目标

客服人员在与顾客交流时，应该以目标为导向，这个目标就是促成交易。客服人员的工作不仅包括解答顾客的疑问，还包括将店铺的商品销售给顾客。客服人员与顾客在沟通后是否达成交易，与该客服的个人业绩直接挂钩。

有目标才有动力，客服人员虽然工作内容相对简单，但是非常繁杂，需要耗费大量时间与精力，多数时候付出会大于收获。因此，客服人员需要在销售技巧上多费心思，把握好每一次与顾客沟通的机会。

1.2　处理问题，掌握技巧

技巧之所以称为技巧，就是因为掌握了之后，可以让人又好又快地解决问题。在与顾客沟通的过程中，即使面对同样的问题，有的客服人员可能短短几分钟之内就能解决，而有的客服人员却是花了很长的时间反倒把事情弄得更糟糕了。

虽然在拼多多平台购物非常便捷，顾客只需手指轻轻一点，即可完成下单，并且与别人拼单，顾客还可以享受优惠，但店铺毕竟是虚拟的，顾客会对商品的不确定性因素有所考虑。这时，店铺需要用服务来推动顾客迈出这一步。

客服人员是店铺服务的执行者，是否具备服务的基本技巧，是评定一个客服人员资深与否的标准。客服是连接店铺与顾客之间的桥梁，客服专业与否，对店铺的影响重大，甚至会直接影响店铺的顾客留存率与转化率。

1.2.1　了解商品，准备充分

客服人员能否自如地应对顾客在沟通过程中提出的各种问题，一定程度上取决于客服人员在沟通之前做的准备。如果客服人员没有做好准备就匆匆上场，那么，当顾客问及自己所不了解的内容时，客服人员就容易手忙脚乱。

因此，为了避免被顾客问得哑口无言，客服人员一定要做到未雨绸缪，思考顾客可能会问到哪些问题，并为每个问题找到相应的应对方法。

【案例展示】

顾客：你们的 A 款篮球鞋看上去挺不错的。

客服：您眼光真好，这是小店销得非常好的一款篮球鞋，而且好评率也达到了 95%。可以说，这是一款很值得购买的商品。

顾客：你应该也知道，篮球鞋的重量与运动的灵活性是有一定关系的。所以，我想问一下，这双鞋子穿着重吗？

客服：嗯，虽然小赵也不知道这双鞋的具体重量，但是，看着就能感觉得出来，这款鞋子应该比较轻。

顾客：减震效果怎么样呢？

客服：篮球鞋嘛，减震效果一般不会太差，您放心吧！

顾客：透气性呢？有的篮球鞋透气性太差，穿久了会觉得很热，你们这款篮球鞋会不会出现这种情况啊？

客服：这个问题嘛，因为小赵也没有穿过这款篮球鞋，所以，具体如何，小赵也不好给您一个答案。

顾客：你还真是对你们正在卖的商品一无所知啊！我都问了 3 个问题了，没有一个问题你能给出准确答案的。你要我怎么放心地下单购买呢？真不知道像你这样的客服能起到什么作用。唉，我还是去其他店铺再看看吧！

上述为某客服人员与顾客沟通的部分内容，在这个案例中，顾客对商品比较感兴趣，想要更深入地了解商品的信息，不曾想客服人员对商品一无所知，因此觉得该客服人员不够专业，从而对店铺商品有了疑虑。

【技巧解析】

1. 了解商品信息

商品的相关信息是顾客在沟通过程中重点要询问的内容之一，毕竟顾客要据此判断商品是否符合自己的需求。如果客服人员对商品的相关信息不够了解，那么不仅容易给顾客留下一个不专业的印象，还会导致顾客对客服人员不信任。

所以，在与顾客沟通之前，客服人员一定要先对店铺内商品的相关信息进行必要的了解。在有条件的情况下，客服人员可以把商品信息背下来或者亲自体验一下商品，这样当顾客在沟通过程中询问商品的使用感受时，客服人员就可以清晰地表达出来了。

2. 提前准备好应对方法

在与顾客沟通之前，客服人员可以站在顾客角度思考哪些问题可能会被询问，然后寻找这些问题的答案，或者和同事进行模拟对话，这样一来，当顾客真的问到某一问题时，客服人员便可以轻松地给出答案。

另外，沟通也是有一套方法的。即便顾客的问题是客服人员无法正面回答的，客服人员仍可以轻松应对，比如，客服人员可以根据经验总结出一些万金油式的说话技巧，当然，这非常考验客服人员的专业能力。

1.2.2 学会寒暄，拉近距离

在大多数情况下，客服人员在顾客眼中都是素不相识的陌生人，而对于陌生人，人们通常会有一定的防备心理。客服人员要想让沟通取得应有的效果，就需要让顾客放下防备心理。

让顾客放下防备心理，比较简单且有效的方法就是通过寒暄来拉近与顾客的距离。沟通需要循序渐进，要避免急于求成。客服人员可以在沟通的前期先与顾客进行一些简单的寒暄，通过感情的预热让顾客对客服人员多一分认同感。

【案例展示】

客服：刘先生，您好！我是 ×× 店的客服小马，您现在方便聊几句吗？

顾客：我现在没什么事，刚准备抽时间看看 CBA 呢？你有什么事情就快说吧！

客服：您听说了吗？A 球队在今天的比赛中又获得了胜利，大家都说这支球队是今年的夺冠热门呢。

顾客：嗯，我刚刚就想说看这场比赛来着。

客服：看来您在小店购买 B 款篮球鞋的决定非常正确啊！如果 A 球队真的夺冠了，那么您这双球鞋将因为是冠军队球员的战靴而显得更有价值了，真是羡煞像您这种篮球迷啊！

顾客：哈哈，借你吉言，希望如此吧！

客服：对了，光和您说 CBA 了，小马这次与您取得联系主要想询问一下您这双篮球鞋的使用情况。请问这双篮球鞋您穿过了吗？

顾客：嗯，穿过几次了。

客服：您觉得这款篮球鞋怎么样？还有没有什么需要改进的地方吗？

顾客：嗯，我个人感觉吧，各方面都还挺不错的，就是有一点还可以更好，那就是价格要是再高一点就好了。反正我都已经买了，就让别人用更高的价格来购买吧！

客服：哈哈，您真是太幽默了。好的，小马的问题都问完了，感谢您对小马工作的配合。祝您身体健康、工作顺利，也提前祝 A 队夺冠！如果您有任何疑问，欢迎随时联系小马。不打扰您看球了，再见！

上述为某客服人员与顾客沟通的部分内容，在该案例中，客服人员的目的很显然是想询问顾客商品使用情况，并借此收集商品的改进建议，而顾客则表示要看球赛，有事情就快说。

如果客服人员从一开始就直接说明来意，那么顾客很有可能是不会配合的。但是，在沟通时，该客服人员并没有直奔主题，而是在进入主题之前，先和顾客进行了一番寒暄，让顾客放下防备心理。从顾客感兴趣的话题切入，顾客心情大好，客服人员才能如愿让顾客配合完成对商品使用情况的回访。

【技巧解析】

1. 寻找合适的寒暄话题

对于寒暄，很多人的第一反应可能会想到讨论天气情况或者询问近况。当然，天气情况是人们常用来寒暄的话题之一，和顾客寒暄天气本身并没有问题，但是，有时候单一的寒暄话题反而使氛围显得非常尴尬。

在这种情况下，客服人员还需要寻找更加合适的寒暄话题。比如，在寻找寒暄话题时，客服人员可以结合顾客购买的商品和顾客的爱好，从最近的热点中找到与之挂钩的信息。通过这样的方式来找到顾客感兴趣的话题，自然能达到很好的寒暄效果。

2. 对顾客进行必要的了解

寒暄有时候更多的是一种不太直接的迎合，虽然客服人员希望以此拉近与顾客之间的距离，但是要让寒暄起到应有的效果，还需要迎合对地方，聊一聊顾客感兴趣的内容。

对此，客服人员在沟通之前，还需要对顾客进行必要的了解，找到顾客有可能会感兴趣的内容，并将之作为寒暄的话题。比如，客服人员可以通过顾客填写的订单以及顾客的个人信息等，掌握顾客的一些基本情况，方便往后回访。

1.2.3 表达清晰，语言准确

客服人员是与顾客直接沟通的人，而客服人员又是顾客意见的提供者。所以，客服人员在沟通过程中一定要做到思路清晰，才能把信息准确地传达给顾客。只有如此，顾客才能快速、有效地接收客服人员传递出的信息，而不是产生厌烦的情绪。

【案例展示】

顾客：客服在吗？客服在吗？客服在吗？重要的事情说三遍！

客服：您好，××店客服小张为您服务，不知道有什么可以帮到您的？

顾客：我在你们店买了一个帐篷，但是，搞了老半天了，不知道怎么安装搭建，你能教我一下吗？

客服：因为不同款式的帐篷，安装搭建的方法有一点不同，所以，小张还得冒昧地问一下，您买的是哪款帐篷呢？

顾客：哦，我买的是 A 款啊。

客服：嗯，好的。您买的是一款液压式弹簧支架的帐篷，它的安装搭建方式非常简单，具体来说您可以这样操作。第一步：把帐篷拿出来放在地上。第二步：向上拉动支架帐篷便会自动撑开。第三步：将帐篷接触地面的四个角打好地钉，将帐篷固定。经过这三步，您的帐篷便搭建完成了。

顾客：我按你说的方法试一下，你先等我几分钟。

客服：好的，您先忙。

（几分钟后）

顾客：呵呵，我刚刚按你的方法试了一下，果然很快就搭建好了。原来是我之前的方法错了，难怪老半天还没有把帐篷搭起来。当然，也得谢谢你，你的表达很清楚，我才能这么快把帐篷搭好。

客服：您太客气了，这是小张应该做的事。请问还有什么能为您做的吗？

顾客：哦，我没什么问题了，你服务真周到。

客服：您谬赞了，感谢您对小店商品的信任，也希望您今后可以多光顾小店。小张就不打扰您的悠闲时光了，再见！

上述为客服人员与顾客沟通的部分内容，在该案例中，客服人员的表现值得学习。关于商品的安装问题，客服人员先是耐心地了解顾客购买的商品，之后，根据商品的安装步骤进行了具体的说明。因此，顾客参照客服人员的方法，很快就完成了商品的安装，并对客服人员的服务非常满意。

【技巧解析】

1. 思路清晰

客服人员在与顾客沟通的过程中，只有保证自己的思路足够清晰，才能提炼出商品信息中的重要部分，向顾客传递有效的信息。有清晰的思路，客服人员在遇到顾客紧急的问题时，才可以清晰拆分出下一步的动作。不仅如此，客服人员保持思路清晰，还有助于根据轻重缓急有条理地安排工作，提高工作效率。

2. 表达准确

有了清晰的思路之后，客服人员还需要向顾客准确地表达出来。一件复杂的事情通过语言来传达，要保证对方快速理解，那么语言必须简明扼要，并且表达准确。

因此，当顾客的问题比较复杂时，客服人员的回答应该是逻辑清晰，重点突出，能够让顾客快速理解的。所以，客服人员在了解顾客的实际问题，通过思考分析出具体的策略之后，还要组织好语言，保证语言的准确性，才能更好地传达给顾客。

1.2.4 凡事顺从，不与争辩

有人说"顾客就是上帝"，也有人说"顾客就是衣食父母"。在与顾客沟通的过程中，客服人员必须以服务至上，尽量顺从客户的意愿，避免与顾客争辩，要知道逞一时的口头之快是不能解决实际问题的。所以，无论是在哪种情况下，争辩都是对顾客不尊重的表现，也是一种不负责任的体现。

【案例展示】

顾客：客服在不在啊？

客服：您好，客服小吴为您服务，不知道有什么可以帮到您的？

顾客：帮到我？你只要不坑我，我就谢天谢地了。你自己看看你们卖的是什么商品，衣服上这么大一个洞也好意思发给我，我就问一下，你们赚这样的黑心钱难道良心不会痛吗？

（说着，顾客向客服人员发送了一张图片。）

客服：嗯，从图片上看，您的衣服确实有一个洞，但是，我们在发货之前一般会仔细检查商品，不可能将有问题的商品发给顾客，而且您衣服上的洞明显是人为因素造成的。

顾客：所以，你觉得这是我自己弄出来的洞，我现在和你沟通就是在没事找事，想索赔对吗？

客服：这个我倒是不能肯定，但是，我可以肯定的一点是，从我们店发出的货不可能出现这样的问题。所以，我们是不会对这样的问题进行赔偿的。如果每个顾客都由于自己的原因造成商品出现问题，却要我们店进行赔偿，那么我们的店也不用开了！

顾客：这么说，你还是觉得这个洞是我自己弄出来的，所以，你不想承担任何责任啰！

客服：本来就是嘛！你自己的问题，我们凭什么要替你背这个锅？

顾客：你真棒！原本我只是想对你们的商品进行投诉的，现在看来，我可以连带着把服务态度一起给投诉了。反正现在我有证据，到时候就看拼多多平台会相信谁吧！哼！

上述为某客服人员与顾客沟通的部分内容，从中不难看出，在该案例中，顾客在收到衣服之后，发现上面破了一个洞，于是找到客服人员，希望能够沟通解决这一问题。但是，面对顾客反馈的问题，客服人员坚持己见，并没有事先安抚客户的情绪，核查问题原因，反而把责任都推到了顾客身上。

【技巧解析】

1. 不要强行反驳

在任何时候，反驳都是对顾客不尊重的体现。如果客服人员对顾客表达的内容进行反驳，就会引起矛盾，影响店铺声誉。

所以，在与顾客沟通的过程中，客服人员可以先安抚顾客的情绪，核对问题的真实性，再寻求解决办法。尤其是在客服人员不清楚真实情况时，切不可武断地强行反驳，导致矛盾升级。

2. 凡事先顺着顾客

当顾客在购物过程中出现了问题，感觉自己的利益被侵害时，必然会有情绪。此时，客服人员与其推卸责任、强行争辩，倒不如凡事先顺着顾客，安抚顾客的情绪，让顾客先把气消了再说。

当顾客的情绪缓和下来之后，客服人员再与顾客分析问题原因，如果是商品问题，就及时与顾客调解退换货。如果是其他因素导致出现问题，就必须给顾客一个合理的解释，寻求顾客的谅解，或给予顾客一些补偿。

1.2.5　自信服务，底气要足

客服人员在服务时需要充满自信，对拼多多客服人员来说，树立自信非常重要。在日常工作中，客服人员会接触大量不同的客户，其中难免遇到质疑客服工作能力、担忧店铺商品质量的顾客，或者因个人情绪影响而说出不尊重客服人员的话语的顾客。

面对类似情况，客服人员必须保持良好的心态，避免受到客户情绪的影响，回答问题时，声音自信，有底气，让顾客产生信任感。

【案例展示】

顾客：客服在吗？

客服：您好，客服小芳为您服务，不知道有什么可以帮到您呢？

顾客：我想问一下你们这个 A 粉底液适合什么肤质，用了会长痘痘吗？

客服：亲，咱们这款商品任何肤质都可以使用哦，您放心，咱们这款 A 粉底液粉质轻薄，用了不会长痘痘的。

顾客：是吗？我的皮肤是油性的，用什么都很容易闷出痘痘。上次我在别的店铺买的粉底液用了一次脸就长了痘痘，我估计你们家这款商品质量也不怎么样，算了，我还是再看看其他的商品吧。

客服：亲亲，咱们这款是养肤的粉底液，不仅遮瑕、控油的效果好，还能起到滋养皮肤的作用哦，里面都是草本的成分，而且长痘痘并不仅仅是化妆品导致的，对于敏感的油性皮肤来说，导致长痘痘的因素有很多。

顾客：话是这么说，但我涂了粉底液第二天就长痘痘是怎么回事呢？

客服：按照您的描述，有可能是卸妆不彻底导致的哦，市面上很多粉底液为了维持定妆的效果，粉质很厚重，普通的卸妆水很难卸掉。咱们这款粉底液粉质轻薄，很容易卸掉，如果您不放心，还可以搭配我们店铺 B 款卸妆水使用，这两款商品的牌子在网上非常火爆，很多美妆博主都在推荐呢！

顾客：哇！真的吗？怪不得我每次化妆之后，晚上卸妆洗完脸，睡觉时总觉得脸有点痒，很有可能是我卸妆不彻底呢，看你这么专业，我就信你一回，这两款商品一样给我来一支吧！谢谢啊！

客服：您不用客气，收到商品之后可以给咱们一个好评哦！有什么问题您随时找我，很荣幸能为您服务！

上述为某客服人员与顾客沟通的部分内容，在上述案例中，可以看到客服人员面对顾客的质疑，始终保持沉着冷静的心态，以专业的美妆知识为顾客排除忧虑，赢得顾客好感。

该案例中的客服对店铺内的商品非常了解，不仅有专业的美妆商品知识，对商品的网络热度也有所了解，让顾客产生值得信赖的感觉，甚至把店铺的另外一款商品也成功推销给顾客，可谓一举两得。

【技巧解析】

1. 对自己的专业知识有自信

作为某一行业的客服人员，要有专业的行业知识，同时必须对其他相关联的领域有所涉猎。客服人员每日接触大量顾客，难免在沟通过程中遇到自己的短板。

对此，客服人员应该积极学习、了解与自己工作相关的专业知识。在日常工作中，客服人员可以多积累顾客常问的问题，并提前准备好相应的答案。在闲暇时，客服人员可以多关注与自己工作相关的新闻以及行业发展动态，让自己在工作过程中得心应手、游刃有余。

2．对店铺的商品质量有自信

客服人员本质上代表店铺与顾客沟通，维护店铺的利益是首要任务。在工作中客服人员遇到质疑店铺商品质量是常有的事情，频繁被质疑，心中难免会摇摆不定，导致对商品失去信心，因此在给顾客介绍商品时，底气明显会不足。

客服人员在工作中也担当着销售员的角色，要说服顾客购买店铺商品，就必须要对自己的商品有信心。对店铺的商品和质量有自信，才能在沟通中关注商品的亮点，有条不紊地解答顾客的疑虑，增强顾客对商品的信任。

1.2.6 表明立场，争取信任

迅速地表明自己的立场是服务工作的基本技巧之一。向顾客表明立场，需要做到感同身受，站在顾客的角度考虑问题，并且让顾客知道客服人员与自己的立场一致。如果让顾客感觉到自己被客服人员重视，那么客服人员就容易取得顾客信任，服务的效果也会事半功倍。

【案例展示】

客服：您好，×××公司客服部，请问有什么可以帮到您的？

顾客：我在你们官网买了两双鞋，有一双准备送给我好朋友做生日礼物，今天收到快递，发现里面只有一双鞋子，我买给朋友的那一双没有发货给我，怎么回事？你们是不是少发货了？

客服：实在不好意思，我理解您的心情，您先别着急，换作是我，我也会很生气的，咱们现在要做的是核实情况，您把订单号发给我，我帮您看看。

顾客：好的。我发给你。

客服：不好意思，女士，您稍等1分钟，我稍后给您回复好吗？

顾客：行，你待会儿联系我吧。

（1分钟后）

客服：女士您好，实在很抱歉，我刚查了一下您的发货情况，您的两双鞋子是分开下单的，所以仓库是分开发货的，您的另外一双鞋子现在还在路上，相信很快就会到了。所以您不用担心。

顾客：是吗？这双鞋子什么时候到货呢？我朋友后天就过生日了，最迟明天就得收到快递。

客服：对不起女士，刚刚给您看了快递所在的地点，距离您所在的城市非常近。

顾客：什么意思？我是同一天下单的，为什么一个快一个慢呢？

客服：实在不好意思，我们公司合作的物流有几家，物流速度可能会有一点差别，我理解您的心情，如果我是您，也会感到很焦急的。

顾客：好吧，我知道了，那我等明天好了。

客服：您先别着急，快递所在的城市已经离您很近了，明天肯定可以收到快递的。我向您保证！

（第二天）

顾客：今天都快过去了，我看了物流，快递怎么还没有到呢？

客服：您好女士，实在不好意思，我查了一下，今天主要是受暴雨天气的影响，导致物流较慢，您再耐心等待一下，好吗？

顾客：你昨天不是说今天就能到吗？怎么回事？

客服：很抱歉女士，我没想到您所在的城市包括周边地区会有暴风雨，是我考虑不周，实在不好意思，天气属于不可控因素，我也没有办法。

顾客：行了，你不用解释了，既然这是没有办法控制的事情，你就不要承诺，让我白等了一天！

上述为某客服人员与顾客沟通的部分内容，在该案例中，客服人员在解决顾客问题时，确实做到了站在顾客的立场想问题，通过诚挚的道歉，在一定程度上起到了安抚顾客情绪的作用。

由于客服人员在向顾客做出承诺时，没有考虑不确定因素，快递由于天气原因没有准时到达，自然引起了顾客的不满，这位客服人员也因为顾客的质问慌了阵脚，一时不知如何应对，处境尴尬。

【技巧解析】

1. 表明立场，快速应变

任何时候，向顾客表明自己的立场，站在顾客的立场想问题，做到感同身受，都是快速取得顾客信任的方式。如果不能体会顾客感受，就不能找到问题具体的解决办法，所以在换位思考时，客服人员需要快速做出反应，才能及时提出解决办法。

客服人员换位思考，把自己想象成顾客，假如自己遇到类似的情况，想要以什么样的一种方式去解决，只有这样才能快速地找到解决问题的策略。对顾客来说，感受到客服人员是站在自己的立场思考问题，他们（她们）自然不会太过于情绪化。

2. 真诚道歉，适当承诺

面对顾客的质问，诚挚的道歉是打动顾客的最佳武器。顾客带着情绪来投诉或退货时，客服人员不要过于冲动，避免被顾客的语言和情绪影响，而要真诚地道歉，安抚顾客情绪，给自己争取解决问题的时间。

当然，在服务过程中，总有部分因素是客服人员不可控制的，这时除了道歉，客服人员还要适当向顾客做出承诺，让顾客焦虑的心情得到缓解。需要注意的是，为了避免给以后的服务带来不必要的麻烦，客服人员不要承诺自己做不到的事情，以免让顾客不再信任自己或者不信任店铺。

第 **2** 章

揣摩顾客，
把握心理

学前提示

　　顾客在沟通时的表达，实际上是其心理的一种反映。如果客服人员能够分析顾客的心理，揣摩出顾客心中所想，那么，沟通将变得更加简单、高效。

　　本章将分别对顾客的常见心理以及应对顾客心理的技巧进行解读，以期给客服人员提供一定的借鉴。

要点展示

　　➤ 分析心理，满足所需

　　➤ 应对顾客，掌握技巧

2.1 分析心理，满足所需

顾客在购物过程中通常会呈现出一些心理变化，如果客服人员仔细观察，就可以从顾客的表达中对其心理作出分析。本节将对常见的 7 种顾客心理分别进行解读，以期能够给拼多多客服人员在与顾客的沟通中提供一定的借鉴。

2.1.1 利用从众，事半功倍

从众心理即个人受到外界的影响时，认为外界的行为就是适应当时情景的选择，为了保持与绝大部分人行为的一致性，会参照周围人群的行为调整自身行为。简单来说就是一种"随大流"的心理。

多数顾客在浏览拼多多商品主页时，看到心仪商品，都会查看该商品拼团售出的数量，同时通过其他购买者的评论来判断该商品是否值得购买，这是从众心理的一种表现。从众心理有可能对人的决定有一定影响，甚至直接引导顾客作出错误的决定，但是对客服人员来说，对顾客从众心理把握得好，却能起到事半功倍的作用。

【案例展示】

顾客：亲，在吗？

客服：您好，×××，客服玥玥为您服务，请问亲有什么需要？

顾客：我很少在网上买首饰，但是你们店的 A 项链看上去还可以，就是不知道实际效果怎么样？

客服：A 项链是 ×× 女明星同款，在我们店也是卖得最好的商品，亲，眼光很好啊！×× 女明星最近出席新片发布会时就是戴的这款项链，这是几张她戴项链时的照片，亲，可以看一下效果。

顾客：这位明星戴着确实很好看，只是我们这种普通人与明星的差距就好比是买家秀与卖家秀，可能明星戴着看起来很时尚，但是，像我这种自身条件不怎么好的，戴着就土到掉渣了，哈哈！

客服：玥玥的经验是绝大部分本身条件就好的人往往比一般人更谦虚，只怕亲也是其中一员了。不过，我们店 A 项链的好评率达到了 98%，许多顾客收到后还晒出了自拍照，如果亲想获得更多参照对象，可以去评价区看一下哦！

（几分钟之后）

顾客：我仔细看了别人的评价，总体感觉你们这款 A 项链还不错啊！我想人还是应该自信一点，即便自己的穿戴效果不如别人，但是买到自己喜欢的东西也是一件值得高兴的事！嗯，我觉得我还是要买一件试试，哈哈！

上述为某客服人员与顾客沟通的部分内容，顾客之所以下定购物的决心，是因为客服人员运用从众心理进行了恰当的消费引导，其可谓起到了至关重要的作用。具体来说，当客服人员知道顾客的需求后，顺利地以明星同款切入，吸引顾客的注意力，并为顾客提供相关照片，展示了佩戴效果。

同时，客服人员先是对顾客进行了适度的赞扬，拉近与顾客的距离，又亮出了好评率。通过这两方面的引导，顾客自然更愿意下单购物。

【技巧解析】

1. 利用名人效应

很多顾客在潜意识里会认为名人用的东西相对来说都比较好，所以，当看到某名人也在用某一商品时，顾客通常会认为该商品更值得信赖。尤其是当顾客对名人有好感，而该名人又是商品的使用者时，顾客很容易爱屋及乌，从情感上有意识地为商品加分，甚至看到商品中名人的信息之后果断出手下单。

由此可见，在沟通过程中，客服人员可以通过告知名人是商品的代言人、名人也是商品的受众、商品是名人同款等方式，引导顾客进行消费。

2. 高好评率引导

除了把名人与商品的关联性作为参考，很多顾客在购物之前都会将商品的其他使用者或购买者的评价作为评估商品好坏的重要依据。通常来说，顾客在拼多多平台上购买商品，都会对比不同店铺的同款商品，对于好评率较高的商品，顾客往往更容易放心购买。

因此，当商品好评率较高时，客服人员可以亮出具体的数值，并将之与同类商品的好评率做比较，让顾客从心理上认为该商品不仅是同类商品中销量较高的商品，更是口碑较好的商品。

2.1.2　应对低价，适当满足

低价心理主要体现在部分顾客在沟通过程中，已经得到了一定的优惠，但是，却没有因此下定购物的决心，而是想着如何获取更大的优惠力度。

拼多多平台以商品价格偏低吸引了很多三、四线城市的群体，其中包括大部分的农村地区。因此，平台上大部分顾客群体消费能力普遍不高，对商品价格方面比较看重，所以有一定的低价心理。对于怀有低价心理的顾客，适当满足其低价心理是促使其完成下单的"临门一脚"。

【案例展示】

顾客：我想给女朋友买一个银饰品套装，你有没有什么好的推荐？

客服：您觉得 A 款套装怎么样？这款套装共包括一条项链、一枚戒指和一对耳环。可以说是比较齐全的一套银首饰了。

顾客：齐倒是比较齐，但是 219 元的价格还是有点高啊！毕竟这只是银饰品啊！

客服：您应该也知道，像饰品除了制作原料，工艺也是非常重要的。这套银饰品采用的是标准的 925 银，它的光泽柔和，佩戴舒适，而且其中的桃花造型，除美观外，还能起到很好的示爱作用。另外，这个套装包含的东西也是比较多的，这一点您也看到了，所以说，这个价格还是比较值的。

顾客：嗯，不瞒你说，这个套装我倒是挺喜欢的，但我毕竟只是一个大学生，囊中羞涩，你就当是做好事，便宜一点吧！

客服：好吧！ 210 元，您觉得这个价格怎么样？

顾客：再便宜一点嘛！

客服：208 元，这个价格您可以接受吗？

顾客：老实说，我现在手上也就 200 多块钱了，200 块钱如果可以我就买了。

客服：非常不好意思，小赵只是一名普通的客服，最多只能给顾客九五折优惠。其实，如果您去其他店铺看一下就会发现，同样的套装，其他店大多卖 240 元左右，而在小店分开来卖的话，也是 230 元左右。所以，给您打九五折之后的价格真的是非常优惠了，而且现在还提供免费刻字服务，这个价格真的可以说是物超所值。

顾客：那好吧！听你这么说确实比较划得来，我也没有必要再为了那几块钱和你在这里纠缠了。我拍一单好了！

上述为某客服人员与顾客沟通的部分内容，从中不难看出，该案例中的顾客明显属于怀有低价心理的一类人。虽然客服人员两次进行了让价，但是该顾客仍希望可以更便宜一点。面对这种情况，客服人员意识到继续让价可能也解决不了问题，所以，告知已经给出了最大的优惠，而顾客见没有继续降价的可能性，最终松了口，表示会下单。

【技巧解析】

1. 适当满足低价心理

前文提到在拼多多平台的顾客群体中，大部分人追求价格便宜的商品，所以，针对这一点，客服人员在一定程度上可以满足这些顾客的低价心理需求。当然，客服人员在适当满足顾客心理的同时，也要维护好店铺的利益。拼多多平台的店铺商品价格大多数比较优惠，客服人员不能在价格上作出太大的让步。

如果在已经作出了一些让步的状态下，顾客仍要求继续让价，那么客服人员可以委婉告知给出的已经是最大的优惠，从而避免顾客继续纠缠价格。

2. 强调物超所值

客服人员可以通过一定的语言表达技巧，让顾客看到商品是物超所值的，可以有效地满足顾客的低价心理。比如，客服人员可以通过对商品工艺与商品性能的讲解，让顾客看到商品的成本与价值含量，再分析其与市场同款商品相比的优势，通过价格上的比较，让顾客意识到"当前"给出的价格远低于其他店铺，满足顾客的低价心理。

2.1.3 充分引导，缓解焦躁

焦躁心理是两方面的综合反应，一方面是时间紧迫，顾客急于要完成某一件事，另一方面是这件事还未完成，所以会为此感到不安，甚至心烦意乱。在事情比较紧急的情况下，顾客有焦躁心理可以理解。

当然，在沟通的过程中，客服人员还需要做好自身的工作。人在焦躁的情况下，很容易忽视细节问题，所以为了避免出现意外情况，客服人员在面对焦躁型顾客时一定要先安抚顾客情绪，问清顾客遇到的问题，寻找解决办法，充分发挥引导作用。

【案例展示】

顾客：客服在吗？如果在，请马上回复我，有急事，有急事，有急事，重要的事情说三遍！

客服：您好，我是客服小刘，请问有什么可以帮助您的吗？

顾客：我在你们店购买的 A 商品，怎么还不发货啊？

客服：您能给我看一下订单信息吗？

顾客：唉，好吧，这是订单截图，你看一下。

客服：订单信息显示您是两小时之前下的单，我们公司一般是半天之内发货的，您放心，马上就发货了。

顾客：3 天后我就要用这批货，所以当初我下单的时候为了快一点收到货还特意选择了距离相对较近的商家。现在看你们发货却这么慢，估计 3 天之内是到不了了，唉！

客服：小刘也知道您的时间宝贵，但是，我们对待所有的顾客都一视同仁，发货也是严格按照下单顺序来的。可能是因为最近订单比较多，所以我们发货的同事工作量比较大。您也不必太过着急，相信马上就可以给您发货了。

顾客：唉！这可怎么办啊？如果再买一次，那么买得太多了，势必会造成浪费，而且在网上买还不一定能在 3 天内送到。如果不买，就会打乱原来的计划，甚至影响整个安排。唉，好愁啊！

客服：其实您大可不必如此焦躁，小刘从订单信息上看到您的收货地址与我们店在同一个城市。以小刘的经验来看，同城快递一天左右便可送达，加上发货的时间，您在两天之内应该可以收到快递。所以，您大可放心，无论如何，3 天之内您是绝对可以收到快递的。

顾客：真的吗？你可别骗我。

客服：您就放心吧！现在也不算快递高峰期，即便是"双十一"那种时间段，同城快递 3 天之内也会到达的。

顾客：听你这样说我就放心了，非常感谢你帮我解决了这个问题。我都感觉自己比之前平静多了呢！

客服：能帮到您是小刘最高兴的事，下次亲如果还有任何问题，都可以来和小刘交流哦!

上述为某客服人员与顾客沟通的部分内容,在该案例中,可以看出客服人员在交流过程中轻车熟路,当客服人员通过对订单信息的详细分析,得出快递到达的大概时间,打消顾客的顾虑时,就已经快速地与顾客建立了信任。

【技巧解析】

1. 占据主动权

如果顾客被焦躁心理占据,那么顾客可能会没有耐心讨论问题的细节,更希望问题能被快速解决。这时,作为客服人员,要清楚了解顾客的问题之后才能有的放矢,找到解决问题的最佳切入点。

因此,即便顾客是服务对象,客服人员也不能被急躁的顾客牵着走,而应该冷静地面对顾客,主动把握好交流的节奏,想办法缓和顾客情绪,并通过交流尽可能全面地获得问题的相关信息。

2. 积极解决问题

在把控好沟通的节奏之后,客服人员还需要在获取顾客问题的基础上,对具体问题进行具体分析,并寻找相应的对策,免除顾客的后顾之忧。否则,顾客的情绪虽然暂时缓解了,但是却有再次爆发的可能性。

2.1.4 适当示弱,化解矛盾

泄愤,顾名思义,就是发泄心中的愤怒。顾客之所以会在与客服人员的交流过程中泄愤,有可能是因为顾客在自身情绪的影响下,向客服人员进行发泄,也可能是因为客服人员所在公司或店铺在某方面的服务出了一些问题。在实际操作时,客服人员可以在了解顾客愤怒的原因之后,采取合适的方式疏导顾客的情绪。

【案例展示】

顾客:客服敢不敢出来吭一声?

客服:您好,我是客服小莹,请问有什么可以帮到亲的?

顾客:你们是不是觉得我特别傻?买了两件商品只给我发了一件!

客服:实在不好意思,您稍等一下,我帮您查询一下!

顾客:别告诉我你们发了两件货,还有一件人间蒸发了。

客服:您放心,既然您在我们这里购买了商品,我们就会负责到底。

（几分钟后）

客服：我帮您查了一下，因为您是分两次购买的，所以，我们也是分两次发的货。其中，一件商品显示已确认送达，还有一件商品的状态显示为配送中。您可以到您的订单中进行查看。

顾客：难道是我没搞清状况，错怪你们了吗？我先去看一下，你稍等。

客服：嗯，好的，小莹在这里等您。

（几分钟后）

顾客：还真是有一件货在配送中，不好意思，我最近情绪有些波动，还没搞清楚状况就把责任推到了你们身上。

客服：亲，不必太过自责，之所以会出现这样的问题，我们也有责任。如果当时发货的同事能够做好订单的整合工作，将您购买的商品同时打包就不会给您造成困扰了。对此，我们深表歉意。

顾客：你这样说我都有些无地自容了，和你们的服务态度相比，我的态度实在是……唉，不说了，给你们点赞。下次有需要再来麻烦你们。

客服：亲实在太客气了，只要有需求欢迎随时和小莹交流哦！

上述为某客服人员与顾客沟通的部分内容，纵观整个交流内容不难发现，顾客之所以会愤怒，归根结底还是因为其受到自身情绪的影响。但是，客服人员在此过程中不但帮顾客找到了问题，还提供了解决问题的方案。

【技巧解析】

1. 适当示弱

面对愤怒的顾客，客服人员可以在开始时适当示弱，让顾客的心情慢慢平复下来，然后探寻其愤怒的原因，并找到与之对应的解决方案，帮顾客解决实际问题。这样不仅可以对顾客的情绪起到正面的引导作用，还能在服务过程中凸显客服人员负责任的态度。

需要注意的是，适当示弱并不适用于全部的场景中，比如，在对价格进行谈判时，客服人员需要维护店铺的利益，面对不肯让步的顾客，在商品价格已经最低的情况下，一定要守好商品价格的底线。

2. 避免争吵

当顾客怀着泄愤心理与客服人员沟通时，如果客服人员不懂得避让，而是想着"据理力争"，那么很可能会让顾客的情绪更加难以控制。

所以，即便自身没有过错，客服人员也应该将责任揽在自己这一方，这在避免与顾客争吵的同时，还可以在顾客心中塑造客服及其所在商家敢于承担的形象，让顾客对商家多一份信任感。

2.1.5 维护顾客，满足虚荣

虚荣心理是由于人们过于看重荣耀，过分保护自己的自尊心而产生的一种不正常的社会情感。怀有虚荣心理的人群的最大特点就是想要在人群中突出自己的位置。最典型的表现是通过与其他人的比较，来突出自己在某方面的优势。

在工作过程中，客服人员通常会遇到两种虚荣型顾客，一种是要面子型，另一种是"专家型"。下面就对这两种虚荣型顾客分别进行解读。

1. 要面子型顾客

一部分顾客购买商品的原因，是因为周围的高端人士也在使用该商品，所以，购买商品就是为了让其融入高端人士的圈子，维护自己的自尊心。这类虚荣型顾客往往会将商品是否是高端的正品作为关注的重点。

2. "专家型"顾客

除了爱面子型，还有一种常见的虚荣心理类型便是"专家型"。这一类型的顾客可能对其购买的商品有一定的了解，但这种了解通常只停留在浅层。当然，有的顾客之所以会装专家，可能并不是因为虚荣心理作怪，而是在暗示客服人员自己对商品所在的领域有所了解，客服人员不能像对待小白一样随便找个由头就将自己给打发了。

【案例展示】

顾客：请问客服在吗？我有事在线急等！

客服：您好，×××店客服为您服务。

顾客：你好，我前几天在你们店买了一台手机，这是订单截图，你看一下。

客服：从您的订单截图可以看出，您是在5天前购买的。我查了一下，现在订单状态显示为配送中，您是还没有收到货吗？

顾客：不是，我是昨天收到货的，用了1天准备评价，但是看了某些顾客的评价之后，我有些怀疑这台手机不是正品了。

客服：这个问题您可以放心，我们是官网直营店，保证商品都是正品，并且只要手机没有激活，7天内都可以退货。

顾客：问题是我已经激活了，而且我更关心的不是能不能退货，而是买到的是不是正品。钱也就几千块钱，但是如果买到的是假货，那脸就丢大了。毕竟很多人都看过我的新手机了。

客服：如果您实在不放心，我可以给您提供一种验证商品是否是正品的方法。这个品牌的手机都有一个序列号，并且每个手机的序列号都是唯一的，您可以到该品牌的官网中输入序列号进行验证，是否是正品马上就会有结果。

顾客：那好吧，我就按你说的方法试一下，千万保佑是正品啊，否则又得花钱买一台新的了。

客服：您放心，我们会对商品的质量问题负责到底，如果查出来不是正品，我们将作出双倍赔偿。

（几分钟后）

顾客：结果出来了，果然像你说的是正品。这下我心里的大石头终于落地了。看来你们店的东西还是比较靠谱的，下次如果还有需求，我会再来你们店的。

客服：感谢亲的信赖，我们一定不会让您失望的。您的支持就是我们工作的动力，期待您下次继续光顾本店哦！

上述为某客服人员与顾客沟通的部分内容，在该案例中，该顾客是典型的爱面子型顾客。所以客服人员在与该顾客的交流过程中，贴心地为用户提供了验证正品的方法，并作出了相关保证。所以，当顾客亲自验证手机为正品时，顾客最终打消了疑虑。

【技巧解析】

1. 应对要面子型顾客

对于要面子型顾客，客服人员在与之交流时应以呵护其心理为基础，即便他们在交流中露出了马脚，也不宜当面指出其做得不对的地方，更不能像对峙一样与顾客就某一问题进行争论。

要面子型顾客往往比其他人群更注重自尊心的保护，如果客服人员指出了他们的问题，他们可能会觉得无地自容，甚至觉得受到了客服人员的羞辱，从而产生冲突，这个后果是难以想象的。

2. 应对"专家型"顾客

对于"专家型"顾客，客服人员需要尽可能地维护顾客为自己塑造的高大形象。所以，客服人员不宜直接拆顾客的台。如果顾客的某些错误实在无法绕过去，那么可以委婉提出建议或者给顾客暗示，让顾客有台阶可下，尽可能地呵护顾客的虚荣心。这不仅可以避免拆穿顾客带来的尴尬，更可以让顾客的虚荣心得到满足。给顾客一次快乐的购物体验，那么他们很可能下次会来复购。

2.1.6 提供台阶，化解逆反

逆反心理即当一方就某事提出建议和看法时，另一方为了所谓的自尊或标新立异，采取相反的行为或动作的一种心理。虽然大多数顾客心智比较成熟，能够控制自己的情绪，但是仍有小部分顾客在情绪不好的时候，可能会产生逆反心理。此时，作为客服人员，要做的不是不停地劝导，而是在顺从其心理的基础上，采取一定的举措，将顾客的逆反心理消除。

【案例展示】

顾客：客服在不在啊？

客服：您好，我是客服小包，很高兴可以为您服务，请问亲有什么需要？

顾客：你是高兴了，就是不知道你们这商品能不能让我高兴。

客服：小包一看亲的头像就知道是位美女，能和美女聊天当然是值得高兴的事啊！当然，小包对我们店的商品还是有信心的，相信亲可以在本店收获一次愉快的购物体验。

顾客：那好，我想买一瓶洗面奶，你帮我推荐一下。

客服：本店卖得比较好的洗面奶主要有 A、B、C 三款，其中，B 款不但性价比高，而且适合所有肤质，小包自己用的也是这款，个人感觉还不错，纯属良心推荐，亲可以买一瓶试试哦！

顾客：所以，你是怕我买不起？我要的不是适合你的，而是最好的，这 3 款哪款最贵？

客服：亲说笑了，像亲这种美女自然是值得拥有最好的，是小包考虑不周了。A 款是 3 款中价格稍高的，同样也是适合所有肤质的。我们老板娘用的就是这款，据小包的观察，也还不错哦！

顾客：好吧，不好意思，我最近情绪不是很好，刚刚说话有些冲，难得你还这么和气地给我意见。我想还是听你的建议买 B 款好了！

客服：感谢您的支持和理解，祝您购物愉快！

上述为某客服人员与顾客沟通的部分内容，从中不难看出，一开始顾客的逆反心理很严重，甚至有些故意找碴儿的意味。

在此过程中，客服人员及时缓解气氛起到了关键性的作用。客服人员不仅将过错都揽在自己身上，还通过大量感叹句来避免与顾客针锋相对造成尴尬，让顾客感受到自己的善意，并最终帮助顾客赶走了负面情绪。

【技巧解析】

1. 提供一个台阶

当顾客出现逆反心理时，只有最不明智的客服人员才会与顾客针锋相对，这样不仅会让交流难以获得预期的效果，还有可能让客服人员自身的情绪受到顾客负面情绪的影响。这样对客服人员来说就得不偿失了。

所以，当遇到抱有逆反心理的顾客时，客服人员需要做的不是与顾客对着干，或对顾客的反应不闻不问，而是应该在配合顾客的基础上，为顾客的情绪提供一个宣泄的渠道，让顾客有台阶可以下。

2. 调整顾客情绪

当顾客的情绪处于消极的逆反心理状态时，客服人员万不可忽略顾客的感受，应该有引导性地调整顾客情绪，让顾客感受到自己被重视，用理解的心态和善意的话语与客户沟通，是消除顾客逆反心理最有效的方法。

所以，如果说提供台阶是让顾客的逆反心理有地方可以宣泄，那么采取合适的方式缓和氛围就是加速顾客心理的转变，通过轻松的环境的营造，潜移默化地影响顾客，让顾客更好地调整自己的情绪。

2.1.7 表示理解，打消疑虑

疑虑心理，简单理解就是过分地担忧。与在实体店购物的体验不同，网购是在顾客不能亲自查看商品的情况下进行的购物。因此，大多数客户在与客服人员沟通时，都会出现疑虑心理。对此，客服人员则需要尽力消除顾客的疑虑，积极引导顾客快速下单。

【案例展示】

顾客：你推荐的这款商品我个人倒是真心觉得挺不错的，只是这毕竟是网购，我心里还是有一些疑虑。

客服：您有疑虑是可以理解的，毕竟网购看起来要比在实体店购物复杂一些。小周在网购时也会有所疑虑，就是不知道您能不能说出您的疑虑，说不定小周可以给您一些意见哦！

顾客：首先，你也知道这是一个易碎品，我担心商品会在运输过程中遭到损坏。

客服：确实，对于易碎的商品，您的想法小周是可以理解的。不过请您放心，小店在包装方面做得比较专业，所以，基本上不会出现商品被损坏的情况。

顾客：哦，那我就放心了。其次，因为我这次要买的商品种类比较多，我总担心会发错货。

客服：确实，一些店铺可能出现过发错货的情况，但小店都是按照顾客的订单发货的，至今还未出现过发错货的情况。所以，这一点您大可放心。

顾客：最后，因为我5天后要用到这些商品，而快递运输是需要一段时间的，我担心不能在此之前收到货。

客服：您的这个想法小周能够理解，毕竟有的店铺实力有限，寄的是比较慢的快递。不过，小店是与国内几家优秀的快递公司合作的。一般情况下，两天之内就能将商品送到顾客手中。所以，您可以放心，小周保证可以在5天内将商品送到您手中。如果逾期未到，小周在此承诺，将双倍返还您的购物款。

顾客：听你这么说，我的疑虑基本上消除了。好吧，我相信你了。我这就去下单，希望能早一点拿到货。

上述为某客服人员与顾客沟通的部分内容，在该案例中，顾客对于此次购物显然是疑虑诸多。如果客服人员不能消除其疑虑，那么顾客可能迟迟不做出决定，甚至放弃购买该商品。

对此，客服人员先是通过询问来了解顾客的疑虑，然后对顾客的疑虑表示了理解。最后，针对顾客的疑虑，进行了具体的解释。而顾客在看到客服人员的回答之后，终于放下了心头的大石，并表达了下单购物意愿。

【技巧解析】

1. 对顾客表示理解

由于网购自身的属性，顾客对于将要进行的交易有所疑虑是很自然的一件事。尤其是当顾客是网购新手，或者顾客曾经在网购过程中吃过"亏"时，可能对于网购的疑虑会更多一些。

对于顾客的疑虑，客服人员首先要做的是表示理解。作为顾客的倾听者，表示理解，做到与顾客感同身受都是拉近双方距离的方式，站在顾客的角度思考问题，才能找到消除顾客疑虑的方法。

2. 消除顾客的疑虑

当顾客有疑虑咨询客服人员时，要让顾客下单，消除其疑虑非常有必要。当然，有时顾客的疑虑可能比较多，此时，客服人员还需要多一分耐心，针对顾客的疑虑，分别进行分析，并且一一解答，给顾客一个既专业又有耐心的印象。

2.2　应对顾客，掌握技巧

顾客在购物过程中的心理是多种多样的，一旦客服人员处理不好，沟通就容易不了了之，跟顾客"聊"不起来是客服的大忌，要跟顾客有一个愉快的沟通过程，洞察顾客心理很有必要。

2.2.1　揣摩顾客，满足需求

在拼多多平台上，顾客之所以主动和客服人员进行沟通，一般是有购物需求的。对于类似客户，我们需要更多地满足他们的需求，因此客服人员需要准确地揣摩出顾客的心理需求，并且要准确地提供顾客所需要的讯息。

【案例展示】

顾客：请问是××客服吗？

客服：您好，5号客服小刘为您服务，不知道有什么可以帮到您的？

顾客：是这样的，我看你们店的烧烤架挺不错的，但是我还有几个问题需要问一下。

客服：哦，您不妨和小刘说一下，说不定小刘能帮到您哦！

顾客：因为我急着要用，所以我想问一下如果今天下单，大概什么时候可以收到货？

客服：这个问题小刘不好回答，毕竟快递的运输情况是不受店铺的控制的。

顾客：我真是醉了，你说了等于没说。我看到你们的烧烤架是需要自己安装的，就是不知道安装起来麻不麻烦，大概需要多长时间。

客服：您这个问题，小刘还真不好给出准确的答案。毕竟安装的时间取决于安装者的水平，所以，具体时间得看您个人的实际情况。

顾客：你真是够了！合着我这两个问题都白问了，要你何用？算了，客服都这么不靠谱了，我实在不放心在你们这里买东西。拜拜！

上述为客服人员与顾客沟通的案例，从中不难发现，案例中的客服人员在面对顾客的询问时，虽然及时回复了客户的问题，但是在整个沟通过程中并没有给客户传达有效信息。所以，该客服人员的答案对顾客来说并没有实际意义，当得不到满意的回复时，客服把问题又推回给顾客，最终激起了顾客消极的情绪。

【技巧解析】

1. 揣摩顾客的心理

在与顾客沟通的过程中，客服人员如果要满足顾客的心理需求，首先要做的就是揣摩顾客的心理，判断顾客的具体想法。要实现这一点，客服人员需要在沟通过程中多观察，分析顾客的表达，抓取顾客话语的关键词。

同时，客服人员可以通过顾客的文字表达，猜测出顾客此时的心情，比如，顾客的语言表达非常焦躁，那么客服人员应该先安抚顾客的情绪，不宜向顾客推荐商品。当顾客的表达让人感觉非常愉快时，客服人员则可以抓住这个时机向顾客推荐商品。

2. 给顾客想要的讯息

无论顾客的心理需求是什么样的，客服人员满足其需求的形式应建立在如下基础上，那就是在沟通过程中给顾客提供一些针对性的信息，而不是搪塞客户。

所以，要满足顾客的心理需求，客服人员需要做的就是分析顾客的心理，根据顾客咨询的内容，判断顾客究竟想得到怎样的讯息，并据此制定具体的沟通策略，以顾客希望的方式进行交流。

2.2.2 打动顾客，赢得好感

通常来说，如果顾客是第一次在某店铺购物，那么对接待他（她）的客服是一无所知的，也正是因为这份陌生感，顾客很可能会担心客服人员是在忽悠自己购物。在这种情况下，顾客很难按照客服引导的方向走。这样一来，客服人员想要达到销售目标，会非常困难。

人是一种情感动物，只要他（她）还能接收你的情感讯号，那么，只要你与之建立情感联系，打好感情牌，他（她）就会因与你慢慢熟识而逐步卸下防备心，甚至把你当成朋友，并出于信任，放心地购买你推荐的商品。

【案例展示】

顾客：亲，在吗？

客服：亲，您好，客服小马为您服务，请问有什么可以帮到您的吗？

顾客：女朋友生日快到了，我想给她买一个生日礼物，你有什么好的推荐吗？

客服：亲，我能问一下您女朋友平时有什么爱好吗？

顾客：她很喜欢 A 女星，最近一直在追 A 女星的电视剧。

客服：这样的话，我给您推荐我们店的 B 商品。这个商品是 A 女星在最近走红毯时佩戴的同款耳坠，相信你女朋友一定会喜欢的。小马给亲一个链接，亲可以先去看一下哦！

顾客：（几分钟后）这个商品看上去确实不错，但是价格略高啊！

客服：明星同款还是要贵一点的，不过，能让女朋友觉得幸福，小马觉得这个钱花得还是值得的。另外，告诉您一个秘密，购买 B 商品还会赠送一枚男款戒指。也就是我们店的 C 系列的商品，其中 C 商品是某游戏的周边戒指，亲或许会喜欢哦！亲可以看一下小马发的链接。

顾客：（几分钟后）你们店的 C 商品做得很精致啊，对了，你怎么知道我喜欢玩这款游戏呢？

客服：现在这款游戏这么火，就连小马也会偷闲玩上一把呢！

顾客：呵呵，你想得太周到了，我都找不到不买的理由了。就冲你们这赠品，我都会再次光顾的。

客服：那敢情好啊，小马代表本店感谢您的支持了！如果亲下次有需求，记得联系小马哦！

上述为某客服人员与顾客沟通的部分内容，从该案例中我们可以发现，该客服人员之所以能够打动顾客，其中很关键的一点，是该客服人员懂得换位思考，站在顾客的立场上与顾客沟通。通过这个途径，客服人员博得了顾客的好感，从而很快与顾客建立了情感联系。

此外，客服人员不仅从使用者的角度分析，展示了商品的使用价值，更从顾客的角度进行解读，分析购买商品的一系列好处，增强了顾客的购买欲望。

【技巧解析】

1. 啰唆不是重视

有部分客服人员认为多说话就是重视顾客的表现，其实不然。当一个人的话太密的时候，往往会让他人反感。

沟通是有技巧的，顾客的耐心有限，客服人员只需传递顾客需要的信息，再加以引导即可。同时，顾客也有表达的欲望，在顾客表达自己的想法时，客服人员可以做一个倾听者，在合适的时机把话题引到商品上。

2. 不要过度推销

当客服人员向顾客推荐商品时，将自己推销商品的目的展露在先，会很容易引起顾客的反感。试想：当客服人员与顾客还是陌生人时，客服人员毫无保留地显露自己兜售商品的目的，那么顾客往往会对其敬而远之，甚至拒绝与客服人员沟通。

当然，顾客可能会由于受到价格优惠等原因的影响，完成商品的购买。但是，在此过程中，顾客却会明显感到你只是不停地在引导他（她）消费，想要构建情感联系自然也就无从谈起了。

2.2.3　足够重视，给予尊重

当人与人在沟通时，都希望对方足够的重视自己，或者认同自己。同理，顾客就相关问题向客服人员询问时，他（她）也会有希望得到足够重视的心理需求。

此时，如果客服人员能满足顾客想要获得重视的心理需求，那么，他（她）

就会觉得你给了他（她）足够的尊重。这样一来，顾客就有可能对客服人员多一分好感，对于客服人员说的话也就更容易听得进去。

【案例展示】

客服：您好，我是××店的客服小王，请问有什么可以帮到您的吗？

顾客：我经常出差，很怕哪天忘记给手机充电而耽误了生意。从网上看到你们店是专营手机配件的，请问有没有什么商品可以推荐的。

客服：对于您这个问题，小张觉得您可以看一下我们店的几款充电宝。就是不知道您对商品还有什么要求。

顾客：嗯，就8 000毫安，够给手机充一次电就可以了。

客服：8 000毫安的充电宝我们店有几款，只是，小张还想多嘴问一句，您是否有及时给设备充电的习惯呢？

顾客：你不说我倒是没想到这一茬。我这人事情比较多，所以，有时候会忘记一些事，比如给手机充电。

客服：如果是这样，小王就给您推荐A商品。这是一款10 000毫安的充电宝，即便您某次用完忘记充电，也能保证下次再用时可解燃眉之急。最关键的是这款商品价格只比店里8 000毫安充电宝稍高一点，而且体积小、质量轻，更便于出差人士随身携带。

顾客：便于携带确实是很重要的一点，我竟然一时没想到，还是你们这些专业人士厉害。非常感谢你的建议，听你这么说，我也觉得你们的A商品是最适合我的。

客服：您太客气了，小王代表××店感谢您的支持。以下是小店A商品的链接，您可以直接在上面购买。如果还有什么疑问，欢迎您再次与小王联系哦！

上述为某客服人员与顾客沟通的部分内容，在该案例中，这位客服人员在了解了顾客的需求之后，通过专业的引导，让顾客的购买对象逐渐清晰，从而让顾客决定购买该客服人员推荐的产品。在此过程中，正是客服人员对顾客需求的重视和针对性引导，才使顾客坚定了购物的决心。

【技巧解析】

1. 注意自身言行

客服人员的言行是道德素质的体现。为了达到销售的目的，给予顾客足够的重视是必需的。而在实际交流过程中，要做到这一点客服人员还需要多多注意自己的言行，切不可由于不当的言行，让顾客感受到不被尊重，从而导致顾客与客服人员之间产生矛盾。

2. 考虑顾客需求

根据顾客需求进行引导是重视顾客的重要体现。然而，有的客服人员在与顾客的交流过程中，只是想方设法地推销商品，未考虑顾客的实际需求，这种做法很容易引起顾客的反感。

此外，考虑顾客需求不仅是对顾客负责，也是对店铺负责的体现。客服人员直接接触顾客，自然能了解顾客群体的特征，对顾客的需求也有一定的认知，这些认知对店铺的经营管理有至关重要的影响。

2.2.4　不要拒绝，适当迎合

除自身有需求外，许多顾客之所以最终选择购买某个公司的商品，是因为该公司的商品以及客服人员给他（她）留下了较好的印象。所以，客服人员在服务过程中需要尽可能地让顾客心里感觉舒坦，通过好的服务给顾客留下好印象。

因此，即便顾客提出的要求有些过分，客服人员也不应直接拒绝。当然，不直接拒绝并不代表要一味顺从。对于一些不合理的要求，客服人员可以相对委婉地进行化解，并引导顾客让自己占据主动权。

【案例展示】

客服：您好，客服小刘为您服务。😊

顾客：我男朋友说给我准备了一个情人节礼物，我查到他最近在你们店有一笔消费，他的 ID 是 ×××，能不能麻烦你帮我查询一下他买的是什么呢？🙏

客服：小刘也想帮您，但是，消费记录是顾客的个人隐私，所以为了避免不必要的纠纷，即便您是顾客的女朋友，小刘也不能帮您查询他的购物信息。其实，亲可以换位思考一下，您也不想自己的消费信息轻易就被别人获取吧？😔

顾客：其实我也知道提出这样的要求有些不合理，只是我实在太想知道他会给我什么惊喜了！😣

客服：感谢亲的理解，亲也说了想获得惊喜，那小刘便给亲一个建议，惊喜之所以称为惊喜，是因为它令人意想不到。但是，如果您在收到礼物之前便知道它是什么，那么惊喜也就大打折扣了。所以，亲只需抱着期待静静地等待礼物来敲门，坐等被感动就好了。😊

顾客：你的话确实有道理。没想到我没在你们店铺买东西，你还这么耐心地为我解答疑问，搞得我都有些不好意思了，真是要为你的服务态度点赞了。👍

客服：亲太客气了，能够帮到亲，获得亲的认同，小刘的工作便多了一分动力，给您比心哦！🖤

上述为某客服人员与顾客沟通的部分内容，从中不难发现，顾客最初的目的是想获得其男友的消费信息，而该信息又是客服人员不能告知的内容。但是，该客服人员用委婉拒绝和提供建议的方法解答了顾客的疑问，成功地说服了顾客。

【技巧解析】

1. 学会委婉地拒绝

作为一名客服人员，难免会遇到一些提出不合理要求的顾客。如果直接拒绝，那么很可能会让顾客觉得没有面子，这样一来，顾客的心情势必会受到不好的影响，而引导顾客消费的难度也会大大增加。

所以，客服人员可以通过相对委婉的方式来表达拒绝。比如，向顾客表达真实的想法，让顾客知道自己处于很为难的境地，放低姿态，引起顾客的同理心。当感受到你的真诚，顾客自然不会很为难你。

2. 可以提供建议

委婉拒绝虽然表达了客服人员的态度，但是顾客却不一定能领会，或者说部分顾客需要的是解决某件事的方法，仅仅表达态度是不够的。对于这种情况，客服人员可以结合自身经验，给顾客提供切实可行的建议。

2.2.5　把握心理，对症下药

人的心理是复杂的，顾客在与客服人员沟通的过程中可能同时呈现出多种心理，也可能出现多种心理互相转变的情况。而客服人员要想提高沟通的成功率，就需要把握顾客的具体心理变化，对症下药。

【案例展示】

顾客：客服在吗？客服在吗？客服在吗？速回，在线急等。

客服：您好，客服小桐为您服务，不知道有什么可以为您效劳的？

顾客：秋天气温降得令人猝不及防，我想买一件外套，麻烦你赶紧给我推荐一下，我现在都没衣服穿了。

客服：不知道您有什么要求呢？

顾客：别问什么要求了，你直接推荐吧！

客服：您也说了，您现在很急，但是，如果小桐没有一个参照的标准，推荐的商品可能很难让您满意，这样反倒会浪费您更多宝贵时间，您说是不是这个理？

顾客：你说得也对。我想买一件秋天穿的外套，最好是修身款的，不要太厚，颜色的话，黑色的吧，这样不容易脏。然后，最好是那种穿着看上去比较精神的样式，价格的话 500 元以内就可以了。当然了，衣服的质量不能太差，款式不能过时。

客服：嗯，您看 A 款夹克怎么样？这款夹克是小店销得比较好的秋款外套之一，因为其外观设计比较潮，所以深受年轻人的喜爱。

顾客：衣服倒是挺不错的，就是价格有点高。

客服：不瞒您说，这款外套原价为 548 元，小桐给您便宜 20 元，528 元您觉得怎么样？

顾客：这衣服确实还可以，500 吧，500 元我就拍一单。

客服：小桐也想尽可能地给您更优惠的价格，但是，作为一名普通的客服，小桐最多只能给九五折优惠。520 元这个价格您觉得怎么样？这款衣服在其他店铺都要 550 元以上，520 元这个价格可以说您在其他店铺基本是不可能看到的。

顾客：好吧，这个价格我接受了，只是我还有一些疑问。

客服：您请说。

顾客：我前面也说了，我现在没衣服穿了，所以，希望能够快一点收到货。如果我今天下单，大概什么时候才能收到货呢？不会要等一个星期吧？

客服：这一点您可以放心，小店选择的都是速度比较快的快递公司，通常情况下，顾客在下单后的 3 天内都可以收到货。

顾客：这样啊！那我就拍一单吧！希望不要让我失望啊！

上述为某客服人员与顾客沟通的部分内容，从中可以看出，在沟通的过程中顾客的心理变化非常明显。一开始,顾客非常焦急,只想着快点下单,属于典型的焦躁心理,而在客服人员推荐商品之后,则被低价心理占据,当接受了价格之后,顾客则担心运输时间过长,出现了疑虑心理。面对这种情况,客服人员小桐在沟通过程中根据不同的心理对症下药,对顾客心理变化拿捏得恰到好处,顺利地让顾客下了单。

【技巧解析】

1. 耐心面对顾客的心理变化

当顾客的心理变化比较复杂时,沟通过程可能会变得比较漫长,客服人员需要有耐心,才能在沟通中把握主动权。

顾客既然有与客服人员长时间沟通的意愿,就说明这笔订单还是比较容易达成的。反之,如果客服人员在沟通过程中显示出不耐烦,那么顾客的购物体验会不好,哪怕交流的时间再久,顾客也不会选择在该店铺消费,反而会继续寻找其他同类店铺下单。

2. 根据顾客的心理对症下药

面对顾客复杂的购物心理,客服人员一定要根据其心理对症下药,制定相对应的沟通策略。当顾客呈现某一种心理时如此,当顾客的心理多变时更应该如此。

每种心理,应对的策略不同,却是可以变通的。面对顾客呈现的不同心理变化,客服人员只有找到更合适的策略,才能应对工作中遇到的不同状况,避免手忙脚乱。从而有利于在沟通中增加顾客满意度的同时,提高自身的工作效率。

2.2.6 保持互动,建立感情

感情是客服人员与顾客保持联系的纽带,不善于跟客户交流感情,将很难得到顾客的认可。只有与顾客建立个人情感,才能让顾客敞开心扉,有效地满足顾客的心理需求。同时,对于已经在店铺有过一次购物体验的顾客,如果客服人员能及时与顾客保持互动,与顾客建立个人感情,那么这些顾客很有可能变成长期的意向顾客,这有利于客服人员对其进行第二次有效的转化。

【案例展示】

顾客:有客服在吗?

客服：您好，请问有什么可以帮助您的吗？

顾客：你好，请问是客服小安吗？

客服：是的女士，我就是小安。

顾客：啊，我是李××，你还记得吗？我前段时间跟你沟通过，问了你一些问题。刚好我今天遇到了一点麻烦，在你们店里买的拼接置物架，虽然有说明书，但我还是不太会拼接。

客服：原来是您呀，没问题，我给您发一个操作的视频，您可以先看看具体的步骤再操作。

顾客：没问题，你发给我吧，我实在太笨啦，都不会看图纸，麻烦你啦。

客服：没事的，如果换作我，也不一定能拼好呢，图纸上画得确实有点复杂，这点我们会优化的。

（几分钟后）

顾客：问题已经解决了，实在不好意思，给你添麻烦了。

客服：您太客气了！如果咱们的商品您觉得满意的话，可以给一个好评哦！

顾客：嗯嗯，好。

……

上述为某客服人员与顾客沟通的部分内容，在该案例中客服人员与顾客已经交流过一段时间，并且取得了顾客的信任，所以服务起来非常轻松。在帮助顾客解决问题时，客服人员让顾客感受到自己被重视，给顾客营造了比较舒适的氛围，顾客自然就敞开心扉了。

【技巧解析】

1. 交流坦诚

客服人员要与顾客建立个人感情，就要做到在沟通中坦诚相待。在网络购物时，顾客只能与客服人员线上沟通，只能通过语言来获取客服人员的信息，对客服人员的形象只有一个虚拟的想象。面对一个"不真实"的人，顾客自然不会轻易袒露心声。

这时，作为一名客服人员，你需要向顾客展现你的真诚。在语言中向顾客表露感情，就要做到坦诚交流，语言不用太过于完美，只需要接近现实，让顾客感受到真诚，他（她）就会认为你不是一个机器，而是一个真诚、可靠的人。

2. 跟进互动

跟进互动是与顾客建立个人感情的有效方式。在拼多多平台上顾客流量非常大，多数顾客可能并没有太强烈的购买意向，只是对某个商品比较好奇，所以向客服人员咨询一下，并没有下单，之后再也没有联系客服人员。

除此之外，在店铺内购买过商品的顾客，在收到商品之后，往往很少再回购该店铺的商品。主要原因是拼多多平台同类商品的可选性太多，人们对自己没有接触过的商品的好奇心，往往大于已经使用过的商品。应对这种类型的顾客，客服人员需要定时跟进，比如，客服人员可以询问顾客在使用商品的过程中是否有问题，或者可以用促销活动来吸引顾客，让顾客与自己的交流频繁起来。

第**3**章

推荐商品，
突出特色

学前提示

　　大部分顾客在购买商品之前之所以会与客服人员进行交流，是因为他们还未下定决心购物，或者说想要更深入地了解商品的信息。

　　所以，此时客服人员的商品介绍就显得尤为重要。如果客服人员懂得结合顾客的需求突出商品的特色亮点，那么，顾客往往更容易被吸引，从而完成选购。

要点展示

> ➢ 商品描述，抓住要点
> ➢ 商品介绍，掌握技巧
> ➢ 常见雷区，必须规避

3.1 商品描述，抓住要点

顾客在网上购物，对商品不了解或者不够信任，都会阻碍顾客做出购买决定。面对这种情况，客服人员要尽可能地介绍商品，展现商品细节，突出商品优势。在介绍的过程中，客服人员不仅要突出重点，语言简明扼要，还要了解顾客的具体需求，根据他们的需求来描述商品。

3.1.1 详细描述，加深印象

当顾客就商品的相关信息咨询客服人员时，往往代表顾客对商品有一定的兴趣。由于还未真正将商品拿在自己手中，看不到商品的细节，所以，顾客对商品的具体情况并不了解，这时，顾客就会来咨询客服人员。

【案例展示】

顾客：请问客服在吗？

客服：亲，上午好，客服小雅为您服务。

顾客：你好，我在你们店铺看到了《手机摄影大师练成术》这本书，就是不知道这本书是不是适合我这种没有摄影基础的人。

客服：这本书虽然是教人如何一步一步成为摄影大师的，但其中的内容都是从零基础开始讲的。比如，第 1 章内容便对市场上几款主流手机型号的配件分别进行了介绍。在具体内容上还通过图文的形式对具体硬件配置进行了详细的解读，亲即便没有摄影基础，也可以通过作者的介绍全面把握您手机的硬件配置哦！

顾客：这本书会不会因为要讲清楚问题就花很大的篇幅讲一个内容呢？它不会就告诉我怎么拍照片吧？

客服：您放心，这本书的两位作者都具有丰富的摄影和写作经验，书中的内容简洁明了。另外，虽然拍摄技巧是本书的重要内容，但是除此之外，本书还对手机内置功能、构图光影、色彩搭配、拍照 App、修片软件、特效制作、视频拍摄和后期分享等诸多内容分别进行了介绍。所以，从怎么设置、怎么拍照到怎么进行后期处理和怎么分享，这本书都可以给亲提供一些实用的技巧哦！

顾客：听你这么详细地介绍这本书，我更加确定了，这本书简直就是为我量身定制的啊！好了，我决定买一本看一看。

客服：感谢亲对本店的支持，小雅在此提前祝亲成为摄影大师！如果亲还有什么疑问，可以随时联系小雅哦！

上述为某客服人员与顾客沟通的部分内容，在该案例中，客服人员不仅回答了顾客的问题，还对问题进行了一些延伸。该客服人员总结出设置、拍照、后期处理、分享等关键词，并将实用技巧作为主要的卖点，并没有只停留在对书的主要内容进行介绍的层面，而是尽可能地全面介绍商品，并且根据顾客意图描述商品。

【技巧解析】

1. 尽可能全面地介绍商品

很多顾客在购物之前与客服人员进行交流都希望获得更多商品的相关信息，从而进一步确定是否要下单购买。此时顾客对商品是心存疑虑的，这种疑虑更多地来自他（她）对商品不够了解。

因此，客服人员便可以以此为切入点，尽可能全面地介绍商品，这样不仅能满足顾客对商品信息的获知需求，客服人员还可以借此机会推荐其他商品。

2. 根据顾客意图进行描述

虽然尽可能全面地介绍商品可以增加顾客对商品的了解，有促成交易的可能性，但是，如果客服人员不考虑顾客的实际需要，即使客服人员对商品讲解得全面，顾客也不会有购买的兴趣。所以，在描述商品之前，客服人员应观察顾客的反应并判断其意图，并根据顾客的意图进行针对性的描述。

3.1.2 展现细节，赢得好感

很多时候，人们只要看到关键细节的情况便可以对整体进行大致的评估。具体来说，顾客购买一件商品，往往很注重其细节，可能仅仅以商品的某个细节直接判定该商品是否值得购买。所以，为了让顾客对商品更有信心，客服人员可以将展现商品的细节作为一个突破点。

【案例展示】

顾客：亲，在吗？

客服：亲，您好，客服小周为您服务。

顾客：你好，我刚刚在你们店看了 A 款马丁靴，感觉很有型啊！

客服：您眼光真好，A 款马丁靴是我们店今年的爆款单品。从颜色来看，黑色易于清洁；从高度来看，10 厘米既保有马丁靴应有的型格，又很好地保证了穿戴者动作的灵活性。另外，特有的耐磨大底，可满足穿戴者的运用需求，而无须担心底部磨损过快；魔术贴＋拉链＋绑带的鞋面设计则在尽显时尚的同时，可以让穿戴者更方便地穿脱。可以说，这款马丁靴很适合亲这种型男哦！

顾客：我认真看了这款鞋的图片，确实像你说的很潮、很有型，但是看这鞋的高度和鞋面的材质，我估计即使冬天穿也会有点热。

客服：确实，为了增加鞋的整体美感，这双鞋表面是打了蜡的头层牛皮，不过您也不必担心穿着会感觉热，因为这双鞋的内里是透气性比较好的头层猪皮。另外，这款马丁靴又为顾客提供了两种选择，一种是内里不加绒的，另一种是内里加绒的。如果您是在南方地区，选择内里不加绒的款式就不会感觉热了。

顾客：看到你的这些描述之后，我越来越感觉这双鞋的细节做得很好了。当然，你对这双鞋的了解和认真介绍也是应该获得点赞的。像我这种细节控都找不到不买一双的理由了，哈哈！

客服：感谢亲对小店的支持，能够得到亲这种追求完美的人士的认可是我们的荣幸，祝亲购物愉快！

……

上述为某客服人员与顾客沟通的部分内容，从中不难看出，该顾客从一开始就对 A 款马丁靴非常有好感，所以，客服人员此时需要做的就是通过细节的展示，来满足顾客的期望，并引导顾客下单完成购买。对此，客服小周先是赞美顾客，慢慢取得顾客的信任，并且让顾客在了解这双鞋的基本信息的同时，展现一些精致的细节设计。因此，顾客便很容易由某些细节直接判定商品符合心理的需求。

【技巧解析】

1. 将描述信息细化

细节的展现首先要做好的就是在信息描述上的细化，客服人员在向顾客介绍商品时，可以将细节内容呈现给顾客。当然，要将描述信息细化，客服人员自身需要对商品的信息足够了解。另外，在介绍商品时，客服人员可以从颜色、材质、包装、注意事项等基本信息入手，然后通过细节展示让顾客觉得商品更具可靠性。

2. 突出展现商品的精致

对注重细节的顾客来说，精致的商品就是最重要的加分项之一，商品足够精致，证明做工不差，商品的成本也不会很低，不会给人廉价的感觉。在拼多多平台上，多数商品价格都比较低，如果一款商品物美价廉，那么这款商品一定会非常受顾客青睐，并且销量也将非常好。

3.1.3 强化卖点，凸显优势

随着拼多多平台的发展，同类商品的款式越来越多，竞争也非常激烈。在这种形势下，客服人员需要思考一个问题，那就是：顾客为什么要在你们店购买某款商品？虽然不同顾客买某件商品的理由不同，但有一点是相同的，那就是在顾客看来这款商品与其他店铺的同类商品相比，有一定优势。

【案例展示】

顾客：请问客服在吗？

客服：亲，您好，×××店客服小张为您服务，请问有什么可以帮到您的？

顾客：你们店的 A 款包包感觉还不错啊！可惜略有一些贵啊！

客服：这款包包为真皮面料，再加上是知名的奢侈品品牌，所以，价格是要比一般的包包高一点。其实，不瞒您说，这款包包现在正在以 9 折优惠销售，单从价格来考虑，此时已经算是出手的最佳时机了。

顾客：价格就是女人的面子，其实对于这个价格我还是可以接受的，但是，我就怕买到之后会和别人撞包。

客服：这一点您可以放心，这款包包全球限量 500 个，国内总共也就 50 个。所以，这款包包不仅很难出现撞包的现象，而且由于是限量版的缘故，还比大多数包包更具收藏价值。另外，需要特别说明的是，现在本店也仅有 3 件的库存了，如果亲喜欢这款包包，得抓紧时间下单了。

顾客：我就喜欢这种限量版包包，好了，我这就下单买一个。

……

上述为某客服人员与顾客沟通的部分内容，从对话中不难看出，刚开始顾客认为这款包包价格略高，但是客服小张从面料、品牌的角度对价格进行了解释，再加上 9 折优惠的诱惑，让顾客接受了这个价格。

然而，顾客虽然很喜欢这款包包，但是担心会出现撞包的情况。客服小张则以商品数量为切入点，通过全球限量打消了顾客的顾虑，又顺其自然地引出包包的收藏价值，在精神上得到满足的情况下，顾客最终下单完成了购物。

【技巧解析】

1. 强化卖点

商品的卖点一般可以是商品自身便具有的特性。例如，某服装由于材质原因，透气性比较好，面料光滑而深受顾客欢迎，这便是商品的卖点之一。

除了商品自身的卖点，商家后期也可以通过营销手段来给商品营造卖点，这些对顾客来说都具有一定吸引力。但是，有吸引力并不一定就能让顾客打消下单的疑虑，这时客服人员需要做中间的催化剂，强化商品的卖点，引导顾客主动进行消费。

2. 提升价值

对部分顾客来说，商品的附加价值也是判断商品是否值得购买的标尺。如果客服人员仅仅是为了把商品销售出去，而对其卖点夸夸其谈，那么顾客并不一定对商品有很强的购买意向。

所以，除了卖点的展示和强化，客服人员还需要从精神上满足顾客的需要，让顾客在得到商品的同时，还得到精神上的满足。比如，对于限量款的商品，客服人员可以将数量作为切入点，用商品未来的收藏价值打动顾客。

3.1.4 委婉否定，语言得体

在交流过程中，顾客对客服人员的印象大多来源于客服人员的语言表达，也就是说，客服人员的语言表达将对商品介绍乃至整个销售活动都产生重大影响。语言是否得体，在一定程度上能够体现出一个人的道德素质。虽然在与顾客的交流过程中，客服人员没必要过分卑躬屈膝，但保证语言的得体还是很有必要的。

【案例展示】

顾客：请问客服在吗？

客服：亲，您好，客服小章为您服务，请问有什么可以帮到您的？

顾客：我看了一下你们店的 A 款 U 盘，看上去还不错啊！

客服：亲，您的眼光真好，这是我们店卖得最好的一款 U 盘。这款 U 盘的传输速度约为 6M/S，并为您提供了 32G 和 64G 两种不同的容量，您只需根据需求进行选择即可哦！

顾客：你说的这个 6M/S 是什么意思哦？

客服：不会吧？您连 6M/S 是什么意思都不知道？我估计 32G 能存放多少内容您肯定也不知道吧？

顾客：那你跟我说说 32G 有多大呗？如果我要放 5 部电视剧，那么是要买 32G 的，还是要买 64G 的呢？

客服：哎呀，像您这种对内存没什么概念的人，估计我和您说了也不会明白，5 部电视剧占的容量与它们的格式和清晰度有关，至于 32G 能不能放下，还需视具体格式和清晰度而定。要不，您让别人帮您估计一下容量大小？或者直接买 64G 的好了，这样就肯定放得下了。

顾客：但是我想买到最合适的就好了，如果 32G 能放得下，我就没有必要买 64G 的啊！

客服：都跟你说了买 64G 的就好了，懂也不懂，你爱买不买，我懒得再和你在这里浪费口水了！搞得好像我求你买似的。

顾客：你这客服怎么这样？我都忍了你好几次了，没想到你还是这么不会说话，我要打电话投诉你！

……

上述为某客服人员与顾客沟通的部分内容，从中不难看出，虽然该顾客对商品的容量没有什么概念，但其语气是比较和善的。然而，该客服人员在与顾客的交流过程中，不仅直接指出顾客的问题，甚至还不尊重顾客，让顾客对该客服人员的印象非常差，甚至觉得被伤了自尊。

【技巧解析】

1. 语言得体

"得体"本义为言行恰到好处，从这个定义上很难把握到底怎样才算得体，但是，有一点可以肯定，那就是得体的语言至少应该是有礼貌的。

所以，在与顾客交流时，应尽可能地恭敬有礼，而不能说出一些伤害顾客自尊心的话。否则，顾客可能会觉得客服人员不尊重自己，这样客服人员的销售目的也就很难达成。

2. 委婉否定

除了有礼貌，客服人员还应该尽可能地让顾客觉得有面子。所以，即便在交流过程中发现了顾客的错误，也不宜直接指出。因为这会让顾客觉得尴尬、没面子，甚至不愿意继续交流下去。

当然，不直接指出顾客的错误并不是要对顾客的错误熟视无睹，而是要注意指出错误的方式。具体来说，在指出顾客的错误时，客服人员应尽可能地委婉，让顾客有台阶可下。

3.2　商品介绍，掌握技巧

商品介绍就好比是射击，如果客服人员毫无针对性地进行介绍，就相当于在胡乱射击。那样不仅会浪费大量的时间和精力，还会让顾客觉得客服人员水平太差。所以，在介绍商品的过程中，客服人员有必要掌握一定的技巧，让自己的表达更加能打动顾客。

3.2.1　摸清需求，有的放矢

如果说商品介绍是射击，那么顾客的需求就相当于靶子。也就是说，如果客服人员在不了解顾客需求的情况下便进行介绍，就相当于在无的放矢，其结果只能是费力不讨好。

所以，在正式开始介绍商品时，客服人员还需要通过一些必要的询问，来了解顾客需要什么样的商品，并据此进行针对性的介绍。

【案例展示】

顾客：我想在你们店里买一件外套，你能不能给我推荐一下？

客服：我们店的款式比较多，您可以跟我说一下您有哪些需求吗？我好给您推荐最适合您的款式啊！

顾客：我就是一个有些发福的中年人，只要衣服穿上之后不会显得太胖就好了，其他的没什么要求。

客服：我能不能再冒昧问您一个问题？您是喜欢正装，还是想要买一件偏休闲的外套呢？

顾客：嗯，家里正装太多了，你帮我推荐几款休闲一些的吧。

客服：根据您的需求，我为您推荐A、B、C三款外套。A款做工比较精细，比较适合看重细节的人群，不过价格相对较高。B款质量比较好，大部分顾客表示性价比比较高。C款是普通大众比较喜欢的款式，设计很经典，价格上也很亲民。您看您更喜欢哪种款式？

顾客：像我们这种中年人没那么多讲究，只要耐穿就行。看你的介绍，应该B款比较耐穿，我就买它好了。

客服：您说得不错，B款确实是这里面最耐穿的。您能够在本店选到自己中意的东西是我们的荣幸。小九代表本店感谢您的支持，您的认同就是我们工作的最大动力，祝您购物愉快！

上述为客服人员与顾客沟通的部分内容，在该案例中，顾客显然不是很主动的一类人，对此，客服小九通过多次询问逐步了解顾客的需求，并根据其需求进行具体介绍，为顾客推荐几款相对适合的外套，并且按照价位进行分类，让顾客更好地进行选择。而顾客借由该客服人员的介绍，最后做出了选择。

【技巧解析】

1. 摸清顾客的需求

摸清顾客需求是进行针对性介绍的前提，客服人员如果能知道顾客真正需要的是什么，就能更好地为顾客提供服务，提高销售的成交率。相反的，如果客服人员不关心顾客的需求，那么客服人员在不了解顾客需求的情况下，传递的信息很可能并不是顾客需要的，甚至顾客对商品的需求有可能与客服人员推荐的商品相反。

2. 结合需求针对介绍

如果说了解顾客需求是进行针对性介绍的前提，那么结合需求来介绍就是针对性介绍的实现方式。在了解了顾客的需求之后，客服人员需要做的就是根据顾客的需求进行针对性的介绍。需要特别注意的是，在根据顾客需求进行针对性介绍时，客服人员不仅要保证介绍的内容能够满足顾客的需求，还需要对内容进行甄选，找到可以吸引顾客的内容。

3.2.2 提供选择，弱化目的

在顾客眼中，客服人员是店铺的代表，维护的是店铺的利益，所以，顾客对客服人员会存在防备心理，自然比较关注客服人员的一言一行。因此，客服人员必须通过一些介绍的技巧让顾客觉得你是在为他们挑选更合适的商品，而不仅仅是想要快点让他们掏钱下单。为此，客服人员可以多给顾客介绍几款商品，让顾客有选择性。

【案例展示】

案例 1

顾客：我想买一箱牛奶，你有没有什么好的推荐呢？

客服：您看 A 款纯牛奶怎么样？这款牛奶现在正在搞促销，一箱24盒，原件65元／箱，现在只要55元／箱，而且购买两箱，第二件还可以享受半价优惠哦！可以说非常划得来。

顾客：划得来是划得来，但我可不敢买。你们卖这么便宜，谁知道是不是有质量问题。

客服：您可以放心，小店销售商品都是有品牌授权的，质量上绝对是有保障的。

顾客：如果没有质量问题，那就是快到期了，你们急着处理掉吧！这样的商品我可不敢买，而且你知道我买牛奶有哪些要求吗？你都不知道我有哪些要求就直接推荐这款牛奶，难道你们店里只有这一款牛奶吗？我有理由相信你是在故意引导顾客买这款商品。你对其他顾客也是这样说的吧？更何况我个人从来都不喝纯牛奶。所以，我们实在没有聊下去的必要。

案例 2

顾客：我想买一箱牛奶，你能不能帮我推荐一下呢？

客服：嗯，好的，乐意为您效劳，就是不知道您有没有什么要求呢？

顾客：嗯，我是想送给我上高中的弟弟的，所以，最好是营养价值高一点的，比如，纯牛奶。

客服：如果买纯牛奶，那么我向您推荐 A 品牌的 C 款纯牛奶和 B 品牌的 D 款纯牛奶，这两款牛奶小店一直都销得不错。更为关键的是，现在购买还有优惠。其中，C 款牛奶现在是在原价的基础上以 8 折的优惠出售的，而 D 款牛奶则是第二件半价。不知道您更喜欢哪一款呢？

顾客：我个人喝 A 品牌的牛奶比较多，对这个品牌还是比较信任的，而且现在还打 8 折，那就买一箱 C 款牛奶吧！

上述为客服人员与顾客沟通的两个案例，在案例 1 中，客服人员在未了解顾客准确需求的情况下便开始进行商品的推荐。在顾客看来是在故意引导他（她）消费，因此，顾客对客服人员推荐的商品产生了质疑。相比之下，案例 2 中的客服人员的表现非常优秀。该客服人员优先咨询了顾客的需求，然后根据要求给顾客多种选择，让顾客觉得自己的推销性质并没有那么强烈。

【技巧解析】

1. 根据需求给出选项

客服人员在给顾客推荐商品之前，一定要先了解顾客的要求。一方面，这可以帮助客服人员弱化故意引导顾客购买某件商品的意图，使顾客觉得自己掌握了主动权，让顾客不至于因此对客服人员产生反感。另一方面，只有了解顾客的真实需求，客服人员才能据此进行相应的推荐，给顾客提供一些合适的选择，引导顾客完成购物。

2. 选项间要有差异性

在根据顾客的需求提供选项时，客服人员必须要注意一点，那就是提供的选项应该存在一定的差异性。向客户推荐同类别、相似度较高的商品时，顾客往往一时难以做出选择，这样会大大延长顾客思考的时间，一旦顾客考虑时间过长，影响交易的不确定性因素也就更多。

3.2.3　欲扬先抑，更显真实

部分客服人员在向顾客介绍商品的过程中，为了增强商品的吸引力，一味地展示商品的优势。殊不知，客服人员过分夸大商品优势，很可能会让顾客觉得其介绍不够真实。当然，要引导顾客完成购物，在赞扬商品的优点时，不能太过刻意，不然顾客很可能会质疑客服人员语言的真实性。因此，在介绍商品时，客服人员可以利用欲扬先抑的手法突出商品优势。

【案例展示】

顾客：我想买一款 4 000 元左右的手机，你有没有什么好的推荐呢？

客服：好的，乐意为您效劳。冒昧地问一下，您有没有什么要求呢？

顾客：嗯，最好是屏幕大的，这样看视频、玩游戏比较爽。然后，我个人比较喜欢摄影，所以，如果像素高一点，就更好了。

客服：您看看 A 商品怎么样？这是小店销得比较好的一款商品。

顾客：看着倒是不错，你能跟我说一下它都有哪些优缺点吗？

客服：嗯，关于这款商品，我必须向您坦白一点，那就是它和该品牌的其他型号一样，不能直接插内存卡。这也是它最大的缺点。当然，只要您买的是容量比较大的型号，这个问题是完全可以避免的。要说它的优点的话，首先是屏幕大、分辨率高，5.5 英寸的屏幕加上 1920×1080 的分辨率，用它来看视频和玩游戏都会是一件令人非常享受的事。然后，该手机配备了前后摄像头，其中，后置摄像头的像素达到了 5 200 万，可以说有这个手机在手，您完全可以拍出单反的效果。这款手机虽然屏幕大，但是厚度仅为 73mm。所以，它的手感还是比较好的。除此之外，这款商品还有外形美观，操作顺畅、卡顿少等优点。

顾客：你倒是挺坦诚的，直接把商品的缺点都说出来了，就冲这一点我就觉得你的推荐靠谱。最关键的是它可以满足我的所有要求，我觉得单凭这一点买它就值了。好了，我就拍一单吧！

上述为某客服人员与顾客沟通的部分内容，在该案例中，客服人员在了解了顾客的要求后，没有故意隐藏不足，而是用欲扬先抑的策略，在说优点之前，先委婉告知顾客商品的不足，再介绍商品的优势。客服人员使用欲扬先抑的策略，不仅没有让顾客对商品的质量存在顾虑，反而使其认为客服人员是一个坦诚的人。

【技巧解析】

1. 缺点简单带过

虽然欲扬先抑，在介绍商品的过程中，向顾客说明其缺点，能够让顾客觉得客服人员的表达更加真实，但是在表达商品的缺点时，对缺点简单描述即可。着重向客户分析商品的不足，反而会将商品的缺点放大，这时，客服人员即使说再多商品的优点，也挽回不了该商品在顾客心目中的地位了。

2. 优点详细解读

在用欲扬先抑的策略介绍商品的过程中，合理运用比较的手法是非常重要的。通常来说，客服人员在表达缺点时只需简单带过，但是对于优点则需要详细解读。告知顾客商品的优点才是打动顾客购买商品的主要手段。客服人员已经指出了商品的不足，如果不能详细解读优点，让优点盖过缺点，那么会让顾客觉得商品的缺点比优点还突出。

3.2.4 给出优惠，刺激引导

购买商品的决定权在顾客手中，拼多多平台的顾客有这样一个特点，即在购买商品时希望商品足够实惠。所以，客服人员与其花费大量时间和精力把商品说得天花乱坠，不如在介绍商品过程中给出一些优惠来得直接。

在介绍过程中，客服人员可以适当地给出一些优惠政策。无论是给赠品，还是打折，都能让顾客觉得在价格上占到了便宜。

【案例展示】

顾客：你推荐的这款手机好是好，但我感觉在价格上还是有一些划不来啊！所以，我觉得我还要再想一下。

客服：您的担忧可以理解，但是，您应该也知道，小店这款商品的价格是比大多数网店要低的，而且这款商品现在还在搞促销活动哦！买手机赠送价值99元的充电宝一个。但是，数量有限，只有前100名顾客可以获得这份幸运，现在只剩下不到10个名额了。所以，如果您真的喜欢这款手机，现在入手是最划得来的哦！

顾客：有赠品你怎么不早点说啊？这样看就划算多了嘛！我正好缺一个充电宝呢。好吧，我就拍一单吧！

上述为某客服人员与顾客沟通的部分内容，不难看出，在该案例中，顾客因为觉得客服人员推荐的商品让自己不太满意，所以在考虑是否购买该商品。

面对这种情况，客服人员先是向顾客说明店铺中商品的价格优势，再抛出赠品这个诱饵，并表示名额有限。而顾客在知道购买该款手机有赠品之后，心理得到了平衡，便下定了购物的决心。

【技巧解析】

1. 给出优惠

对于那些对价格比较看重的顾客，往往在客服人员介绍商品的过程中，就直接放弃了了解该商品，这并不是顾客对商品没有兴趣，而是觉得价格不太符合期望。

此时，客服人员如果能给出一些优惠，即便这个优惠实际上并没有太大的价值，也能达到满足顾客心理需求的效果。因此，客服人员可以利用给顾客优惠的策略，让顾客下定购物的决心。

2. 刺激引导

虽然给出一些优惠之后，在一定程度上能够吸引顾客的注意力，但是，可能一部分顾客的心理仍得不到满足。面对这种情况，客服人员可以适当地给顾客一些压力，表示优惠的时间或者优惠的名额有限，从而让顾客更快地做出决定。给顾客一些引导性的刺激，让他们乐意下单。

3.2.5 传递信息，引人入胜

没有相关经验的新手客服在与顾客沟通时，常常有胆怯心理，又急功近利，因此在顾客面前表现得非常主动。同时，在沟通过程中，新手客服因为害怕顾客沉默或者拒绝自己，常常会不停地说话，努力寻找新的话题。

面对上述情况，客服人员需要注意的是，一定要按捺住自己急功近利的心态，先倾听顾客的表述，从顾客的语言中找出其感兴趣的信息，在沟通中不着痕迹地把顾客感兴趣的信息传递出来，引发他们的好奇心。

【案例展示】

顾客：你好，在吗？

客服：亲，您好，客服小美为您服务，请问有什么可以帮到您的吗？

顾客：我在你们店铺看中了 A 款洗面奶，但是我想多了解它的相关信息再买，你给我说说吧！

客服：好的。这款洗面奶是我们店热销的商品，适合油皮使用，有控油补水的功效，而且泡泡非常绵密，清洁效果非常好。

顾客：哦，大概了解了，我先考虑一下。

客服：亲，您还在考虑什么呢？这款洗面奶在网上很火的，连×××明星都在用呢，你喜欢这位明星吗？听说她的粉丝也在用。您要是喜欢，可以买一瓶哦，我现在用的也是这款洗面奶。对了，您买洗面奶的话要不要顺便买瓶爽肤水呢？现在冬天皮肤容易干燥，补水也非常重要，要不给您推荐一款？或者您还看中了咱们店铺哪款商品呢？我给您介绍一下？

顾客：哎呀，你真烦，我都说我要考虑一下了。其他的都不要，我也不喜欢×××明星，别跟我讲什么有的没的。

上述为某客服人员与顾客沟通的部分内容，在该案例中，客服人员担心顾客考虑之后决定不购买该商品，才努力寻找话题想要与顾客保持沟通热度。客服人员希望能跟顾客拉近距离，不想却弄巧成拙，闹了笑话。

【技巧解析】

1. 在聊天中找出顾客兴趣点

客服人员在向顾客介绍商品前，可以先跟顾客聊天，在聊天的过程中，客服人员不需要过多表达自己，而要做一个倾听者。

在倾听的过程中，客服人员可以分析出顾客的兴趣点，再根据顾客的兴趣点来介绍商品，激起买家对商品的兴趣。在激起买家兴趣之后，客服人员要积极与顾客进行互动，避免顾客购物的热情冷却下来。

2. 传递引发顾客好奇心的信息

客服人员一旦在沟通中能激起顾客的好奇心，就能吸引顾客的兴趣，这需要客服人员向顾客传递引发顾客好奇心的信息。比如，近期网上热度较高的重大新闻、有争议的话题以及体育相关比赛的信息等。在激起顾客好奇心的基础上，客服人员在合适的契机把话题转移到商品上，更容易促成交易。

3.3　常见雷区，必须规避

客服人员在给顾客介绍商品前，一定要对顾客群体有一定的了解，比如面对年龄较大、学历不高的顾客，客服人员应该少说晦涩的术语，尽量使用通俗易懂的表达方式。同时，客服人员需要谨记，不宜生硬地推销商品，不可过分夸大商品的价值，面对顾客提出的问题，要耐心回答，即使顾客没有购买意向，也应当尊重顾客的选择。

3.3.1　语言通俗，避免晦涩

有的客服人员为了让顾客觉得商品高端，或者显示自己对商品有专业的认知，就在介绍中穿插各种晦涩的术语。虽然对部分商品适当地使用术语是有必要的，但顾客是有独立思考能力的，过多的术语只会让顾客觉得客服人员是在卖弄玄虚，因此，客服人员要做到从实际出发，多使用通俗易懂的语言。

【案例展示】

顾客：你好，在吗？

客服：亲，您好，客服小羊为您服务，请问有什么可以帮到您的吗？

顾客：我看你们店的 A 款电脑好像还不错啊，你能不能给我介绍一下？

客服：好的。首先，这款电脑的显卡是 GeForce GTX1050Ti 游戏显卡，可以流畅运行各种游戏。而电脑上的 INTEL 第 7 代处理器，比上一代的处理性能提升了 5%，数据处理也更加快速。您觉得这些配置怎么样？

顾客：不好意思，我想问一下 GeForce GTX1050Ti 具体代表的是什么？ INTEL 第 7 代处理器又是什么意思呢？

客服：GeForce GTX1050Ti 是 Nvidia 发布的一款中高端显卡，它是一款定位于特效畅玩游戏的 4GB 显卡。GeForce GTX1050Ti 的流处理器数量等于 GTX950，而显存容量则比 GTX1060 3GB 还大。可以说是一款非常不错的显卡了。而 INTEL 第 7 代处理器就是指英特尔公司推出的第 7 代处理器啊！

顾客：你说的 GTX950 和 GTX1060 3GB 又是指什么哦？

客服：这些都是市场上比较常见的几款显卡啊！如果您不了解，可以去百度里面看一下啊！

顾客：好吧，你再介绍一下其他的信息吧！

客服：这款电脑采用的是 DDR4—2400 高速内存，双内存插槽设计，支持 16G×2 DDR4 内存。而 802.11ac 无线网卡则支持双频段自由切换，无线传输速度非常快。另外，电脑的杜比音效可以给您身临其境的视听体验。

顾客：我的天，你说的 DDR4—2400 和 802.11ac 又是些什么东西？你说的这些东西我根本理解不了啊。哎呀，我看现在还是不买为好啊！

……

上述为某客服人员与顾客沟通的部分内容，从中不难看出该顾客对电脑的很多术语都是不太了解的。这一点从客服第一次介绍电脑后，顾客就相关术语接连提出两个问题便可以看得出来。

然而，虽然该客服已经知道顾客可能对电脑的相关配置并没有深入的了解，但是在接下来的介绍中，仍旧使用了大量的术语。

【技巧解析】

1. 使用通俗语言

对大多数顾客来说，他们在拼多多平台购物，利用的都是休息时间，想买的都是日常生活需要的商品，那么在对比同类商品的过程中，他们更关注商品的价格与实用性。因此，多数顾客在向客服人员咨询时，期望得到的是通俗易懂的回复，接近实际生活的表达。

所以，客服人员在介绍商品时，尽量使用通俗易懂的语言来介绍商品，让顾客能准确地接收信息，从而判断商品是否适合自己。

2. 适当使用术语

虽然与通俗的语言相比，术语比较难以理解，但是对于部分商品，特别是一些技术含量较高的商品，有的术语是不可或缺的。对此，客服人员需要明白的是，少说术语并不是不能说术语，而是适当使用术语。

所以，如果在商品介绍中使用了少量术语，客服人员可以简单地用通俗语言解释这些术语的含义，让顾客有大概的理解。适当使用术语，在一定程度上能够向顾客表现自己的专业性，让顾客觉得自己的语言更有可信度。

3.3.2　商品推销，不宜生硬

部分客服人员在与顾客交流的过程中，过于急功近利，以致在向顾客介绍商品时，把功利性的目的表露无遗，直接在生硬地推销商品。在还没有促成交易的情况下，直接向顾客透露自己的目的，顾客往往会对客服人员敬而远之。

对此，客服人员在向顾客推荐商品时，不宜直奔主题，可以通过问候顾客，跟顾客聊聊天，彼此熟悉之后再巧妙地向顾客推荐商品。

【案例展示】

顾客：客服在不在？

客服：亲，您好，客服丽丽为您服务。想必您是看到我们店的 A 款手机正在做大促销才想了解信息的吧？这款手机确实挺不错的，我们店一个月的销量就达到了1 000 台。正好现在在进行促销，比之前要便宜许多呢。您在此时入手可以说很是时候呢。

顾客：那个，不好意思，其实我只是想在你们店买一个手机壳，想知道你有没有什么好的推荐。

客服：哦，原来您需要的是手机壳，不好意思，我还以为您是来买手机的。手机壳的话，我给您推荐 B 款吧！

顾客：B 款，看上去还不错啊。

客服：您放心，绝对是良心推荐。B 款手机壳绝对是值得拥有的。

顾客：那你能不能说一下这个手机壳有哪些优势呢？

客服：这个手机壳各方面都很好，不然我也不会向您推荐啊！

顾客：能不能麻烦你举个例子说明一下呢？

客服：这款手机壳月销售量达到 500 件，是我们店销得最好的手机壳，而且好评率也达到了 95%。我可以保证，您买了绝对不会后悔的。

顾客：我真是服了你了，一开始你问都不问就给我介绍手机。现在让你给我推荐手机壳，你又一直在说这个手机壳好，却无法说出到底好在哪里。虽然销量和好评率都还不错，但是我对商品的质量还是不太放心。所以，我们没有必要聊下去了。

上述为某客服人员与顾客沟通的部分内容，客服人员在顾客跟自己打招呼，还没有说到需求时，客服人员就直截了当地介绍其他商品了，生硬地推销不但没有让顾客有下单的意愿，而且直接被顾客拒绝，导致双方都不愉快。

【技巧解析】

1. 不宜直奔主题

有的客服人员为了追求所谓的高效率，喜欢采取直奔主题的推销模式。在还未了解顾客需求的情况下，便开始向顾客推销商品。殊不知正是这种看起来高效的模式，取得的效果往往是最差的。因为直奔主题的推销未考虑顾客的需求，客服人员很难在介绍商品的过程中抓住顾客的痛点，反而是在自说自话，让顾客产生抵触心理。

2. 不能毫无技巧

商品的介绍也有其中的语言艺术，只有将有吸引力的内容更好地传递给顾客，才能促成交易。在此过程中客服人员需要使用一些技巧，才不会显得生搬硬套、毫无亮点。所以，客服人员在介绍商品时，需要把商品说明书熟记于心，梳理出其中的要点，形成自己的一套表达方法。同时，客服人员可以总结以往向其他顾客介绍商品时的经验，不断优化自己的表达技巧。

3.3.3　商品介绍，不可夸大

客服人员在售前给顾客进行商品介绍的目的是引导顾客消费，在此过程中，适当对商品的优势进行夸大很有必要。需要注意的是，过分夸大会提高顾客对商品的心理预期，一旦在收到商品时，顾客觉得实物与预期严重不符，就会退货或者给店铺差评。因此，如果把商品说得神乎其神，那么多数顾客会以为客服是在忽悠自己。

【案例展示】

顾客：在吗？

客服：亲，您好，客服莉莉为您服务，您有什么需要？

顾客：我母亲有些骨质疏松，想给她买一些保健品，你有没有什么好的推荐呢？

客服：亲，您算是来对地方了，我们店就是专业卖保健品的，骨质疏松的话，我为您推荐 A 商品。

顾客：这 A 商品具体有哪些功效呢？

客服：这款商品最主要的作用是补充人体钙质，所以，除治疗骨质疏松外，对失眠梦多、腿抽筋、全身乏力、高血压、高血糖、高血脂、冠心病、尿结石、糖尿病、肥胖等症状也有一定的效果。

顾客：这么厉害！那我猜这个药对中风、恶性肿瘤、老年痴呆、白内障、青光眼这些问题也能起到一些效果吧！

客服：嗯，对于您说的这些问题，患者通过吃我们这款商品，大多可以得到一些缓解。老年人通常比较容易生病，如果让您母亲经常吃我们这款保健品，可对大多数老年病起到预防作用呢！

顾客：我绝对相信你们商品有这些神奇的疗效，因为我看到天上有牛在飞了，你继续努力吧，我不奉陪了！

客服：嗯？您确定不需要吗？

……

上述为某客服人员与顾客沟通的部分内容，从中不难看出，该客服人员在介绍商品功效时明显带有夸大的意味，并且客服人员的观察力非常差，以至于对顾客语言中的不信任都没有察觉出来。所以，夸大其词的商品描述不仅不能促成交易，反而让买家产生了极大的不信任感。最终顾客对客服人员嘲讽一番之后便离开了。

【技巧解析】

1. 不可夸大价值

商品价值是顾客购买商品的重要参照，部分客服在介绍商品时有意夸大商品的价值，以为把价值几块钱的物品蕴含的价值夸得天花乱坠就可以卖个好销量。殊不知，在拼多多平台，多数商品都是以价格低而受到顾客青睐的，客服人员把商品价值抬得太高，反其道而行之，顾客不见得会考虑该店铺的商品。

2. 不可夸大功效

除了夸大价值，还有部分客服在介绍商品时热衷于夸大商品的功效。比如，有的客服在向顾客介绍某些药品时，将治感冒、胃病等常用的药物夸大成可治百病的神药。这种行为只会引起顾客的反感。

同时，如果客服在介绍商品时过分夸大功效，而顾客使用之后却不能达到预期的效果，那么，顾客会写下"这家是骗子，大家不要相信它""实际效果与描述相差十万八千里，就当花钱买教训了"之类的评价，给店铺带来极大的影响。

3.3.4 回答顾客，要有耐心

客服是一个服务性质的岗位，客服人员应当认清自己的职责，在接待顾客时多一分理解，多一分耐心。要让顾客购买一件商品，除了这件商品有自身的优势，客服人员的服务水平也是重要的影响因素。买家有可能会咨询客服人员很多问题，客服人员需要耐心回答他们的问题，不要怕一时麻烦而敷衍顾客。

【案例展示】

顾客：请问，客服在吗？

客服：客服小马为您服务，有什么可以帮到您的？

顾客：哦，我想买一件外套，但是第一次到你们店里来，不太熟悉，你能给我介绍几款吗？

客服：您能跟我简单说一下有哪些要求吗？

顾客：哦，我是一名大三的学生，你只要推荐适合我这个年龄段的外套就可以了，其他的没什么要求。

客服：A款牛仔衣是本店销得最好的外套，与一般的牛仔衣不同，这款外套修身的设计，再加上印花和破洞元素，特别适合在校大学生这种追求潮流和时尚的人群穿着。

顾客：这款衣服确实很好看，只是像我这种有点胖的人，修身款估计是不太合适的，你还有没有其他的推荐呢？

客服：要不您再看看B款风衣？现在很多年轻人都钟爱风衣，主要就在于风衣可以让他们看上去更成熟、更具男人味。更为关键的是，穿这款风衣时，您无须扣上扣子，所以，即便您有些发福，穿这个款式也看不出来。

顾客：确实，穿风衣很有型，但是，我个子比较矮，风衣又比较长，我估计我是驾驭不了的。

客服：问您的时候您说没什么要求，但是我推荐了两款您都不满意，我觉得再为您推荐估计也没什么结果，我现在需要同时接待几位顾客，不可能把太多精力放在您一个人身上。您看这样好不好？您先到我们店里看一下，您看中哪些款式和我说，我再给您介绍。

顾客：好吧，我先自己看一下，你忙吧！

（几分钟后）

顾客：我觉得C款运动服可能比较适合我，你觉得呢？对了，能不能给我介绍一下它的一些基本信息啊！

（几分钟后）

客服：嗯，C 款应该适合您。

顾客：我等了几分钟，你就跟我说"应该适合我"，你是在敷衍我吗？

（几分钟后）

客服：既然牛仔衣、风衣您都觉得不合适，那么运动装当然适合了，我不觉得还需要再多说什么啊！

顾客：你说了等于没说，就你这种服务态度，我相信你才怪。

……

上述为某客服人员与顾客的部分交流内容，从中不难看出，该客服人员刚开始对顾客需求的询问就有些不到位，而在为顾客推荐两款外套遭到拒绝之后，客服人员便没有了再次询问顾客需求的耐心。另外，当顾客选择某款式并向其询问时，该客服人员不但回答上非常敷衍，而且顾客问一个问题，过了好几分钟才回答，态度上也让人感觉非常消极。

【技巧解析】

1. 询问有耐心

询问是了解顾客需求最直接和有效的方式，但是，当顾客不配合时，或者客服人员在工作中带有个人情绪时，部分客服可能没有耐心询问顾客，甚至对顾客进行"冷处理"。

对此，客服人员需要知道的是，大多数顾客可能并不会主动将诉求告知，客服人员可以耐心地一步步引导顾客说出其对商品的需求。在沟通过程中显示出自己的耐心，慢慢获取顾客的信任，是打消顾客购买疑虑的重要方法。

2. 回答有耐心

在顾客看来，客服人员对自己问题的回复可以体现出客服人员的服务态度。对于金牌客服，我们可以发现他（她）们身上的一种特质，那就是不管顾客的态度多么恶劣，他（她）们都能控制自己的节奏，回复顾客都很有耐心，并且随时都用礼貌的语言让买家感受到自己的热诚。

3.3.5 尊重顾客，重视意愿

在向顾客介绍商品的过程中，客服人员需要尊重顾客的意愿。在咨询商品时，顾客是否购买该商品，最终的选择权在顾客的身上。

因此，客服人员应该尽可能地尊重顾客的购买意愿，一方面，可以给顾客留下一个好印象，毕竟不会有人喜欢别人强迫自己购买不需要的商品。另一方面，将商品卖给有意愿的顾客，会大大降低退货率。

【案例展示】

顾客：您好，我想给我女朋友买一瓶香水，你有什么好的推荐吗？

客服：或许您可以看看 A 款香水。这款香水专为勇于尝试、热情活泼和爱好幻想的年轻女性设计。它独特的香味，可以尽显使用者的与众不同。更为关键的一点是作为国际知名的香水品牌旗下的商品，它深受年轻女性的喜爱。

顾客：我觉得品牌没那么重要吧，主要是看香味是否适合使用者的气质，而且我女朋友是那种勤俭持家型的妹子，估计她对香水的品牌也不会有什么要求。

客服：这您就错了，香水就是身份的象征，使用一些杂牌香水，会让使用者掉价的。您也不想让您女朋友没有面子吧。

顾客：我觉得我们之间的价值观可能有一些不同啊。适合的才是好的，而不应该是贵的才是最好的。虽然这款香水是大品牌，但是并不代表它就适合所有人，你说是不是呢？

客服：这款香水是否适合所有人我不知道，但是，有身份的人一般会喜欢。当然，也有部分人买不起，或者舍不得买，那就另当别论了。

顾客：那你是觉得我买不起啰！好啊，我买不起那你就找那些买得起的人聊吧！我不奉陪了！😠

……

上述为某客服人员与顾客的部分交流内容，在该案例中，客服人员在介绍商品的过程中错将品牌当作顾客最重视的点，无视了顾客真实的购买意愿，导致在沟通中，顾客与客服人员产生了矛盾。

【案例展示】

1. 重视顾客需求

前文已经多次提到，客服人员为了增加介绍的针对性，应该尽可能地了解顾客的需求。但是，仍有部分客服人员摆错了自己的位置，在顾客的需求已经非常明确的情况下，还要将自己认为更好的商品介绍给顾客。

虽然客服人员为顾客推荐更适合的商品可能是出于善意，但是顾客会认为客服人员完全没有考虑自己的诉求，甚至会觉得客服人员是略带强制性地要求自己购买某件商品。

2. 尊重顾客意见

除需求外，在交流过程中，顾客可能会就某些方面提出一些自己的意见。对于这些意见，客服人员应该尽可能地听取，并将之落实到后面的介绍当中，而不应该对其视而不见。

当然，总有部分客服人员会由于自己的原则或表达的方式，或者是由于性格的缘故，使之在与顾客沟通时，想要成为强势的一方。有自己的性格固然是好事，但是作为客服人员，亲和力才是最重要的，在与顾客沟通时表现过于强势，会给顾客难以接近的感觉。

第 **4** 章
灵活沟通，
友好交流

学前提示

　　客服人员是店铺或企业与顾客之间联系的纽带，客服人员想要维护好店铺与顾客之间的关系，就必须拥有良好的沟通能力。

　　所以，客服人员在与顾客沟通时，掌握必要的沟通技巧，为顾客创造良好的交流氛围至关重要。

要点展示

- ➢ 学会倾听，了解顾客
- ➢ 问清痛点，有效沟通
- ➢ 把握技巧，及时反馈
- ➢ 沟通技巧，必须掌握

4.1 学会倾听，了解顾客

学会倾听，在沟通中起着重要作用。每个人都有表达的欲望，顾客也不例外。所以，客服人员在与顾客沟通时，可以多引导顾客表达他们的想法，自己则做一名忠实的倾听者。客服人员只有认真倾听，才能明白顾客的真正需求，才能知道顾客遇到了哪些问题，才能了解自己的工作还有哪些需要改善的地方。

4.1.1 找好立场，避免主观

客服人员作为一名倾听者，倾听要做到有效、到位。这要求客服人员要站在顾客的立场上倾听，从顾客的角度出发，才能明白顾客的真正需求，找到有效的解决问题的方法，为顾客提供满意的服务。

【案例展示】

顾客：客服在吗？

客服：您好，请问有什么能够帮助您的吗？

顾客：我想把这双篮球鞋退了。

客服：请问是鞋子质量存在什么问题吗？您可以跟我说说。

顾客：没有，我就是不想要了。

客服：实在不好意思，我查了您的订单，您的球鞋已经签收超过7天了，除非质量存在问题，不然不能退换哦。

顾客：哦，可是我确实用不上，这双鞋子挺贵的，我买了之后没有穿过，只是把外包装打开过一次，现在用不上了，你能不能帮我退一下？我补运费。

客服：您方便告知一下退货的主要原因吗？以便我们优化服务。

顾客：我前两天不小心把腿摔了，医生说我很长一段时间不能打篮球，我买了这双鞋子放在那里也用不上。

客服：明白了，那我破例帮您退了吧，实在不好意思，让您提起伤心的事情了，希望您快点好起来。

顾客：谢谢你帮我，也谢谢你听我说这些话，我感觉心里好受多了。

客服：您客气了。

上述为某客服人员与顾客沟通的部分内容，在该案例中，客服人员在处理顾客退货问题时，真正地做到了换位思考，并且在帮助顾客排忧解难的同时，维护了店铺名誉。在顾客已经明确表示会承担运费的情况下，这次退货对店铺来说并没有损失，该客服人员帮助顾客退货是明智的选择。

【技巧解析】

1. 站在顾客的角度换位思考

客服人员要真正做到站在顾客的角度去倾听，就是要学会换位思考。只有做到换位思考，才能真正倾听出他人的所思所得。比如，在遇到顾客需要退货的情况时，客服人员可以假设自己是顾客，从而想出具体的解决办法，而不是直接拒绝顾客。

2. 抛弃自己的主观成见

客服人员在倾听时，只有抛弃自己的主观成见，才能真正做到为顾客着想。如果客服人员不抛弃自己的主观成见，那么面对顾客投诉或退货的情况，客服人员只会按照自己的思维方式考虑问题。所以，即使该客服人员已经换位思考，站在顾客的立场上倾听，也会因自己的主观成见而作出不理智的决定。

4.1.2 把握时机，正确回应

倾听并不是简单地只听顾客的表达，它是一个双向沟通的过程。在倾听时，客服人员可以给顾客一些积极的回应，让顾客感受到自己被尊重、被重视。倾听的目的是了解顾客的需求，但是，在倾听过程中，客服人员并不能保证顾客会向自己坦诚表达内心的想法。此时，客服人员要适当地引导顾客，向顾客传达"说下去"的信号。

【案例展示】

顾客：你好，在吗？我想买条裙子，看到你们店铺选择挺多的，但是我不知道哪种风格更适合自己。

客服：亲，您好，很高兴为您服务。冒昧问一下，您平常偏向于哪种穿衣风格呢？

对买裙子有哪些需求呢?

顾客:我平常主要是穿裤装,很少买裙子,要说我偏向于哪种风格的裙子,我喜欢有碎花的连衣裙。

客服:您眼光真不错,碎花连衣裙今年特别流行,您继续说。

顾客:关于我的需求的话,我希望裙子的价格不超过 200 元,因为我是学生,平常的生活费不是很多,还有就是,我个子不高,不要太长的裙子。至于裙子颜色,我喜欢冷色系的。

客服:好的,明白。还有其他的需求吗?

顾客:没有了。

客服:亲,我理解您的需求了,我给您推荐我们新上架的 ×× 系列连衣裙,基本上能够满足您现在的需求,而且价格不贵。裙子是中长款雪纺碎花连衣裙,刚好适合秋天穿。

顾客:啊,我看了一下,觉得还可以,就这条吧!

……

上述为某客服人员与顾客沟通的部分内容,客服人员在倾听过程中,在适当的时机选择了沉默,给了顾客表达的机会。除此之外,客服人员对顾客的赞美,增强了顾客表达的信心。同时,因为该客服人员对时机把握得恰到好处,所以顾客对客服人员很快地产生了信任。

【技巧解析】

1. 适当地沉默

倾听并不是要求客服人员一直保持沉默,而是要求客服人员把握好沉默与表达的时机,给顾客表达的机会。客服人员与顾客沟通时,可以通过顾客的语言来判断他(她)们是否有表达的欲望。在顾客的表达兴致高涨时,客服人员不应打断顾客说话,而应适当地保持沉默,示意顾客继续说下去。

2. 适当地赞美

当顾客在表达自己的想法时,客服人员作为一名倾听者,可以适当地赞美顾客,让顾客感受到自己被肯定、被认同,让顾客增强"说下去"的自信心。适当地赞美,也是一种沟通的技巧,只要客服人员使用得当,就可以快速拉近顾客与自己的距离，满足顾客的"虚荣"心理。

3. 适当地询问

客服人员在倾听时，适当地向顾客提出问题，一方面，可以获得更多关于顾客的相关信息，让顾客把自己全部所想到的内容表达出来。另一方面，客服人员可以通过询问来判断本次倾听是否结束，从而开始下一步的服务工作。

比如，在顾客说完自己的想法之后，客服人员可以回复："明白了，您还有其他的问题吗？"如果顾客已经表达完毕，那么客服人员就把话题转移到商品上。

4.1.3 复述原话，肯定顾客

客服人员在倾听顾客表达时，可以简要复述原话给顾客肯定的回应。简要复述顾客的话意的作用和方式表现在两方面：一方面，客服人员在倾听过程中把顾客原话抛向顾客，以表达对顾客的肯定与理解，让顾客产生成就感；另一方面，客服人员在倾听顾客的表达之后，可以对顾客所表达的内容进行归纳和总结，把重点内容划分为几个要点，复述给顾客。

【案例展示】

顾客：有人吗？

客服：亲，您好，我是客服小莉，很高兴为您服务，请问有什么可以帮助您的吗？

顾客：哦，你好。我想买一部手机给我女朋友。

客服：好的，您能具体描述一下您的需求吗？

顾客：我女朋友喜欢粉红色，所以我希望手机颜色是粉红色；内存要大一点的，不然用久了容易卡；手机像素高一点，因为我女朋友喜欢自拍。

客服：好的，也就是说，您想买一款粉红色的、内存大和拍照好看的手机是吗？您的预算是多少呢？

顾客：是的。预算是 3 000 元。

客服，好的，那您看我们 A 款手机怎么样？这是专门用于拍照的手机，内存大，而且设计美观，外壳刚好是您女朋友喜欢的颜色。另外，我们还有 B 款，它也符合您女朋友的需求，不过价格可能会超出您的预算。您看一下，是喜欢哪一款呢？

顾客：既然 A 款满足了我的所有需求，那我买 A 款吧，谢谢。

客服：不客气，能为您服务是我的荣幸，相信您女朋友一定会非常喜欢您送的这款手机的。

上述为某客服人员与顾客沟通的部分内容，在该案例中，客服人员在倾听顾客的需求时，简要归纳了顾客的需求，并且在复述时得到了顾客认同，之后很快找到了符合顾客需求的商品。同时，客服人员在介绍商品的过程中，巧妙地以顾客的需求为出发点，突出该商品的特色。

【技巧解析】

1. 复述顾客原话

复述顾客原话，是提高沟通融洽度的一种方法。客服人员在倾听中把顾客的原话作为回应，可以表现出自己在认真听顾客倾诉。比如，顾客说"我觉得手机就得买个贵点的，一分钱一分货"，客服人员马上回答"是啊，手机买贵点的好"。通过复述顾客的原话，让顾客觉得自己所说的内容被人肯定，那么客服人员向顾客介绍商品时，促成交易的可能性也会更高。

2. 归纳总结要点

当顾客的表达杂乱无章时，客服人员可以将顾客的表达内容简要复述给顾客，再跟顾客确认有哪些需要补充的地方。客服人员在与顾客沟通时，哪怕已经很仔细地倾听顾客的谈话，也有不小心遗漏要点的时候。因此，客服人员归纳总结顾客的话意，可以避免遗漏要点或误解顾客所要表达的原意。

4.1.4　观察性格，分析话意

顾客的话外之音，就是他（她）们由于某种原因不愿意直接表达的内容。顾客的话外之音往往在他（她）们的语言中流露，这需要客服人员有敏锐的观察力。

在沟通中，学会倾听顾客的话外之音，才能更高效地了解顾客的真实想法，把服务工作做好。

【案例展示】

顾客：我想问一下，你们是怎么发货的？

客服：亲，您好，我们店是在您下单之后 48 小时之内发货的。

顾客：我在问你为什么我还没有收到我的商品？你怎么跟电脑一样？

客服：亲，我是客服小林。您的商品已经在路上了，请耐心稍等几天哦。

顾客：你们的服务还真是不错。

客服：感谢您对我们的认可，我们会再接再厉的！

顾客：我就不给你们店添麻烦了，我申请退款就是。

客服：亲，不麻烦的，您为什么要退款呢？我们的商品已经在路上了，您过两天就能收到的。

……

上述为某客服人员与顾客沟通的部分内容，从中可以发现，该顾客的语言与态度蕴含着另外一层信息，但是客服人员没能很好地注意到。所以，当这位客服人员与顾客交谈时，只是顺着顾客的字面意思来理解顾客的表达，自然是闹了笑话。

【技巧解析】

1. 观察顾客性格

拼多多平台近年来非常火爆，顾客群体的类型自然非常多样，客服人员与顾客的人际关系相对比较复杂。所以，客服人员要能听出顾客的弦外之音，需要观察顾客的性格特点。当客服人员在倾听时，可以通过顾客的语言对其性格特点做出基本判断。通过这些性格特点，客服人员可以分析出顾客在沟通中带有哪些弦外之音。

2. 丰富社会阅历

客服人员接触的顾客大部分是有社会阅历的人，这些顾客都有不同的表达技巧，所以客服人员还要丰富自己的社会阅历，才能听出不同顾客的表达中的话外之音。丰富社会阅历，可以通过日常细心观察不同顾客的表现来实现，也可以在个人生活中，通过与人交流而习得。需要注意的是，客服人员要丰富自己的社会阅历，需要长时间的积累。

4.2 问清痛点，有效沟通

发问是了解顾客的前提，当客服人员需要了解顾客的性格与真实想法或向顾客确认其真实的意思时，都需要向顾客发问。除此之外，遇到因愤怒而不理智的顾客，发问也是比较好的一种安抚顾客情绪的方式。

4.2.1 主动发问，拉近距离

发问是客服人员了解顾客详细需求的重要方式，客服人员与顾客交流也是由发问开始的。所以，客服人员首先要养成主动发问的习惯，这有助于拉近客服人员与顾客之间的距离。

【案例展示】

顾客：在吗？

客服：您好，我是1号客服人员，请问有什么地方我可以帮助您的吗？

顾客：我想买张书桌，刚好看到你们店铺里的商品，不知道该怎么选择，可以帮我介绍一下吗？

客服：当然，请问您对想要购买的商品有哪些要求呢？

顾客：我偶尔在家办公，希望桌子可以用来放电脑，然后放一些书。

客服：我明白您的意思了，您是想买一张桌子和小书架二合一的组合式办公桌是吗？那您对商品材质有什么要求吗？预算大概是多少呢？

顾客：我觉得实木会实用一点，预算的话我还没有一个大概的金额，不过价格不是问题，只要我自己喜欢就可以。

客服：好的，那我给您推荐几款，您看一下我给您发的商品链接。根据您的需求，我给您推荐了两款书桌，A款和B款。A款偏向于简约的风格，书桌的颜色整体以白色为主，看起来比较有时尚感，这也是卖得比较火爆的一款，年轻人都特别喜欢；B款是偏向于古典风格的书桌，它的材质是胡桃木，您用来办公，或者在上面练书法、画画都没有问题，而且这款书桌好评率高达98%呢！

顾客：我看了一下，我可能比较喜欢A款，因为B款价格相比A款来说高一些。不过我可能还需要考虑一下，谢谢你啊！

客服：我明白，这桌子买回家毕竟要用很久，您谨慎一些也是好事，不过我想问一下，您主要考虑商品的哪一方面的问题呢？

顾客：我觉得你们商品看起来质量还可以，我不是不放心，只是……

客服：没关系的，您直说就是。

顾客：我不喜欢白色，白色不耐脏，A款如果有棕色的话我就下单了。

客服：您是希望A款商品有其他的颜色可以供您选择对吗？好的，感谢您提供给我们的建议，我会把您的需求记下来，如果我们的厂家有其他颜色的A款产品，我第一时间通知您，好吗？

顾客：好呀，到时候如果我还有需要，会找你的。

客服：好的，很高兴能为您服务，再见！

上述为某客服人员与顾客沟通的部分内容，从该案例中可以看到，客服人员通过发问，与顾客的沟通特别顺畅，即使顾客最后没有下单，客服人员也只是礼貌地向顾客问清了不购买的原因，没有因顾客不购买该商品而对顾客不礼貌。

【技巧解析】

1. 在合适时机发问

虽然养成爱发问的习惯是好事，但发问要注意时机是否合适，如果客服人员向顾客发问时不注意时机，并且发问过于频繁，就很容易使顾客感到厌烦。所以，只有在合适的时机发问，才能让顾客配合自己，才能获得顾客的更多信息。

2. 发问要兼顾细节

客服人员在向顾客进行发问时，要兼顾细节，只有问清细节，才能对顾客的想法了解得更加透彻。如果客服人员在一开始向顾客发问时，就已经明确好需要问的细节，那么后期客服人员在对顾客有了大概的了解之后，双方的沟通会更加顺畅。

4.2.2 委婉建议，不要苛责

客服人员在发问时，要注意自己的语言，不要带有责怪顾客的意思。顾客对服务是挑剔的，作为消费者，顾客都认为自己应该有权力享受优质的服务，所以，哪怕客服人员的语言中仅带有一点点批评的意味，也很容易导致顾客勃然大怒。

【案例展示】

顾客：我在你们店买的外套，怎么扣子这么容易掉呢？

客服：您好，请稍等，您的订单号是什么？我查一下。

顾客：订单号是××××××。请你马上给我一个解释，这件衣服我还没有穿过，扣子就掉了，质量这么差，以后谁还敢在你们店里买衣服？

客服：刚刚查了您的订单，系统显示您的商品已经签收一个星期了，按理说已经过了可以退货的时间，您在收到快递的时候衣服扣子应该是完好的吧？

顾客：你什么意思？你是怀疑扣子是我弄掉的吗？衣服我虽然签收了，但是我并没有拿出来仔细看过。

客服：对不起，我并没有怀疑您。我可以保证，店铺每个商品在出库前都会由专门的人进行检查，但是我们没有办法保证商品出库之后，是否有其他因素导致扣子掉了。您在签收商品的时候为什么不打开确认一下是否完好无损呢？

顾客：你说什么？你的意思是我签收快递时过于疏忽了？先不说你们店商品有没有问题，就凭你这个服务态度，我要投诉你！

……

上述为某客服人员与顾客沟通的部分内容，该案例中的客服人员在向顾客发问时，没有注意使用合适的语言，比如"您在收到快递的时候衣服应该是完好的吧？"这句话的语气含有质疑顾客的意思，顾客自然领会到了其中的意味，因而会勃然大怒。

【技巧解析】

1. 避免用语不当

客服人员在向顾客发问时，一定要注意避免用语不当的情况。一旦因用语不当而激起顾客的情绪，将很难与顾客解释清楚其中缘由。所以，客服人员在向顾客发问时，要先组织好语言，再思考语言是否有不恰当的地方，接着发问。比如，在向顾客确认时，用"是吗"代替"吧"，语气会显得轻松一些，同时，要避免使用"为什么不"这类问句的表达。

2. 委婉提供建议

在向顾客提供建议时，客服人员要避免使用问句的形式，无论是哪个顾客，都有爱面子的心理，所以，哪怕是顾客错误操作导致的问题，客服人员也不能直接指出顾客的错误，而是委婉地给顾客提供建议。

首先，客服人员可以肯定顾客，比如，"您说的是"这类句子的使用。其次，客服人员委婉地向顾客提出建议，比如，"我这里也有一个小建议，您可以……"这类句子的使用。

4.2.3　围绕主题，注意隐私

对客服人员来说，任何时候的发问，都应该以顾客遇到的问题为核心。客服人员对于顾客的发问应该具有引导性，才能引导顾客围绕所遇到的事情做出具体的叙述。所以，客服人员在发问时，注意不可偏离主题。

【案例展示】

顾客：你看我给你发的链接，这件衣服怎么这么贵？

客服：您好，我们店铺的商品质量都比较好，价格有点高是很正常的。

顾客：我看别人店铺的商品，跟这件一模一样，为什么比你们便宜一大半呢？质量差别有这么大吗？

客服：哦，这种现象很正常，每个店铺的同款商品价格上会有所不同，您原来没有遇到过这种情况吗？

顾客：我没有遇到过价格差异这么大的情况。

客服：您是不是很少买过这类商品呢？

顾客：我是第一次在网上买。

客服：明白了，您对这类商品是不是不太了解啊？

顾客：算是吧。

客服：那我给您介绍一下，好吗？

顾客：你这人怎么这么烦啊，怎么问一大堆不相关的问题。

……

上述为某客服人员与顾客沟通的部分内容，在该案例中，客服人员犯了两个错误，第一，客服人员的发问没有围绕核心主题；第二，客服人员没有听出来顾客的语气已经有不耐烦的成分。作为一名拼多多客服人员，有良好的沟通能力是其应该具备的基本能力，上述两个错误都不应该犯。

【技巧解析】

1. 提问要抓重点

客服人员向顾客提问一些与话题不相关的问题，不仅会让顾客心情不愉快，也会影响自己的工作效率。在解决问题时，应该做到少时高效，才能把更多的时间和精力放在其他更重要的意向顾客身上。所以，客服人员向顾客提问时必须要抓住重点，引导顾客说出更多与核心主题相关的信息，了解顾客遇到了什么问题，对商品有哪些需求，才能更好地帮助顾客找出解决方案。

2. 不问私人问题

不管在什么场合，没有合理的理由，询问别人私人的问题，都是不礼貌的行为。客服人员与顾客之间是陌生人的关系，在相互之间还没有建立起信任的情况下，询问顾客私人问题，只会给顾客留下不礼貌的印象，甚至顾客还有可能质疑客服人员的身份，对客服人员产生戒备心理。

4.2.4 表明理由，不要审问

如果客服人员发问时的语言没有经过任何修饰，并且是连续进行发问，就会很容易让顾客产生被审问的感觉。所以，客服人员在向顾客发问时，首先，要表明发问的理由，其次，要注意避免重复发问的情况。

【案例展示】

顾客：客服在吗？我在你们店买了一双鞋子想要退货。

客服：您好，这里是××××店铺，我是客服小兰，您的订单号是什么？

顾客：我的订单号是××××××。

客服：好的，已经查到您的订单了，您的真实姓名是什么？

顾客：李××。

客服：您的电话号码是什么啊？

顾客：你怎么这么烦？我就退个快递，有必要问得这么详细吗？你不会在收集我的个人信息吧？

客服：对不起，这是为了方便记下您的相关信息，到时候核对收货，请您配合。

顾客：有什么问题一次性问完啊，这样回答没完没了的，烦不烦啊？

客服：好的。

……

上述为某客服人员与顾客沟通的部分内容，在该案例中的客服人员就是犯了连续向顾客发问的错误，而且在发问前，客服人员没有告知顾客发问的理由，导致顾客不仅对连续的发问感到厌烦，还对客服人员产生了严重的防备心理。

【技巧解析】

1. 表明发问理由

客服人员在对顾客发问时，要在开始向顾客说明发问的理由。询问顾客个人信息容易引起顾客的误会，提前告知原因，可以让顾客不至于对后面客服人员的提问产生反感。

2. 避免重复发问

客服人员在向顾客表明发问的理由之后，可以把所有的问题都整合在一起，组织好语言再向顾客提问，从而避免顾客刚回答完一个问题时，客服又问到了下一个问题的情况。重复发问会使人感到厌烦，组织语言可以有效避免重复发问，有利于客服人员提高发问的效率，也可以避免顾客产生不良情绪。

4.3　把握技巧，及时反馈

在日常工作中，客服人员面临着顾客提出的各种各样的问题。其中，大部分顾客可能咨询与商品相关的问题，而有的顾客则可能咨询与商品不相关的问题，并且这些问题的答案可能已经超出了客服人员的业务范围。所以，客服人员对于顾客提出的问题，回答要及时并且具有技巧性。

4.3.1　巧妙否定，态度友好

顾客经常会把一些让人为难的问题抛给客服，比如，把该客服人员店铺内的商品与其他店铺的商品做比较，让客服人员给一个具体的说法。又比如，顾客径自对商品发表个人看法，询问客服人员的意见。对于顾客提出的类似于"是不是""对不对"等问题，客服人员可能会感到左右为难，一旦直接否定顾客，就可能会产生不尽如人意的结果。

【案例展示】

客服：您好，我是客服小李，请问有什么可以帮助您的？

顾客：你好，我想买一部手机，你们店的 A 款好像不错。

客服：您真有眼光，A 款是我们新出的系列，价格低，设计美观，而且销量很好，不知道您对它还有其他疑虑吗？

顾客：这个牌子我挺喜欢的，但是听我朋友说，×××店铺的牌子好像质量更好，是不是真的呀？

客服：不知道您的朋友是从哪里得到这个消息的，不过您应该知道，我们公司的商品销量跟他们相比是比较高的，而且我们做这个牌子已经很多年了，口碑这些年来也越来越好，如果我们的商品质量不如他们，那么为什么我们的销量比他们更有优势呢？

顾客：说得也是，你们的商品销量确实比他们高，我身边很多人都用你们这个牌子，但是质量不好说啊。

客服：我对我们的商品是有信心的，我想您今天来向我咨询问题，是您对我们品牌有一定的信任，如果您还是有疑虑，您可以问一下身边的朋友对我们商品的使用感受，或者上网看一下这个品牌的评价，您就知道该做什么样的选择了。

顾客：这是一个好办法，我先去问问，谢谢你！

客服：不客气，为您服务是我的荣幸。

……

上述为某客服人员与顾客沟通的部分内容，在该案例中，该客服人员面对顾客对比竞方商品而质疑自己店铺的商品质量的情况，用了比较巧妙的方式避免了直接否定顾客带来的尴尬。

【技巧解析】

1. 不正面回答问题

当客服人员遇到需要否定顾客的情况，不要正面否定顾客。在否定顾客之前，客服人员可以先做好铺垫，再引导顾客回到主题，然后委婉地给出否定的答案，从侧面否定顾客，有利于避免顾客产生不良情绪。

2. 态度要友好自信

在顾客眼里，客服人员的态度代表店铺的态度，不管顾客提出的问题有多么刁钻，客服人员都必须保持良好的心态。在回答问题时，客服人员可以从侧面否定顾客，但是态度要友好自信。

4.3.2 巧妙肯定，语言幽默

大部分顾客会有虚荣心理，希望自己得到肯定或被认同。对于这种类型的顾客，客服人员可以在沟通中根据实际情况选择恰当的肯定方式，巧妙地肯定顾客。

比如，在客服人员与顾客已经建立了信任的前提下，客服人员可以用类似"是的""您说得对"等句子简单地肯定顾客。但是，在顾客与客服人员初次接触时，客服人员要用巧妙的方式肯定顾客，以免让顾客感受不到客服人员的热情。

【案例展示】

客服：您好，请问有什么地方可以帮助您的？

顾客：你好，我咨询一下，你们店里饰品的购买流程是我下单之后，你们直接发货是吗？

客服：是的。

顾客：我如果想做定制的饰品呢？

客服，也可以，我们也承接这个业务。

顾客：哦，那挺好的。

客服：对的，您有什么需要吗？

顾客：没有，我就问问。

客服：好吧。

上述为某客服人员与顾客沟通的部分内容，在该案例中，客服人员在肯定顾客时，语言生硬、古板，面对初次接触的顾客，使用这样的方式来肯定顾客，反而会让顾客觉得店铺的服务不够热情。

【技巧解析】

1. 以引起情感波动为目的

客服人员肯定顾客的目的是让沟通更加顺畅，从而为获得顾客信任提供有利条件。所以，客服人员在肯定顾客时，要以引起顾客情感波动为目的。比起用"是的""对的"等生硬的表达方式，使用更巧妙的肯定方式更能引起顾客的情感波动。比如，在肯定顾客时，巧妙地赞美和鼓励顾客。

2. 多用幽默或煽情的语言

幽默或煽情的语言，是活跃气氛、缓和顾客情绪的有力武器之一。客服人员用一些比较幽默、煽情的语言肯定顾客，可以拉近顾客与自己之间的距离，让沟通的氛围更加融洽。比如，在肯定顾客时，可以用"没有问题""您又说对了""您问得好"等表达方式。

4.3.3　适当附和，高效沟通

在沟通时，顾客也会有偏离话题的时候，一些顾客可能会向客服人员提出一些无关紧要的问题，并征询客服人员的意见，客服人员只需附和即可，无须在与主题无关的事情上浪费太多时间。

【案例展示】

顾客：你好，我在你们店里看到了一款电视机，觉得蛮喜欢，我想问一下，如果我买了收到货之后，使用时发现有质量问题，可以退吧？

客服：是的，我们所有的商品都有专门的售后服务，您如果发现商品有损坏的地方可以直接拒收，或者使用时，在一个月之内有其他质量问题，您可以选择退换货。

顾客：那就好，看来你们的服务不错，不过到时候你确定可以退换吗？我有个朋友，他之前买了一台电视机，然后想退货，但是退不了，不知道你们是不是这样呢？

客服：您说得是，我理解您的顾虑，不过您放心，我们公司有明文规定，我们绝对不会这样做。

顾客：好吧，谢谢你，那我先下单买回来看看怎么样吧，谢谢你。

上述为某客服人员与顾客沟通的部分内容，在该案例中，客服人员的处事方式值得学习，顾客提出一个与主题无关的话题时，客服人员只是随口附和，并没有对顾客朋友身上发生的事情与顾客长篇大论地闲聊。

相反，如果客服人员自以为可以通过顾客提出的无关紧要的话题来拉近与顾客间的距离，与顾客高谈阔论，反而会让沟通直接偏离主题，那么这位客服人员在接待顾客时，将很难做到少时高效。

【技巧解析】

1. 在合适时机随口附和

多数时候，顾客提出无关紧要的问题，并不是想要客服人员给出答案，而是衡量客服人员的答案与自己的想法是否一致，从而了解客服人员的处事方法与自己是否有共同点。所以，在顾客提出问题时，客服人员在合适的时机附和顾客，能达到提升客服人员与顾客亲密感的效果。

2. 语言与顾客情绪一致

客服人员在附和过程中，注意使用的语言流露出来的情绪要与顾客的情绪一致，上文提到，顾客衡量的是客服人员与自己是否有共同点，所以，当流露的情绪一致时，那么，客服人员的附和在一定程度上能提升顾客心里对自己的认同感。

4.3.4 现身说法，语言真实

感性式回答是客服人员经常用到的回答方法之一。当顾客咨询某些问题时，客服人员想要顾客理解得更加准确，便用自己的亲身感受来回答问题，让顾客来分析问题，思考问题的答案，这就是感性式回答。需要注意的是，感性回答往往不能在同一个沟通场景下频繁使用，否则效果只会适得其反。

【案例展示】

顾客：你好，我看到你们店铺主页显示今天你们在做会员日活动，想了解一下。

客服（发给顾客一张图片）：亲，您好，我给您发了一张图片，上面是我们活动的一些细节。今天店铺全场满 300 元减免 50 元，满 500 元减免 100 元。

顾客：哦，你们店里 A 款按摩仪怎么样，好用吗？看你们有活动，我对这款商品挺感兴趣，但是担心买回来不好用。

客服：这是 ×× 品牌，这款按摩仪销量挺好的，好评率也很高。我前段时间也买了一个，平常工作脖子容易酸，所以下班之后我回家经常用它按摩颈部，效果蛮不错的，坚持使用一段时间之后，我感觉脖子现在已经没有酸痛的感觉了。

顾客：是吗？这么神奇吗？

客服：我觉得它不仅实用，而且性价比高，您可以买回去试试。

顾客：我看一下，要不就买来试试吧！

……

上述为某客服人员与顾客沟通的部分内容，在该案例中，客服人员通过现身说法的方式，用自己的体验感受回答了顾客的问题，让顾客更直观地知道 A 款按摩仪的使用感受。客服人员的回答方式让自己的语言更有说服力、感染力，提高了让顾客下单的可能性。

【技巧解析】

1. 以现身说法

客服人员用自己的亲身感受来回答顾客问题，往往比直接回答更能引起顾客的共鸣。用感受来表述顾客想知道的事物，更能给顾客想象的空间。比如，当顾客问及某商品的质量时，客服人员可以通过自身使用的感受来回答顾客问题。

2. 不夸大其词

客服人员的亲身感受固然能让顾客对商品的使用感受更直观，但是，如果客服人员的感性式回答夸大其词，那么效果可能会截然相反。在描述自己的感受时，如果客服人员的语言过于夸张，那么顾客会觉得客服人员是在"忽悠"自己，所以，在使用感性式回答时，语言描述要足够真实。

4.4 沟通技巧，必须掌握

沟通是一门学问和艺术，在工作中，沟通极其重要，而且无处不在。不管是拼多多客服招聘广告，还是其他行业的客服招聘广告，都有一个共同的特点，那就是要求客服人员有良好的沟通能力。因此，本节将重点对灵活沟通的几种技巧进行解读，以期对拼多多客服人员有所帮助。

4.4.1 结合感受，适当渲染

与在实体店购物不同，顾客在拼多多平台购物时，只能看到一些关于商品的信息，而不能真正体验商品。因此，很多顾客对于需要购买的商品的质量会持有怀疑态度。对此，如果客服人员能够结合自己的使用感受与顾客沟通，那么在顾客看来，客服人员传递给顾客的信息将有很高的可信度。

【案例展示】

顾客：亲，在吗？

客服：您好，客服小杨为您服务，请问有什么可以帮到您的？

顾客：冬天特别冷，我想给女朋友买一双保暖鞋，能麻烦你给我推荐一下吗？

客服：能够找到您这种暖男做男朋友，您女朋友真是幸运。我们店的 A 款雪地靴还不错，它采用的是长毛绒内底，所以保暖效果相对来说是比较好的，我给您一个链接，您可以看一看。

顾客：因为我没穿过这种鞋子，所以不好把握。我问一下，这款鞋子你穿过吗？能跟我说一下感受吗？

客服：其实，不瞒您说，我现在脚上穿的就是这款雪地靴。个人感觉鞋里面的毛软软的，比起市场上一般的保暖鞋要舒服得多。另外，虽然现在外面的气温已经达到了零度，但是我觉得脚非但不冷，还有些像是在烤火。这种感觉甚至比用被子裹着脚还要舒服。

顾客：听你这么说我大概有了一些了解，看来这款鞋保暖的效果确实不错啊！那我就买一双吧！

客服：感谢您对本店的支持，对于您带给您女朋友的温暖，相信她一定会非常感动的，祝您购物愉快！

上述为某客服人员与顾客沟通的部分内容，在该案例中，顾客想要购买一双保暖鞋，并且在客服人员推荐之后，着重咨询穿着的保暖效果。正是因为有商品的使用经历，客服人员才能详细地说出商品的使用感受，并且通过适当的引导，说服了顾客购买该商品。

【技巧解析】

1. 结合感受表达

客服人员要让顾客相信自己，所说的内容必须要有很高的可信度。很多客服人员在与顾客沟通时，涉及商品的信息，都是将商品说明书上的信息生搬硬套，再传达给顾客。商品描述没有结合实际的生活使用场景，自然没有可信度。所以客服人员需要结合自身的使用感受，用真实的表达回答顾客的问题。

2. 进行必要的渲染

结合感受来表达最大的好处就是真实，这种真实往往让顾客觉得客服人员说的话可信度很高。不过，在结合感受的同时，再进行必要的渲染，说服力会更强。当客服人员结合自身的使用感受向顾客介绍商品时，可以适当渲染购买商品的好处，给顾客沉浸式的购物体验。

4.4.2　语言灵活，学会反问

在服务行业中，客服人员要有快速的反应能力，语言表达也需要保持机动灵活。这要求客服人员在进行语言表达时，做到把握时机，合情合理地说出该说的话。在沟通中，不管遇到什么刁钻的问题，都能轻松化解，才算是成功地发挥出语言表达机动灵活的作用。

【案例展示】

顾客：你们店的 A 款口红看上去好像挺不错的。

客服：您真是有眼光，这款口红是本店的镇店之宝，月销量达上千只，而好评率更是达到了 98%。

顾客：看上去确实不错，就是价格有一些高啊，不知道能不能打个折。

客服：其实，我们也想便宜一点，但是，进货的价格本身就比较高，本店也作出了最大的让利，如果再便宜一点就得亏本，所以希望您可以理解一下。俗话说得好："一分钱一分货。"这款口红许多女明星都在用，所以，价格要略高一些。不过您用过之后，一定会觉得物有所值。

顾客：其实，价格上我还是勉强可以接受的，就是我的口红马上就要用完了，而一个星期之后我就要参加某个活动了，所以，我还想问一下，如果现在下单购买你们这款口红，明天可以收到货吗？

客服：美女，小店在广东，而您的收货地址在河北，这么远的距离，您说一两天能不能收到货呢？

顾客：看这样子，恐怕是到不了啊！

客服：其实您也不必过分担心，我们店都是半天内发货，而寄的快递又是效率比较高的，通常情况下，3 天左右就可以收到货了。所以，您如果今天下单，在参加活动之前是绝对可以收到货的。

顾客：这样啊，那我就抓紧时间下一单吧！

客服：感谢您对本店的支持，祝您购物愉快！

上述为某客服人员与顾客沟通的部分内容，客服人员通过赞美顾客引出商品的销售量以及好评情况，当顾客纠结于商品的价格时，客服人员则委婉地表达出不能打折的原因。最后，当顾客忽略双方之间的距离，以至于提出"明天可以收到货吗"这样难以回答的问题时，客服人员则巧妙地使用了反问句提醒了顾客。

【技巧解析】

1. 适时肯定

适时肯定顾客，是做到语言表达机动灵活的策略之一。比如，当顾客说"你们这款商品看起来还不错啊"时，如果客服人员只是简单地回应"这款商品确实不错"，那么顾客仅仅会有这款商品还行的想法。相反，如果客服人员回应"您眼光真好，本店的爆款商品一下就被您看到了"，那么顾客除了觉得这款商品不错，还会觉得自己的眼光非常独到。

2. 学会反问

当顾客提出某些问题时，客服人员如果一时答不上来，就可以用反问的方法来回避问题。通常来说，部分顾客会在沟通中，想要试探客服人员的专业水平，或者想要客服人员做出一些有利于自己的承诺，便会问出一些让客服人员难以回答的问题，这时，客服人员便可以合理运用反问的方法。

同时，部分顾客在询问某些问题时，也会提出一些没有经过思考的问题，客服人员也不好直接给出答案，便可以通过反问，让顾客意识到自身问题的不合理性。

4.4.3 突出优势，刺激需求

拼多多平台入驻的商家数量庞大，以至于许多店铺都在打价格战，各色的低价引流商品数不胜数，一旦可选性增多，顾客在购物中就会有货比三家的想法。在这种情况下，客服人员必须要刺激顾客需求，引导顾客在自己店铺下单，减少流失率。

【案例展示】

顾客：我想买一双篮球鞋，但是你们店的篮球鞋太多了，我有些看不过来，你能帮我介绍几款吗？

客服：能麻烦您说一下您有哪些要求吗？

顾客：嗯，篮球鞋嘛，我希望底比较耐磨，穿着比较舒服，看上去也比较好看的。然后，我穿的是 42 码，你先看一下推荐的款式有没有合适的鞋码。另外，预算有限，价格最好控制在 500 元以下。

客服：综合您的意见，我重点给您推荐 A 款篮球鞋。这是今年的最新款，也是本店销量较高的商品之一。从设计上来看，这款篮球鞋采用网面加飞线的设计，不仅可以在打球时有效稳固双脚，还能很好地保持透气性，使脚不至于太热，而底部的 Air 气垫则很好地起到了减震作用，让穿着者脚底更舒适。至于鞋的外观就不用多说了，荧光的鞋面，黑金两色的搭配一直以来都是许多球迷最钟爱的款型。

顾客：这款篮球鞋我知道，以前在其他店也看见过，这是 NBA 某球星的同款战靴。我记得刚出来的时候价格差不多要 1000 元，现在好像降价了，但是肯定也不止 500 元吧？

客服：本店专营篮球鞋，所以价格上比其他店要低一些，这款鞋原价是 780 元，但是，因为在搞促销活动，所以在原价的基础上打了 7 折，也就是说，这款鞋目前的实际价格是 546 元。

顾客：这款篮球鞋各方面确实都不错，就是价格方面我还得考虑一下。

客服：小牛知道对于经常打篮球的人来说，一双舒适且漂亮的球鞋非常重要。这款篮球鞋虽然比您的预算稍高一些，但是从价格来看它已经比原价便宜了 200 多元，而与其他店铺相比则便宜了差不多 300 元。

顾客：你这么一说我就更纠结了，毕竟超过 500 元的部分要用我的私房钱来补，所以，你懂的。

客服：呵呵，原来是这样，但是我得和您说一声，本店 42 码的该款球鞋已经只有 3 件库存了。这批货买完之后，您可能就很难再以这样的价格买到了。当然，如果您觉得还是要将价格控制在 500 元以内，我也可以给您推荐其他的款式。

顾客：虽然价格上超过了预期，但是这款篮球鞋我确实非常喜欢，哎呀，咬咬牙还是买了算了。

客服：感谢您对小店的支持，如果您还有什么问题，可以和小牛联系哦！

上述为某客服人员与顾客沟通的部分内容，从中不难看出，该顾客原本对商品是有明确要求的，但是通过客服人员的刺激引导，该顾客狠下心来购买了一双超过预期价格的篮球鞋。具体来说，该客服人员主要通过价格来吸引顾客对商品的注意力，并且在沟通中，利用库存少，错过可能买不到的方法激发了顾客的购买需求。

【技巧解析】

1. 刺激顾客需求

消费很大程度上来自需求，要让顾客主动购物，首先客服人员需要向顾客推荐符合顾客需求的商品，才能让顾客对商品产生兴趣，在合适的时机刺激引导顾客下单。比如，客服人员可以通过商品的适用性说明、功能强化等方式，让顾客看到商品的实用性，调动顾客的购买欲。

2. 突出价格优势

对于拼多多平台的顾客群体，除了商品的实用性是他（她）们考虑的范畴，价格也是顾客购物时重点考虑的因素。所以，客服人员可以通过与其他平台价格的比较、满减、打折等形式，来突出商品价格的优势。同时，客服人员还可以利用店铺引流的低价商品与其他店铺商品作对比，让顾客觉得本店铺内的商品价格水平与其他店铺相比更低。

4.4.4 语言恰当，不要绝对

部分客服人员认为在与顾客沟通的过程中，满足顾客很有必要，因为这样更能显示出自己的服务更加优质。其实不然，当客服人员为了满足顾客，语言中对顾客百般承诺，那么所要承担的后果将非常严重。

【案例展示】

顾客：你们店的红心火龙果看上去还不错，能给我介绍一下吗？

客服：好的，本店的红心火龙果都是从原产地海南直摘发货的，所以，比起其他店更新鲜，而且价格比较低，5斤只要29.9元。

顾客：这么便宜？不会都是一些很小的果子吧？

客服：您放心，我们的果子都是经过严格挑选的，全都是中大果，单果重量在300g 至 500g 之间。

顾客：大概几天可以收到货呢？

客服：我们的快递速度很快，国内 3 天之内便可以收到货，您放心！

顾客：那好，我就买 5 斤吧！

客服：非常感谢您的支持，相信我们的商品一定不会让您失望的，小郭在此提前祝您购物愉快！

（几天后）

顾客：你这个骗子！

客服：您怎么了，有什么事吗？

顾客：在下单之前我对最关心的几个问题都询问了，你说这火龙果很新鲜，单果重量是 300g 到 500g，3 天内就可以收到货。可是我一个星期之后才收到货，有许多达不到重量的果子我就不说了，关键是有差不多一半的火龙果都烂了，难道这就是你所说的新鲜吗？

客服：不好意思，因为您的收货地址和发货地点有点远，再加上最近是快递高峰期，所以快递的速度可能比平时要慢一些。

顾客：既然做不到就不要承诺啊！现在出现这种情况，我也只能对你说不好意思了。因为我实在找不到不投诉的理由！

上述为某客服人员与顾客沟通的部分内容，在该案例中，客服人员对顾客作出了许多承诺，但是都没有实现，所以，顾客的情绪被引爆，并声称要投诉该客服人员。

顾客是基于对客服人员的信任才购买商品的。在收到商品后，顾客发现商品与客服人员的承诺有一定差距，当然会觉得自己被欺骗了。

【技巧解析】

1. 表达不要太绝对

对于没有把握的事情，客服人员不要把话说得太满，如果顾客下了单，那么售后也会引发一系列问题，这会直接影响店铺的信誉。所以，客服人员一定要认清自己所处的地位。客服人员在与顾客沟通的过程中应尽量使用灵活的语言，对不确定的内容可适当使用"可能""也许""大概"等词汇，避免表达过于绝对。

2. 不轻易作出许诺

毫无疑问，对顾客作出许诺，能体现客服人员以及商家对商品的信心和对顾客的重视，当许诺实现时也能给顾客留下好的印象。但是，如果许诺的事没有做到，那么顾客很可能会认为客服人员是在欺骗自己，并因此进行投诉。

所以，客服人员可以适当作出许诺，但是，一定不能轻易许诺做不到的事。这既是对顾客负责，也是为了避免给自己制造麻烦。

第 **5** 章

营造氛围，
刺激需求

学前提示

　　大部分顾客在浏览商品页面或咨询客服人员时，对商品还只有潜在的需求，这时，客服人员的刺激与引导就显得非常重要。

　　本章主要从营造购物氛围、施加购物压力这两方面进行解读，从而分析客服人员应该如何激发顾客的购买欲望。

要点展示

　　➢ 营造氛围，带动下单

　　➢ 适当施压，说服顾客

5.1 营造氛围，带动下单

客服人员除了要维护店铺与顾客的良好关系，还要担当店铺的商品销售角色。顾客之所以会选择购买某件商品，除了该商品符合需求，客服人员与顾客沟通的氛围也是影响顾客购买力的重要因素。

如果客服人员营造的是一个相对愉悦的沟通氛围，那么顾客心中感到轻松愉悦，自然也会更愿意购买客服人员推荐的商品。

5.1.1　塑造人设，营造氛围

在顾客购物的过程中，商品的实用性是必须要考虑的因素之一，但是，商品的实用性通常情况下更多的是满足顾客在物质方面的要求。

除物质需求外，顾客对购物还存在精神上的需求。比如，顾客希望购物的过程是轻松、愉快的，那么，客服人员可以让顾客在购物过程中得到精神方面的需求，为顾客营造舒适的沟通氛围，让顾客觉得与客服人员的沟通轻松、自由和愉快。

【案例展示】

顾客：我想买一双篮球鞋，你帮我推荐一下吧！

客服：看样子您也是一位篮球爱好者啊！其实，小王也经常看CBA，今年的比赛好精彩啊！

顾客：是啊，A队和B队的表现都非常抢眼，估计今年的冠军就在这两队中间产生了。

客服：小王也是这么觉得的，依您看，哪一队的胜算比较大呢？

顾客：这个嘛，A队善于攻击，B队则以防守严著称。到底哪个队获得冠军还真不好说，不过我个人希望A队能赢，因为A队的××球星是我的偶像。

客服：其实，小王也是××球星的迷妹。对了，光顾着聊天了，还没问您对要买的篮球鞋有什么要求呢。

顾客：只要穿着舒服，鞋底耐磨，外观比较好看就可以了。

客服：您这样说，我觉得 C 款球鞋您可能会喜欢，这是我们的偶像今年在 CBA 中的战靴。相信您对这款鞋也已经比较了解了吧！

顾客：确实，作为 ×× 球星的粉丝，我对这款鞋各方面的信息都有一定的了解。只是 ×× 球星是篮球巨星，这款鞋子肯定比较贵，所以我估计这款鞋子买回来之后我会舍不得穿啊！

客服：确实，这款鞋子比较贵，看上去似乎更适合珍藏。要不您看看 D 款篮球鞋，这是 ×× 球星的队友在 CBA 中的战靴，这款鞋子轻便、舒适、耐磨、好看，而且相对来说也比较便宜。更为关键的一点是，如果 A 队今年夺冠了，这双鞋就是冠军球员的同款球鞋。这想想都让人兴奋呢！

顾客：你说得很有道理，这款鞋说不定会给我带来惊喜呢！到底都是 ×× 明星的粉丝，我感觉我们对很多事的看法都是相同的，和你沟通真是太愉快了，我就买 D 款篮球鞋好了。

客服：感谢您对小店的支持，祝您购物愉快，也祝 A 队今年夺冠。如果您有任何问题，欢迎随时与小王联系哦！

上述为某客服人员与顾客沟通的部分内容。首先，在沟通开始时，客服人员便以 CBA 为切入点，与顾客进行寒暄，在拉近与顾客之间距离的同时，也给自己塑造了一个球迷的人设。这在对后面为顾客推荐商品时起到了很重要的作用。

其次，在为顾客推荐商品时，客服人员需要营造出轻松和愉快的购物氛围，让顾客把注意力放在自己所讲述的商品上，从而快速达成了销售的目的。

【技巧解析】

1. 给自己塑造合适的人设

一般来说，在顾客眼中客服人员就是陌生人，再加上网购有一定的风险，所以，顾客对客服人员有戒备心理很正常。

在这种情况下，顾客往往担心客服人员会损害自己的利益。因此，对于客服人员传递的信息，他们往往是持怀疑态度的。所以，客服人员要引导顾客快速完成购物，就需要先拉近与顾客之间的距离，为顾客营造一种相对轻松的沟通氛围。

这时客服人员可以根据从顾客语言中提取出来的信息，给自己塑造合适的人设，比如，从顾客的兴趣出发，塑造一个与顾客相似的人设，慢慢消除顾客的戒备心理。

2. 给顾客"好"的消费体验

在商品同质化程度严重的拼多多平台，仅仅以商品价格和质量来吸引顾客是远远不够的，所以，在商品价格和质量的基础上，客服人员需要满足顾客的个性化需求，给顾客"好"的消费体验。

"好"的消费体验可以围绕不同顾客的需求展开，客服人员可以根据顾客的个性化需求，为顾客创造良好的沟通氛围，提供便捷的售后服务。

5.1.2　巧用赞美，留好印象

在人与人沟通的过程中，谁都希望能从对方嘴里听到好话，顾客自然也不例外，而且俗话说得好："千穿万穿，马屁不穿。"如果客服人员能够适时赞美顾客，那么顾客的心情将会很愉悦，自然会对客服人员留下好印象，对于客服人员传达的信息，顾客也更容易听得进去。

虽然巧用赞美有利于营造良好的沟通氛围，但是客服人员需要注意不要过分赞美顾客，这会让顾客觉得客服人员的赞美脱离实际情况，从而觉得客服人员是想讨好自己。

【案例展示】

案例 1

顾客：请问客服在吗？

客服：您好，客服丽萨为您服务，不知道有什么可以帮到您的？

顾客：我想买一条裙子。

客服：一看您就是美女一枚，有气质的美女都喜欢穿裙子。

顾客：然而，我并不是美女。

客服：呵呵，看来您还不够自信啊！

顾客：我就是想为女朋友买一条裙子，你连情况都没搞清楚，却一直在说我美，你确定这样真的好吗？

案例2

顾客：客服何在？

客服：您好，客服甜甜为您服务，请问您有哪些需要？

顾客：我想买一条裙子。

客服：甜甜想多问一句，您是自己穿，还是买来送人呢？

顾客：那个，我是帮我女朋友买的。

客服：您女朋友肯定是一位美女，一般情况下，裙子只有身材好的美女才驾驭得了，像甜甜这种汉子体型，真是想都不敢想穿裙子这回事。

顾客：（有些自豪）不知道别人怎么看，在我看来，她是绝对驾驭得了裙子的！

客服：不得不说，您女朋友也是找到了一位好男朋友啊！现在像您这种不仅知道女朋友适合穿什么，还亲自挑选的男朋友真是越来越少了。对了，您对裙子有哪些要求呢？

顾客：（开心地）你真是太会说话了，其实我也没你说的那么好，不过我觉得你们店的 A 款裙子可能比较适合她。

客服：您眼光真好，这款裙子是本店的热销单品之一，月销量近 500 件，好评率更是达到 97%。更为关键的是，这款裙子的修身、高腰、V 领和蝙蝠袖等设计，既可以凸显穿着者的身材，又能显示出穿着者的优雅气质。

顾客：你这样一说，我就觉得这款裙子更适合我女朋友了。好了，别的款式也不必看了，我就买它了。

上述为客服人员与顾客沟通的两个案例，其中，在案例 1 中，客服人员还未搞清楚状况，便想着赞美顾客，结果却搞错了商品的使用对象。

案例 2 中的客服人员在赞美顾客方面值得学习，该客服人员在了解了商品的使用者之后，对顾客及其女朋友均进行了赞美，显然该顾客对此赞美的方式很受用。

【技巧解析】

1. 从购买的商品切入

对于心中已有购买选项的顾客，客服人员快速引导其完成购物的一种比较简单、有效的方式便是赞美商品，从顾客需要购买的商品入手，坚定顾客的购买决心。但是，客服人员需要拿具体的事情来赞美，而不是泛泛而谈。

比如，当顾客就购买某商品征询客服人员意见时，客服人员可以从该商品的销量大、好评率高等方面，让顾客觉得该商品已经得到了其他许多顾客的认同。

同时，客服人员在赞美商品时，也可以增加商品细节的描述，通过展示商品细节，使自己的语言更有说服力。

2. 从顾客的角色入手

除了要购买的商品，客服人员还可以从顾客在现实生活中扮演的角色入手，站在该角色的角度进行分析，并赞美顾客该角色扮演得好，让顾客得到属于其角色的成就感。

比如，当顾客说是为孩子买书时，客服人员便可以赞美顾客是关心孩子学习的好父母，或者赞美顾客培养了一位爱学习的孩子。这样一来，顾客将获得一定的成就感，也会觉得客服人员"会说话"，并对客服人员产生好的印象。

5.1.3　迎合偏好，引导下单

顾客的价值观、人生观和世界观往往不同，而且社会阅历也不同。即便对于同一件事，不同的人也会有不同的看法，各人的偏好也会有所差异。

客服人员每天面对各种各样的顾客，因此，为了更好地引导顾客完成购物，客服人员需要了解顾客的偏好，并根据顾客的偏好进行针对性的引导。

【案例展示】

顾客：哈喽！

客服：您好，客服小琪为您服务，不知道有什么可以帮到您的？

顾客：我想买一件长袖衬衫。

客服：您能简单说一下您的要求吗？

顾客：我个人比较希望能买一件衬衫，但是，不要像商务衬衫那种太过正式的。另外，颜色的话，我比较喜欢穿红色和蓝色的衣服。最后，面料的话，最好是纯棉的，这样穿着比较舒服。

客服：看您这头像，您应该很喜欢看《火影忍者》吧！

顾客：是啊，我已经看完全集了。

客服：这样的话，小琪觉得您对 A 款衬衫可能会比较感兴趣。这是一款专为年轻人设计的格子衬衫，颜色上红、蓝两色均有库存，其纯棉面料穿着比较舒适，而且背后还印有《火影忍者》的相关人物哦！

顾客：嗯，这件衣服挺不错的，就买它好了。

上述为某客服人员与顾客沟通的部分内容，该客服人员在顾客需求与其偏好结合方面的处理方式上可以说是可圈可点的。

首先，通过询问，客服人员了解了顾客对需要购买的商品的一些基本要求。其次，以顾客头像为切入点，客服人员找到了顾客的一个偏好——爱看《火影忍者》。最后，客服人员将顾客的需求与偏好结合，为其推荐了一件印有《火影忍者》中人物的格子衬衫。

这件衬衫印有与该顾客喜欢的动漫相关的内容，正好满足了该顾客的偏好。所以，该顾客在看到它之后便立刻决定要买。

【技巧解析】

1. 了解顾客的"口味"

偏好，通俗地理解就是偏爱、喜好。不同顾客在购物时的关注点或者喜好的方面可能存在一些差异，而要让推荐的商品合顾客的"口味"，客服人员首先就要了解顾客的偏好，知道顾客喜欢的究竟是哪种"口味"。

对此，客服人员可以通过多观察顾客在沟通过程中传达的信息，了解、分析顾客的偏好，并通过试探等方式对猜测的结果进行评估。如果试探的结果与预期一致，那么就可以开始下一步工作了。

2. 迎合顾客的"口味"

一般来说，只要商品满足顾客的"口味"，商品价格又在顾客能接受的范围内，那么顾客是很乐意购买的。所以，了解顾客的偏好是前提，在了解了顾客的偏好之后，客服人员还需要懂得合理利用顾客的偏好，根据其偏好进行购物引导。

具体来说，客服人员可以在了解顾客偏好之后，将顾客的具体需求与偏好作为推荐商品时的参照，找出与条件符合的商品，再推荐给顾客。

通过这样的方式，不仅能满足顾客对商品实用性的要求，还能满足顾客的偏好，那么，顾客也就没有了不购买该商品的理由。

5.1.4 耐心答疑，态度良好

在网购时，顾客只能看到商品的一些信息，而无法亲自对商品的相关信息进行验证，所以，对于网购，很多顾客都比较谨慎。这体现在，部分顾客可能会在购买商品前，向客服人员提出一系列问题。

向客服人员咨询是顾客了解商品的重要途径，如果在此过程中，商品基本能满足顾客的要求，而客服人员又能耐心地对相关问题进行解答，那么顾客便有可能将客服人员的良好服务态度作为购物的理由之一。

【案例展示】

案例 1

顾客：您好，我觉得你们店的 A 款篮球鞋还不错哦！

客服：您眼光真好，这款篮球鞋是 ×× 球星今年的战靴。和其他篮球鞋一样，它采用的也是高帮设计。耀黄色的鞋面，令其看上去更加美观。另外，底部的 Bounse ＋材料的运用，则让它拥有了良好的减震回弹能力。

顾客：我想问一下，你说的这个 ×× 球星是谁，很有名吗？

客服：哦，他是 CBA 的一个外援。在 CBA 中有一定的名气，看来您平时对 CBA 关注得并不是很多啊！

顾客：这个高帮到底是什么概念？怎样才算是高帮呢？

客服：高帮简单理解就是鞋帮比较高，具体多高才算高帮，倒是不好定义。不过，高帮篮球鞋可以对脚踝起到很好的保护作用哦！

顾客：这个耀黄色又是什么意思呢？

客服：耀黄色就是耀眼的黄色啊！您这都不能理解吗？

顾客：哦，那这个 Bounse ＋呢？

客服：就是一种高反弹耐压缩材料，反正说多了你也不懂。还有什么问题吗？好奇宝宝！

顾客：你这什么态度？回答问题这么没耐心吗？就你这样的客服，求我买东西我也不会买了！

案例 2

顾客：我看你们店的 A 款篮球鞋还不错，你介绍一下呗！

客服：哦，这款鞋确实不错，它是××球星今年的战靴，从设计来看，高帮、耀黄色的设计，既经典又不失美观，而Bounse＋材料则保证了鞋底的减震回弹能力。

顾客：这××球星是谁啊？

客服：哦，他是CBA的一个外援球星。

顾客：这个高帮是什么意思呢？

客服：这个简单理解就是鞋帮比较高。选篮球鞋一般选择鞋帮比较高的，这样可以对脚踝起到保护作用。

顾客：那耀黄色呢？

客服：耀黄色简单理解就是耀眼的黄色，或者说是亮黄色。看来您对部分词汇可能不太理解啊！可能有的东西，我说了您也不能直观地把握。要不这样，这是这款篮球鞋的链接，您看一看，如果有问题，欢迎随时联系我。我在线等您。

（几分钟后）

顾客：嗯，我仔细看了你推荐的这款篮球鞋，个人感觉还不错。只是我5天后就要打篮球赛了，不知道现在下单，能不能在这之前收到货呢？

客服：您放心，本店将在第一时间给您发货，而且现在相对来说快递数量比较少，所以，一般情况下，国内快递3天基本上可以到。

顾客：这样啊，那我就买这双篮球鞋吧！

上述为客服人员与顾客沟通的两个案例，虽然在这两个案例中，顾客都属于疑问较多的类型，但是由于客服人员的处理方式不同，所以最后的结果呈现出了一定的差异性。

其中，在案例1中，因为顾客询问的问题比较多，所以客服人员逐渐对顾客失去了耐心，以至于到了最后有些敷衍的意味。而顾客最终也对客服人员不够有耐心表达了抱怨。

案例2中的客服人员则要聪明得多，该客服人员在耐心解答了几个问题之后，便将商品链接发送给顾客，让顾客先仔细浏览商品详情，减少了顾客的疑问。

【技巧解析】

1. 认真倾听

解答疑问首先得知道顾客的疑问是什么，只有如此才能针对性地给出相对合适的答案。为此，客服人员需要做的就是仔细倾听、理解顾客表达的意图，并在此基础上判断顾客想知道的是哪方面的内容。

需要特别说明的是，有时候顾客看似在说 A 内容，实际上想知道的是 B 内容。所以，客服人员在倾听的过程中需要对顾客的意图进行揣摩，为其提供真正需要的内容。

因此，对于这个问题，客服人员需要做的是向顾客"证明"商品的价值。但是，如果仅仅看字面意思，客服人员便可能错误地理解顾客在讨价还价，这样一来，客服人员给出的答案无疑便对顾客没有了参考价值。

2. 耐心答疑

耐心解答应该从两方面来理解，一是"耐心"，这要求客服人员在回答顾客的问题时，要有足够的耐心，而不能因为顾客的问题太多，或者顾客让人"不爽"，就对其没有耐心。

二是"解答"，真正的解答应该是能够消除顾客某方面的疑问的，所以，客服人员的解答应该有实际作用。这也就意味着，那些答非所问，以及过于敷衍的回答，并不能称为"解答"。

5.1.5 给予优惠，以舍换得

随着拼多多平台的日益发展，顾客可以选择的店铺越来越多。在这种情况下，如果商家连一点小的利益也无法舍弃，那么顾客在权衡之下很可能会选择对其更有利的其他店铺。

当然，除了店铺明确给出的一些福利，身为"代言人"的客服人员也可以在与顾客沟通的过程中，适当地舍弃一些利益，让顾客有被特殊对待的感觉，从而乐于在此店铺消费。

【案例展示】

案例 1

顾客：你好，我看你们店的 A 款帆布鞋还不错啊！

客服：您眼光真好，这是小店销得比较好的款式之一。很多年轻人都觉得这双鞋很好看呢！

顾客：好看是好看，就是有点贵啊！我如果买这双鞋，就没钱再买袜子了！

客服：俗话说得好，"一分钱一分货"，这双鞋绝对是值这个价的。

顾客：如果我买这双鞋子，你能不能送我一双袜子呢？

客服：不好意思，小店是小本买卖，买东西是不送赠品的。

顾客：这么小气，买一双几百块钱的鞋，一双袜子都舍不得送。那看来是没法再谈下去了，拜拜！

案例2

顾客：你们店的B款牛仔裤还挺有范儿的啊！

客服：您真是火眼金睛，这是小店卖得最火的一款牛仔裤了。很多年轻顾客都说这是必备单品。

顾客：就是价格有些高啊！

客服：确实，这款牛仔裤的价格比一般牛仔裤略高一些。但是，相信您也看到了，这款牛仔裤从设计到质量都是可圈可点的。所以，它绝对是值这个价的，而且这个商品是全国统一定价的，客服人员也无权私自调整价格。要不您看这样好不好，您购买这款牛仔裤，小店再赠送您一样东西，皮带、帽子或者袜子，您可以随便选择一样作为赠品。

顾客：那好吧，我就买一条B款牛仔裤。你记得送我一根皮带哦！

上述为客服人员与顾客沟通的两个案例，在案例1中，顾客觉得鞋子有点贵，并且暗示客服人员赠送一双袜子。在这种情况下，如果客服人员承诺赠送一双袜子，那么顾客很可能便会下单。可是，该客服人员却舍不得，所以，最后顾客因客服人员太过小气而打消了购物念头。

在案例2中，顾客同样觉得商品价格略高，但是，客服却通过一样赠品轻松地让顾客完成了下单。其实，一根皮带的成本不高，能够用这点赠品获得一笔价值数百元的订单，很显然这还是值得的。

【技巧解析】

1. 赠送礼品

赠送礼品是客服人员在沟通过程中"特别照顾"顾客的常见方式之一。通过这种方式，客服人员让顾客获得了额外的物品，而在顾客看来，无论赠品的价值如何，都可以满足顾客的心理。所以，有时候客服人员只需在沟通过程中承诺赠予顾客小价值的物品，顾客购买商品的欲望便会大大增强。

2. 发放代金券

当顾客购物达到一定金额之后，客服人员还可以向顾客发放一些低面值的代金券。当然，这个抵用券通常是要下次购物消费满一定金额时才能用的。利用发放代金券这种方式，可以为店铺带来一定的回头客。

3. 给出小幅折扣

除了赠送小礼物和发放代金券，客服人员还可以适当地给予顾客一些折扣，让顾客贪小便宜的心理得到满足。比如，客服人员可以在原价的基础上给顾客打九折或者九五折。

这样商品虽然看似没有便宜太多，但是，顾客却可能因维护了自身利益而获得了一定的成就感。再加上客服人员是在"特别对待"自己，所以，在这种情况下，顾客很有可能出于个人情感，坚定购物的决心。

5.1.6　提供选择，引导下单

当客服人员只向顾客推荐单一的商品，不给顾客留有任何选择余地时，大多数顾客会感觉客服人员有些强推商品的嫌疑，甚至认为在此过程中自己完全是被动接受别人的建议。在这种情况下，客服人员推荐的商品很可能难以被顾客接受。

所以，在与顾客沟通的过程中，客服人员还需适时给顾客一些选择，让顾客觉得购物的主导权仍握在他（她）手中。对此，客服人员可以通过为顾客提供一些选项，并控制选项数量的方式，在给顾客提供选择空间的同时，对顾客的购物行为进行有效的引导。

【案例展示】

顾客：我想买一件秋天穿的衣服。

客服：本店目前卖得比较好的秋装是卫衣和长袖衬衫，不知道您更喜欢哪种类型的衣服？

顾客：卫衣吧！

客服：卫衣的话，您可以重点看看 A、B 两款哦！

顾客：我觉得 A 款还不错啊！

客服：您眼光真好，这款卫衣是今年的新款，它也是本店销量较高的商品之一。现在这款卫衣所有尺码均有库存，而且有红、黑两种颜色可供选择，不知道您更喜欢哪种颜色呢？

顾客：这个问题让我有些纠结啊，我感觉两种颜色都还不错！

客服：这样的话，您可以选择各买一件啊！现在下单购买还能享受第二件半价的优惠哦！

顾客：好吧，我就两种颜色各买一件好了！

上述为某客服人员与顾客沟通的部分内容，不难看出，在这次沟通过程中，客服人员就是通过一次次为顾客提供选择的方式，一步一步地确定顾客需求，并引导其快速完成购物的。

具体来说，在得知顾客需要买秋装上衣时，该客服人员先后从衣服的类型、款式、颜色和数量这4个方面，为顾客提供了选择，并且严格地控制了选择项的数量。所以，即便客服人员与顾客的沟通涉及多方面的内容，也不影响顾客做决定。

【技巧解析】

1. 提供多样的选择

在进行网购时，顾客常见的可选择项主要包括颜色、款式、尺寸、数量、配送时间等。这些选择项都是购物时的一些基本内容，绝大多数商家会为顾客提供，而客服人员要做的就是通过在沟通过程中进行提醒，让顾客看到商品的多样性，让顾客觉得自己才是决策者。

2. 控制选项的数量

为顾客提供选择空间固然能让顾客更多地参与购物过程，但是，从客服人员的角度来看，随着选择的增多，购物会变得越来越不可控。在这种情况下，客服人员引导顾客完成购物的难度将加大，花费的时间也将增加，很显然这对客服人员来说是一个很大的挑战。

所以，在为顾客提供选择时，客服人员还需要学会对选项的数量进行控制，让购物过程更具可控性。对此，客服人员在沟通过程中可以让顾客对选择项较少的内容进行选择。

5.1.7 态度积极，建立信任

顾客下定决心购买店铺的某个商品时，是基于对该店铺的信任。比如，某品牌名气大，代言人是当红明星，顾客基于对该明星的信任，会购买该商品；某店铺销量好、好评率高，顾客通过判断后觉得该店铺可以信任，那么有很大可能会购买该店铺的商品。

可见，信任在一定程度上，是顾客与店铺达成交易的重要因素。那么，客服人员作为店铺与顾客之间联系的桥梁，要说服顾客购买商品，就要取得顾客的信任。

然而，建立信任并不容易，即便客服人员说服顾客购买了某一商品，这时，该客服人员与顾客的信任也只是一时的。真正的信任，是需要花费较长时间才能建立的。

【案例展示】

客服：您好，××女士，我是客服小优，实在不好意思，您现在方便聊几句吗？

顾客：哦，你找我有什么事情吗？

客服：是这样的，您上次在我们店里购买了一款护肤套装，您还记得吗？

顾客：记得呀，我刚收到商品不久，最近已经在用了。

客服：那您使用之后感觉皮肤状态怎么样呢？

顾客：我觉得还可以吧，好像皮肤不会油了。

客服：那就好，证明咱们这款商品还是蛮适合您用呢！不过您本来皮肤状态就蛮好的，我们这款商品也只是说能调理您的皮肤，让您的皮肤加快排毒。

顾客：哪有，都是因为你们的商品好用。多亏了你的推荐，不然我都不知道该买什么呢！

客服：您过奖了，对了，我方便加一下您的微信吗？您使用商品一个月之后，我们可能对您还会有一个回访，还得需要您配合一下，而且往后您有什么问题都方便直接联系我，您看可以吗？

顾客：可以，最近我比较注重皮肤的保养，有些护肤的知识到时候还得问你。

客服：好，这方面的问题您尽管问，希望能帮助到您！

上述为某客服人员与顾客沟通的部分内容，该客服人员之前给顾客推荐商品时，就已经跟顾客建立了一时的信任关系。在客服人员回访该顾客时，顾客的情绪一开始并没有什么波动，由此可见该顾客并不是很信任客服人员。这时，通过对顾客的赞美，客服人员开始慢慢打开了顾客的心扉，在客服人员要加该顾客的社交方式时便很乐意配合。

当然，该顾客添加客服人员微信也是有意图的，她希望能跟客服人员多交流护肤知识，从该案例中可以看出，客服人员在顾客心里虽然是一个护肤知识专业、热情和友善的人物形象，但是二者之间还没有建立真正的信任。

【技巧解析】

1. 态度热情、友善

客服人员表现出来的人物形象是否热情、友善和诚实，是顾客判断该客服人员是否可以信任的基础。无论在哪种情况下，只要客服人员的态度热情、友善，就能很快地与顾客拉近距离。

2. 与顾客保持联系

信任是需要时间慢慢积累的，所以，客服人员要想与顾客保持信任关系，就要注意与顾客保持长期的联系。虽然在长期的沟通中，与顾客从陌生关系到成为朋友很考验客服人员的沟通能力，但是，只要取得了顾客的信任，以后说服的工作就会事半功倍。

在与顾客保持长期关系时，客服人员注意不要把姿态放得太低，否则你在顾客眼里的角色就会固化，那将很难与顾客成为朋友。

5.2 适当施压，说服顾客

拼多多平台上的商品多种多样，顾客面临着很多选择，但是，选择过多并不是一件好事，这意味着顾客思考的时间会大大增加，那么，在思考的过程中，往往容易出现多种打消顾客消费的因素。

所以，客服人员在说服顾客时，在一定程度上要给顾客施加压力，让顾客化被动为主动，坚定购物的决心。

5.2.1 强调折扣，分析差价

虽说"一分钱一分货"，很多时候价格与商品质量等密切相关，但是，谁也不介意用更低的价格买到一件商品。所以，客服人员在与顾客沟通的过程中，如果能够通过强调促销的力度让顾客觉得买到就是赚到，那么，顾客对于客服人员推荐的商品必然是愿意购买的。

【案例展示】

顾客：亲，在吗？

客服：您好，客服小红为您服务，请问您有什么需要吗？

顾客：我想买一本内容相对全面的手机摄影书，最好是最近新出版的，你帮我推荐一下呗！

客服：您看这本《手机摄影高手真经》怎么样？这是上个月刚出版的，现在还热乎着呢！这本书对拍摄、构图、专题和后期等内容均进行了详细的论述，而且这是一本实战型摄影书，可以说一本书在手便可以对摄影的各个环节有所了解，实现从新手到高手的突破。

顾客：看着是不错，那么，这本书要多少钱呢？

客服：原价是49元。

顾客：49元感觉还是有点贵啊！你说的是"原价"，那现在的价格呢？

客服：现在这本书正在搞促销，所以，在原价的基础上打了六九折。现在这本书只要33.9元。

顾客：跟原价相比，确实便宜了不少啊！

客服：确实，这本书此次的促销力度很大，直接降了15元，价格差不多降到了原来的三分之二。以后恐怕很难再有这么实惠的价格了。所以，如果您觉得这本书还不错，得把握好这个机会啊！

顾客：那好，我就买一本吧！反正也就三十多块钱。

……

上述为某客服人员与顾客沟通的部分内容，从中不难看出，该顾客虽然对客服人员推荐的书比较满意，但是对书的原价不太满意。

当客服人员说出折扣和差价之后，该顾客可以明显感觉到此次的促销力度。再加上客服人员说的"以后恐怕很难再有这么实惠的价格了"这句话给了顾客压力，所以，该顾客便忍不住要下单了。

【技巧解析】

1．强调折扣

随着拼多多平台商品竞争越发激烈，人们每天都可以看到许多商品在打折促销。所以，在购物时，顾客经常会习惯拿定价与原价相比。

人都有低价的心理，一件商品只要打了折，哪怕九九折也会让顾客莫名地感觉非常划得来。当折扣比较高时，部分顾客的注意力更是放在了价格上，对商品质量自然就没有那么严苛了。所以，客服人员在与顾客沟通的过程中，如果能够适时突出商品的折扣，那么在一定情况下，可以引发顾客冲动消费。

2．强调差价

虽然多数客服人员只是为顾客提供一些咨询服务，并没有权力修改商品价格，但是客服人员可以将店铺的活动传达给顾客，并对其进行分析，强调差价，增加商品对顾客的吸引力。

同时，商品受供求等因素的影响，价格上必然会呈现出一定的变化，所以，商品各阶段的价格会有所差异。

所以，此时客服人员如果能够用商品的历史价格，特别是较高的历史价格，与促销时的价格相比，就可以得到一个差价，而这个差价在顾客看来就是商家让利力度的重要体现。差价越大，就表示此时购买该商品更划算，那么顾客自然乐意消费。

5.2.2 强调时间，短期优惠

为了获得更多流量，很多店铺都会以"限时"等形式，在限定时期内低价出售商品。通常来说，商家制造的短期优惠，会在活动时间或商品数量上进行限定，一旦活动时间结束，或商品已经卖完，就会恢复原价。

所以，客服人员可以合理利用店铺的短期优惠，吸引更多的顾客到店铺内进行消费，再从活动时间和商品数量方面对顾客进行购物引导，给顾客施加压力，让顾客抓紧时间完成购物。

【案例展示】

客服：客服希瑞为您服务，请问您有哪些需要？

顾客：哦，这不秋天到了吗？俗话说"秋风起，蟹脚痒"，身为吃货的我，有些嘴馋了。

客服：呵呵，这很正常，很多人对螃蟹都是欲罢不能的。只是不知道您有什么要求呢？

顾客：不同地方的螃蟹味道还是有些不同，我个人比较喜欢吃阳澄湖的大闸蟹。另外，吃螃蟹就是要吃大的才过瘾，所以，最好是个头大一点的。

客服：那您看看 A 款大闸蟹礼券怎么样？它包含公蟹、母蟹各 4 只，其中，公蟹 4 两 1 个，母蟹 3 两一个。

顾客：看上去还不错，那么，多少钱呢？

客服：单买的话，需要 268 元。但是，现在在搞促销，所以，可以领满减券，满 499 元可减 200 元。也就是说，如果您买两盒，实际只需要支付 336 元。这就相当于每盒 168 元。从价格上来看，可以说是非常实惠了。

顾客：便宜倒是便宜，就是只有两个人吃，买两盒我怕吃不完。

客服：如果真的吃不完，您也可以送一盒给别人尝鲜啊！相信这种美味大多数人还是不会拒绝的。另外，需要跟您说一声，活动仅限今日，而且限量 2 000 件，现在只剩下不到 300 件了。您要买的话，可能得抓紧时间了。

顾客：唉，对于我这种吃货来说，面对美味挣扎也是徒劳的，不如干脆把心一横，直接买了来得痛快。我就买两盒吧！

……

上述为某客服人员与顾客沟通的部分内容，在该案例中，客服人员便是利用短期优惠引导顾客完成购物的。

其实，从对话中不难看出，虽然优惠对于该顾客有一定吸引力，但是，因为担心买两盒吃不完，所以，该顾客最初还在纠结到底要不要买。而当客服人员提出可以送人的建议，并告知优惠快要结束了之后，该顾客由于担心会错过这次机会，最终还是决定听取客服人员的意见，下单选购了两盒。

【技巧解析】

1. 强调活动时间

即便商家给予顾客较为优惠的价格，有的顾客也会对其他方面有所担忧。面对这种情况，比较好的方法就是给顾客一些压力，让顾客知道，如果不及时下单，错过了很可能就要再等很长的时间。

限定活动时间是制造短期优惠引流的常见方式之一，它的特点是只有在某一时间段内购物才可以享受优惠。对此，客服人员可以通过提醒顾客活动剩余时间的方式，给顾客以压力，引导顾客快速下单。

比如，当某活动持续3天，当顾客向客服询问时，客服人员便可以告知顾客"还有 × 小时，本次活动将会结束……"，给顾客营造紧张感。

2. 强调商品数量

除了限定活动时间，还有部分商家是通过限定商品数量的方式来制造短期优惠的。也就是说，顾客只有在限定数量到达之前下单，才可以享受优惠。针对这一情况，客服人员可以向顾客强调商品剩余数量，顾客在权衡之后，很可能就会把心一横，抓住机会下单完成购物。

5.2.3 强调销量，提供佐证

在购物过程中很多顾客都是带有明显的从众心理的，其中一个体现就是在购买商品时会选择销量相对较多的商品。仿佛只要买的人多，商品就一定是值得买的。所以，如果客服人员能够在沟通过程中，把握顾客的从众心理，学会拿销量说事，就有可能起到意想不到的效果。

当然，拿销量说事也需要一定的技巧，如果只是一味地强调销量高，而不能提供有力的佐证，那么客服人员所说的销量高在顾客看来，很可能毫无说服力。

【案例展示】

顾客：嗨，在吗？

客服：您好，客服小九为您服务，请问您有什么需要？

顾客：哦，我想买一些适合宝宝看的书。

客服：不知道您的宝宝现在多大呢？

顾客：哦，快两岁了。我就是觉得孩子在读一年级之前，也就是2~6岁的学龄前儿童，可以通过一些早教让他更早地对这个世界多一分了解，打好学习的基础。不知道你们店有没有适合这个年龄段孩子的书籍？

客服：您觉得这套《十万个为什么（图解版）》怎么样？它对历史、文化、动物、植物、科学、人体等均进行了解读。可以说，这套书可以作为儿童的百科全书，而且这本书是专为亲子共读打造的，您还可以和孩子一起阅读。

顾客：听你介绍，我感觉内容还是比较适合的。只是这是给孩子读的书，质量各方面都应该要好一些的。但是，网上购物我又不能亲眼看到这套书，所以，我还有些纠结。

客服：对于这套书的质量，您大可不必担心。这套书是小店销量较好的书籍之一，月销量达 1 000 套，其中，像您这种为宝宝买书的妈妈就占到了近9成，而且，比较关键的一点是，这套书的好评率达到了 95%。

顾客：这样啊！这么多妈妈都买了，还给了好评，那我就买这套书好了。

……

上述为某客服人员与顾客交流的部分内容，不难看出，该顾客虽然对客服人员推荐的书籍的内容比较满意，但是由于担忧书籍质量而迟迟没有下单。

网购的弊端之一就是顾客无法亲自查看商品，所以，像本例中这种对商品质量抱有怀疑态度的顾客在现实生活中并不少见。面对这种情况，该客服人员虽然无法让顾客亲自查看商品，但是通过销量数据和同类人对商品的评价，让商品的质量变得更有说服力。顾客最终因从众心理的影响而坚定了下单决心。

【技巧解析】

1. 将销量具体化呈现

说起冲泡型奶茶，很多人会想到某奶茶品牌。该奶茶品牌为人所熟知，其经典的广告文案"杯装奶茶开创者，连续六年销量领先。一年卖出七亿多杯，连起来可绕地球两圈"功不可没。

人们之所以对这个广告语印象深刻，是因为它通过"连续六年销量领先""七亿多杯"和"绕地球两圈"等文字对销量进行了说明，让人们对商品销量有了一定的想象空间。

在与顾客沟通的过程中，如果客服人员只是一味地强调商品销量高，而没有具体的数据做支撑，那么顾客很可能会将客服人员的表达理解为在自卖自夸。因此，在向顾客传达商品销量高这一信息时，客服人员不应该仅仅停留在强调多的层面，而应该给出具体的数据，证明商品的销量确实多。

2. 特定人群中的销量

相比于商品总销量的多少，部分顾客可能更关注商品在特定人群中的销量。

比如，年轻人在买衣服时，可能更关注同龄人是否也喜欢这个款式。而此时，商品在年轻群体中的销量便成了该人群对商品喜好程度的重要体现。所以，客服人员可以满足顾客的从众心理，用强调同龄人都喜欢的方式说服顾客。

在这种情况下，与其向顾客传达"月销量达 2 000 件"，不如说"该商品 80% 的顾客为年轻人，这部分人的购买量达到 1 600 件"。毕竟，在年轻人看来，还是同龄人的眼光更具说服力。

5.2.4　表达可信，举例说明

俗话说得好："事实胜于雄辩。"任凭客服人员说得天花乱坠，如果没有具体事实做支撑，顾客也可能认为客服人员只是在忽悠自己。所以，为了让表达更具说服力，客服人员还需提供一些例子做支撑。需要注意的是，举例并非将商品的相关信息全部如实告知顾客，而是提供一些可以说明商品功用等方面信息的证据，让顾客充分了解商品，达到促成交易的目的。

【案例展示】

顾客：在吗？

客服：您好，客服飞飞为您服务，请问有什么可以帮到您的？

顾客：我想买一盒 BB 霜，你能帮我推荐一下吗？

客服：能麻烦您说一下具体要求吗？

顾客：哦，遮瑕就不用说了，另外，我的皮肤偏油性，所以，最好具有控油功效。最后，妆效的话最好是自然一点的。

客服：您觉得 A 款 BB 霜怎么样，这款 BB 霜不仅适合所有肤质，还具有遮瑕、控油、滋润和定妆等功效。除此之外，在妆效上也显得自然。

顾客：听你的介绍倒是不错，但是，效果还是眼见为实，单凭你的介绍，我还是很难判断啊！

客服：不知道您有没有看过《××××》电影，这部电影中的 ×× 女星用的就是 A 款 BB 霜。这是她使用后的效果，您看一下。

顾客：嗯，看起来确实不错，但她毕竟是明星，出来的效果肯定比一般人要好一些。

客服：那您再看看这张照片，这是湖南长沙的某顾客在使用这款 BB 霜之后的效果。她还评论说用了这款 BB 霜之后，朋友们都觉得她比电视上的某位女星还漂亮呢？你看看。

顾客：虽然不知道我使用的效果怎么样，但是，看她们这些照片的效果，我觉得这款 BB 霜还是值得一试的。好吧，我就买一盒试试。

客服：相信我们这款商品一定不会让您失望的，如果有问题可以随时联系飞飞哦！祝您购物愉快！

……

上述为某客服人员与顾客交流的部分内容，因为该顾客要购买的是美妆类商品，所以，顾客比较注重该商品的使用效果。在这种情况下，如果客服人员只是一味地介绍商品信息，而没有举例向顾客展示使用效果来增强说服力，那么顾客可能会因无法获知使用效果而打消购物念头。

所以，客服人员先是搬出某电影明星使用商品之后的效果的例子，随后又举了一个普通顾客在使用商品之后的效果的例子，增强了语言的说服力，该顾客最终觉得商品值得一试，并决定买一盒。

【技巧解析】

1. 自身的使用感受

客服人员自身的使用感受是对商品质量、功效强有力的说明。一方面，使用商品之后，客服人员将感受融入表达中，可以让表达的内容更显真实性。另一方面，如果客服人员长期使用某商品，那么在顾客看来，该商品的质量和功效应该不至于太差劲。

当然，因为客服人员始终有一个商品推荐员的身份在，所以顾客对于客服人员的使用感受存在质疑是很正常的。

2. 其他顾客的反馈

相比于客服人员的使用感受，其他顾客的反馈无疑更具说服力。所以，如果客服人员能在沟通过程中用其他顾客使用商品的案例，特别是一些可提供实证的案例，进行说明，那么在顾客看来，该客服人员的表达更具可信度。

另外，需要说明的是，客服人员在用其他顾客的反馈信息进行举例说明时，应尽可能地让顾客觉得真实。为此，客服人员应尽可能地对案例中人物的相关信息进行具体的介绍。

第6章

打消疑虑，
促成下单

学前提示

　　在网购时顾客毕竟只能看到一些商品信息，而无法直接查看商品实物。所以，顾客在购物时存在疑虑很正常。

　　其实，从另一个方面来看，顾客既然向客服人员咨询商品，就证明该顾客对商品有潜在的需求。此时，如果客服人员能够消除顾客的疑虑，就有很高概率与顾客达成交易。

要点展示

　　➢ 商品疑虑，及时说明

　　➢ 物流疑虑，及时解答

　　➢ 售后疑虑，及时打消

6.1　商品疑虑，及时说明

拼多多平台的商品相比其他很多平台价格都低一些，正因如此，很多顾客都喜欢在拼多多平台购物。但是，当商品的价格普遍较低时，其质量就很容易让人产生质疑。

客服人员作为店铺与顾客之间的桥梁，服务工作的主要职责就是消除顾客的疑虑，维护顾客关系，从而为店铺创造效益。所以，当顾客对商品有疑虑时，顾客要及时对商品进行说明，消除顾客对商品的疑虑。

6.1.1　商品质量，作出保证

很多顾客在网购时都会有矛盾心理，一方面，他们希望以更优惠的价格获得商品。另一方面，当价格比较低时，他们又担心商品的质量可能存在问题，否则，商家不会以这么低的价格出售。

质量是顾客购买商品的关键因素，如果某件商品在顾客看来质量不过关，那么即使商品足够便宜，顾客也可能不会下单选购。所以，当顾客对商品的质量有疑虑时，客服人员需要尽可能地消除顾客的疑虑，否则，将很难达成交易的目标。

【案例展示】

顾客：你们店 A 品牌的银色款手机价格比较实惠啊！

客服：是的，这款手机其他店铺的价格通常都在 4 000 元左右，而本店只要 3 888 元。也就是说，本店这款手机要比其他店铺便宜 100 多元呢！

顾客：这么便宜不会有什么质量问题吧？

客服：您放心，这次是为了感谢新老顾客对本店的支持，才拿出部分手机进行促销的，手机的质量本身没有问题。

顾客：为什么你们店银色款的价格是 3 888 元，金色款却是 3 948 元呢？

客服：您也知道，什么东西都是物以稀为贵的，金色款相对来说，市场的需求量较大，每个店铺的库存相对有限，所以，价格要稍高一些。

顾客：3 888 元对我这种刚参加工作的人来说，毕竟不是小数目啊！我还是有些担心这部手机是不是正品。

客服：您放心，小店是Ａ品牌手机旗舰店，所有手机绝对都是正品。收到手机之后，您可以在Ａ品牌官网输入序列号进行查询。如果查询结果不是正品，本店将无理由退还所有款项。另外，需要说明的是，今天是本次活动的最后一天，活动结束后，这款手机的价格将恢复3 988元。所以，如果您觉得这款手机还不错，可要抓紧时间拍单了！

顾客：听你这么说应该不会有问题了，那我就拍一台吧！

……

上述为某客服人员与顾客沟通的部分内容，从中不难看出，因为商品的价格比其他店铺要低一些，所以该顾客对商品的质量是有疑虑的。而客服人员则通过与顾客的沟通，慢慢地消除了顾客的疑虑。

首先，该客服人员先从价格切入，以感恩促销、供求决定价格为理由，对商品价格低、不同颜色的商品价格有差异分别进行了说明。然后，以"品牌旗舰店"的名誉作保证，让顾客相信商品的质量。最终，该客服人员以巧妙的言语说服了顾客，顾客对商品质量的担忧被消除，便下定了购物的决心。

【技巧解析】

1. 说明低价原因

俗话说得好："天下没有免费的午餐。"在顾客看来，商家是以盈利为目的的，所以，商家不可能全然不顾自身利益，无缘无故地降价进行甩卖。

因此，客服人员在与顾客沟通的过程中，可以向顾客说明低价的原因，避免顾客以为是商品的质量有问题而产生误会。

2. 作出质量保证

虽然客服人员向顾客说明低价原因之后，部分顾客会相信商家是为了让利于顾客，但是简单的说明还不足以完全打消顾客对商品质量本身的疑虑。所以，除了对低价原因进行说明，客服人员还需对商品的质量作出一些必要的保证。

比如，顾客可能会对商品是否是正品有疑虑。此时，客服人员便可以为顾客提供验证方法，并承诺不是正品可以在限定时间内退货，甚至打出"假一赔十"等口号，让顾客觉得客服人员对商品的质量是有信心的。

6.1.2 商品规格，说明细节

除了对商品是否是正品等质量问题有疑惑，顾客对商品规格的疑虑也比较常见。因为在顾客看来，规格不标准的商品买回去之后，很可能会出现商品不符合预期或商品不合适顾客使用的情况，具体如下。

1. 商品不正规

通常情况下，商品的规格是有一定标准的，而正规的商品一般是严格按照标准规格来做的。因此，当商品的规格不符合标准时，顾客便有理由认为该商品是不正规的。不正规的商品，其产品质量不一定能达到合格的标准，所以，顾客一般不会轻易购买。

2. 商品不合用

正是因为商品的规格是有一定标准的，所以顾客在购买商品时，一般会选择最适合自身需求的规格。比如，在选鞋子时，顾客一定会根据自己脚的大小选择最适合的鞋码。

当商品的规格不符合标准时，顾客原本按照自身实际情况选择的商品规格，便会变得不合用。

很显然，无论是商品不正规，还是商品不合用，顾客都会打消购物念头。所以，客服人员需要从源头解决问题，消除顾客对商品规格的疑虑。

【案例展示】

顾客：你推荐的这款鞋挺不错的，我个人也比较喜欢，就是不知道有没有适合我的鞋码。

客服：您放心，所有尺码小店都还有库存。所以，无论您穿多大的鞋子，小店都可以提供哦！

顾客：嗯，就是不知道你们店的鞋码是否标准呢？

客服：您看，这是中国码、美国码和欧洲码等不同标准的对照表，小店的尺码是以欧洲码为标准的，您只需要根据实际情况，对照这张表选择对应的欧洲码就可以选到适合自己的鞋码了。

顾客：你们这个欧洲码标准吗？

客服：您放心，小店参照的欧洲码和国际上的标准完全一致。您如果还不放心，等收到货之后，可以通过测量进行判断。当然，由于测量方法的不同，正常范围内可能会有2~3厘米的误差，这一点要向您说明。

顾客：关键是我曾经在有的店铺买鞋子时，明明是对照鞋码来的，可是收到鞋子之后却发现不是穿不进去，就是长了一截。这让我很无奈，你们店的鞋子不会也是这样的吧？

客服：您放心，本店的尺码都是标准的。如果是尺码有问题，本店支持退货，并主动承担运费。

顾客：听你这么说我就放心了，有你这句话在，如果尺码真的有问题，我退货就好了。那我就买一双吧！

……

上述为某客服人员与顾客沟通的部分内容，从中不难看出，该顾客对商品是有购买欲望的，由于在不规格的商品上吃过亏，所以才对商品的规格有一定的疑虑。

对此，该客服人员先是向顾客说明了自身的尺码标准，为顾客选择尺码提供了参照。然后，又对尺码进行了保证，以及可能的误差进行了说明。最后，还作出了尺码有问题可以退货，商家承担运费的保证，让顾客对售后服务放心。

可以说，几乎所有与商品规格细节相关的内容该客服人员都考虑进去了，而在得到承诺之后，顾客对商品规格的疑虑基本消除了。

【技巧解析】

1. 说明自身规格

不同地区采用的标准可能存在一些差异，比如，同样是鞋码，就有中国码、美国码和欧洲码等多个不同的标准，不同标准的鞋码大小存在一定的差异。

因此，为了让顾客根据自身情况选择到更适合自身需求的商品，客服人员需要对商品规格所采用的标准进行必要的说明，在必要的情况下，为了方便顾客查看，还可以提供不同标准的对照表。

2. 不标准可退货

对顾客来说，不标准的商品很可能直接影响使用。这也是大部分顾客对商品规格有疑虑的最直接的原因。对此，客服人员可以通过一定的举措，给顾客以信心。比如，向顾客承诺商品不标准可以直接退货。

虽然只是一个小小的承诺，但是在顾客看来，只要客服人员敢承诺，就说明其对商品的标准是有信心的。

6.1.3　商品品牌，证明授权

在价格相同的情况下，顾客在购物时通常更倾向于购买有一定知名度的品牌旗下的商品。原因就在于人们认为知名品牌往往更注重商品的质量，其商品相对来说要更可靠。

正是因为如此，当顾客看到品牌不具有知名度或者非专卖店在卖某品牌的商品时，就有可能会产生一些疑虑。

【案例剖析】

案例 1

顾客：你们店的 A 商品看起来还不错啊！

客服：您眼光真好，这是小店的爆款商品之一。不瞒您说，很多顾客都很喜欢买它呢！

顾客：但是，你们这个品牌我好像没见过啊！它不会是一个山寨货吧？

客服：您不知道这个品牌其实也不奇怪，这个品牌是国际知名品牌 ×× 旗下的子品牌，它是一个刚推出不久的品牌。所以，它也是按照 ×× 品牌的要求进行生产的，商品的质量绝对过硬。这是这个品牌的一些资料，您可以看一下。

顾客：嗯，听你这么说，我心里就有底了。这样看来，这个品牌的商品应该不至于太差，我就拍一个吧！

……

案例 2

顾客：你们店这款 A 品牌的跑步鞋确实还可以啊！

客服：您真是火眼金睛，这是本店销售量非常靠前的一款商品，很多年轻人都觉得它挺不错的。其实，这个价格能买到这款跑步鞋，可以说是非常划算了。

顾客：对啊，就像你说的，这么低的价格在外面基本是买不到这款鞋子的，你们店为什么卖这么低的价格？而且你们店又不是 A 品牌的专卖店，对此我就有理由怀疑你们卖的是不是正品了。

客服：您的怀疑很合理。很多顾客都有和您相同的疑问。首先，本店以这么低的价格出售这款跑步鞋，是为了感谢新老顾客的支持，适时搞一次促销活动，让顾客得到一些实惠。至于专卖的问题，小店是专营户外运动品牌的，A、B、C 三个品牌的售卖授权本店都已取得，这是一些资料，您可以看一下。

顾客：不是我故意为难你，而是这种授权我也不知道是真是假。

客服：这样啊！您还可以通过商品的销量和其他顾客的评价来把握。这款商品月销量超过 1 000 件，而好评率则达到 95%。另外，小店本着诚信经营的原则，假一赔十。所以，您大可放心下单哦！

顾客：那好吧，我相信你们卖的是正品，那我就买一双吧！

……

上述为客服人员与顾客沟通的两个案例，虽然在这两个案例中，顾客都对商品的品牌有所疑虑，但是两位客服人员都做得很好，不仅消除了顾客的疑虑，还成功说服顾客完成了下单。

具体来说，在案例 1 中，顾客因商品的品牌不具有知名度而产生了疑虑，所以，即使觉得该商品还不错，仍然迟迟没有下单。而客服人员不仅说明了该品牌不知名的原因，还向顾客传达了商品质量可靠的信号。于是，顾客的疑虑得到消除，客服人员也如愿引导顾客完成了下单。

在案例 2 中，顾客同样对商品有购买欲，但是，因为觉得店铺不是专卖店，所以对商品是否是正品产生了疑虑。针对这个问题，客服人员不仅出示了品牌售卖授权，还晒出了相关的数据，并作出了"假一赔十"的承诺。顾客最终相信商品是正品而果断下单。

【技巧解析】

1. 对知名度的疑虑

对于不具有知名度的品牌，顾客的疑虑在于，这可能是一个山寨品牌，自己对这个品牌不了解，其商品质量自然也就堪忧了。这样一来，即使商品看起来很好，顾客也不敢轻易下单。

所以，当顾客对商品品牌的知名度有疑虑时，客服人员一定要想办法让顾客觉得商品是可靠的。对此，客服人员可以通过介绍品牌的相关信息，让顾客认识这个品牌，让顾客相信它的商品质量。

第 6 章 打消疑虑，促成下单

2. 对非专卖的疑虑

除了对品牌知名度存在顾虑，当遇到非专卖店售卖某品牌的情况时，顾客也有可能对该品牌商品产生疑虑。因为在顾客看来，知名的品牌一般在专卖店出售，如果商品是正品，就没必要放到非专卖店来卖了。

对此，客服人员需要做的就是提供一些可以证明商品是正品的"证据"。比如，客服人员可以将该品牌的授权进行展示，也可以将顾客对商品的正面评价作为依据，还可以提供能够直接证明商品是正品的相关资料。在顾客看来，实际的资料比客服人员的言语更有说服力。

6.1.4 款式过时，及时引导

当某商品以促销价出售时，多数顾客会对商品优惠的原因产生质疑，担心商品已经过时，才会有这么大的优惠力度。此时，客服人员需要及时消除顾客对"商品是否过时"的疑虑。

客服人员在说服顾客时，可以告知顾客商品低价的原因，结合当下流行元素对商品进行介绍，再站在顾客的角度说出顾客购买该商品的好处，从而引导顾客下单。

【案例展示】

顾客：这款冰箱怎么这么便宜啊？是不是因为过时了？

客服：亲，您放心，这款冰箱是今年才出的新品，性能好、外观时髦，很多人都喜欢，怎么会过时呢？

顾客：那为什么这么便宜啊？

客服：亲，您来得太巧了，这款冰箱今天特价，数量有限，主要是为了回馈新老客户的。

顾客：哦，这样啊。

客服：您考虑买一台吗？先到先得，错过了就没有了。

顾客：那好吧，我买一台。

上述为客服人员与顾客沟通的部分内容，该案例中的顾客因为看到某店铺的冰箱很便宜，所以怀疑该冰箱是过时商品，从而咨询客服人员。

面对顾客对商品是否过时的疑问，客服人员向顾客说明了商品便宜的原因，再拿商品性能与外观以及"很多人都喜欢"的说辞对顾客进行说服，使顾客打消了"商品过时"的疑虑。

【技巧解析】

1. 以回馈顾客来解说

大部分顾客之所以怀疑店铺某一商品过时，是因为该商品价格比原价低很多，优惠力度过大。在顾客看来，新品打折的概率很小，除非商品已经过时，商家要清仓甩卖。

对此，客服人员需要及时打消顾客的疑虑，可以通过店铺回馈新老客户的理由来向顾客解释。

2. 以流行元素来解说

一些顾客对客服人员的戒备心理强，仅仅以店铺回馈顾客的理由来解释低价并不能让他们信服，这时，客服人员可以将商品结合当下比较流行的元素进行解说，让顾客去衡量商品的过时情况。比如，面对购买服饰的顾客，可以把流行的风格、颜色和外观融入商品介绍中。面对购买科技商品的顾客，可以把流行的外观设计、先进的功能结合到商品介绍中来。

6.2 物流疑虑，及时解答

对物流运输有疑虑的顾客，往往性格比较焦躁，或者着急使用商品，才会咨询客服人员物流的问题。对于这类顾客，客服人员要耐心安抚顾客情绪，给予顾客解答，打消顾客的疑虑。

6.2.1 包邮与否，直接告知

包邮与否一直以来都是顾客在网购时比较关心的一个问题。在顾客看来，邮费是商品之外的支出，如果购买商品还需另外支付邮费，顾客心里就会觉得不划算。

针对这一问题，很多店铺都推出了包邮服务，当然，也有部分店铺由于种种原因是不包邮的。但是，无论是否包邮，客服人员都有必要在与顾客沟通的过程中进行具体说明。

值得一提的是，对于商品是否包邮的问题，客服人员在与顾客沟通的过程中，必须采用不同的沟通策略。通常来说，包邮直接告知即可，但是，如果不包邮就需要在告知顾客后说明原因，并寻求顾客的理解。

【案例展示】

案例 1

顾客：你们店这本《手机摄影 不修片你也敢晒朋友圈》看起来好像还蛮不错的啊！

客服：您眼光真好，这是一本关于手机摄影修片的实战类书籍，从很多顾客反馈的信息来看，它是喜欢发朋友圈的朋友的必备书籍哦！

顾客：嗯，确实挺不错的，就是不知道是否包邮？

客服：这本书折后价为 50.4 元，小店满 25 元即可包邮。所以，如果您买这本书，是不需要另外支付邮费的哦！

顾客：这样啊，那挺实惠的，我就买一本吧！

……

案例 2

顾客：我看了一下，这本《手机摄影 不修片你也敢晒朋友圈》好像挺适合我这种喜欢晒图的人。

客服：您说得不错，这是一本修图实战类书籍，书中通过 30 种美颜 App，奉送了 250 种修图实战技巧，书中展示的图片超过了 800 张。可以说这是一本很有深度的摄影后期书。

顾客：听你这么说，这确实是一本值得买的书。我问一下，如果我买这本书，那么包不包邮呢？

客服：本书原价为 59 元，本店是以 7.9 折出售的，折后价为 46.6 元。而小店是单次购物满 99 元才能免运费的。所以，如果您只买这本书，需要另外支付 6 元快递费。

顾客：这样的话，我就有些纠结到底要不要买了。

客服：其实，如果从价格来看，其他店铺这本书的价格通常在 50 元以上，而且有的店铺卖的书不一定是正品。而本店卖的书保证都是正品，店主承诺假一赔十。

只是本店利薄，还希望您能多一分理解。另外，本书采用的是全彩式图解的方式，无论是美观度，还是本身的质量，都比一般的书要好得多。所以，从各个角度来看，您买这本书绝对是不亏的哦！

顾客：听你这么说，这本书应该是物有所值的，那我就拍一本吧！

……

上述为客服人员与顾客沟通的两个案例，从中不难看出，案例中的两位顾客对于是否包邮这个问题都是有疑虑的，而两位客服人员则根据所在店铺的实际情况，很好地消除了顾客的疑虑。

具体来说，在案例 1 中，客服人员直接将包邮的信号传达给顾客，顾客则因觉得价格合适又包邮而直接完成了下单。在案例 2 中，虽然买书是不包邮的，但是店铺却通过书的价格以及书的质量，赢得了顾客的青睐。

【技巧解析】

1. 包邮直接告知

对顾客来说，如果包邮，顾客就无须支付运费，这无疑是要划得来一些的。所以，当顾客购买的商品包邮时，客服人员只需直接告知便可。这既可以消除顾客的疑虑，也会让顾客觉得此次购物比较划得来，从而增加购买欲。

2. 不包邮求理解

当然，由于一些原因，如顾客单次购物的金额较低、物品超过某一重量等，商家对于顾客的购物可能是不包邮的。这种情况在顾客看来，是比较划不来的。

所以，客服人员应该向顾客解释清楚，比如，向顾客表明商品成本太高，包邮会没有利润空间，并通过一定的方式寻求顾客的谅解，引发顾客的共鸣，让顾客觉得商品不包邮也不是那么划不来，或者说，至少让顾客心里舒坦一些。

6.2.2　发货时间，晒出证明

顾客下单完成之后，会对所购买的商品有预期，往往想要快点收到商品。因此，很多顾客在购物过程中，都会习惯性地询问发货时间。

通常情况下，如果顾客开始向客服人员询问发货时间，就说明该顾客对于商品有着较强的购买欲。此时，只要客服人员告知顾客会尽快发货，顾客很可能就会下定购买的决心。

当然，在告知顾客发货时间时，客服人员还需要采取一定的方法，让自己的表达更具说服力。比如，客服人员可以对发货时间进行具体说明，甚至可以直接晒出商家发货时间的相关记录。

【案例展示】

案例 1

顾客：你介绍的这件外套我很喜欢，就是不知道你们店的发货速度怎么样，如果迟迟不发货，那我宁愿不买。

客服：这点您不用担心，您买的商品小店库存充足，而且发货的同事就有近10人，所以，即便像"双十一"这种订单特别多的时间段，我们小店也可以保证在半天内发货哦！

顾客：你这样说我就放心了，那我赶紧拍一单吧！

......

案例 2

顾客：你说的这条裙子确实不错，我也很喜欢。我想问一下，你们大概在下单之后多久可以发货。

客服：您的担忧很有道理，希望下单之后商家可以尽快发货。不过，对于小店，您大可不必担心这个问题。因为小店专门发货的同事达10人，而且您买的商品小店都有大量库存，所以，一般情况下，您下单完成之后，小店基本上可以在当天发货。

顾客：当天发货这速度倒是可以，只是你就这么嘴上说说，我恐怕很难说服自己相信你啊！

客服：嗯，这样吧，给您看一下小店内部分下单和发货时间的数据。您看，这些顾客下单完成之后，小店几乎都是在半天时间之内发货的，即使"双十一"也不例外，而且小店都是按照顾客的下单先后顺序发货的。所以，您下单越早，发货的同事就会越早为您发货哦！

顾客：好吧！我相信你们。那我就买一条裙子好了！

......

上述为客服人员与顾客沟通的两个案例，在这两个案例中，顾客对商家的发货时间都有疑虑，而案例中的两位客服人员则通过沟通将顾客的疑虑消除，并引导顾客完成了下单。

其中，案例 1 中的顾客明显好说话一些，客服人员只是对商家的发货信息进行了一些说明，并做了一个保证，顾客便放心地下单了。但是，在实际工作中，也有部分顾客是比较谨慎的，案例 2 中的顾客便属于此类。客服人员已经对商家的发货时间进行了说明，但是顾客对客服人员所传达的内容仍然有所怀疑。此时，客服人员就需要提供一些实质的"证据"。

【技巧解析】

1. 说明发货时间

很多顾客想知道商家的发货时间，是希望自己能够对商家的工作效率有一个大致的把握，从而判断商家的实力，并对收到快递的时间进行估算。

对此，客服人员需要做的就是向顾客说明具体的发货时间。当然，客服人员在物流上要尽量不做虚假承诺，否则顾客在承诺的时间内没有收到商品，很可能会迁怒于客服人员，并且对客服人员与店铺产生不信任感。

2. 晒出相关记录

虽然客服人员说明具体发货时间之后，大部分顾客会比较放心地完成下单，但是也有部分顾客认为客服人员口说无凭。在这种情况下，客服人员便可以晒出相关记录来证明自己所言非虚。

比如，客服人员可以直接晒出某些订单的下单时间和发货时间，让顾客通过数据的对比，更加直观地把握商家的发货时间。需要注意的是，在向顾客展示相关信息时，客服人员需要保护好其他顾客的隐私。

6.2.3 物流速度，作出解释

顾客的收货时间主要由三大环节决定，即下单时间、发货时间和物流速度。其中，对于下单时间顾客自己可以把握，对此大部分顾客不会太过担心。所以，顾客比较担心的是发货时间和物流速度。

6.2.2 节已经对发货时间进行了一些说明，本节重点要探讨的是顾客对于物流速度的疑虑。

【案例展示】

顾客：你推荐的这件商品确实挺不错的，我个人也很喜欢。不过，有一件事我必须要问你一下。

客服：您有什么问题尽管说，小亚尽量帮您解决。

顾客：是这样的，我有几次在网上购物都是一个星期之后才收到快递的，这速度实在太慢了，很多水果收到时已经烂得差不多了。所以，我想问一下你们的物流速度怎么样。

客服：您对物流速度有所顾虑是可以理解的。部分商家为了节省物流费用，选择的都是一些速度较慢的快递公司，这样一来，在物流速度上自然就比较慢了。而小店为了让您尽快收到货，寄快递时选择的都是优秀的快递公司，所以，物流的速度通常都比较快。

顾客：我可以说，我每次网购时客服人员都是这么跟我说的吗？而事实是，对于部分快递我还是很久才收到。他们给我的解释是，我填写的收货地址附近快递公司的快递点比较少，所以，物流的速度要偏慢一些。

客服：这一点您放心，我们小店合作的快递公司主要有 A、B、C 三家公司，这 3 家都是国内物流速度比较快的公司，而且小店在发货的同时，也会根据您填写的地址，为您选择相对合适的快递公司，从而保证让您尽快收到快递。

顾客：原来你们店是这么选快递公司的啊！那物流的速度应该比较快，我就放心拍一单了。

客服：好的，您有什么疑问可以再来找我哦。

顾客：好的。

客服：感谢您对我们的支持，祝您生活愉快！

……

上述为某客服人员与顾客沟通的部分内容，很显然，在该案例中，顾客对商家的快递速度是有疑虑的，而客服人员通过沟通很好地消除了顾客的疑虑，并最终让顾客放心地做好了下单的准备。

在该案例中，客服人员向顾客说明了与商家合作的快递公司是比较优秀的，但是，顾客对此并不买账。于是，客服人员又从根据填写的地址为顾客选择快递公司的角度切入，让顾客觉得商家会为其选择相对比较合适的快递公司，进而消除了对物流速度的疑虑。

【技巧解析】

1. 优秀的快递公司

由于各快递公司的实力不同，所以，即使同样的货物，不同的快递公司送达的时间也会存在一定的差异。

对此，在与顾客沟通的过程中，客服人员可以强调商家是与优秀快递公司合作的，并保证可以尽快将快递送到顾客手中。如果快递公司的速度是被顾客普遍认可的，那么客服人员还可以直接说出快递公司的名称，让顾客放下心来。

2. 根据地址选择方案

虽然实力较强的快递公司通常速度要更快一些，但是世事无绝对。影响物流速度的因素中有很多不可控的因素，比如，暴雨、暴雪天气，都有可能会影响快递的运输，所以，即使快递公司本身有雄厚实力，也无法规避物流速度慢的风险。

针对这种情况，如果商家是与多家快递公司合作的，客服人员就可以告知顾客，商家会根据顾客填写的地址，为顾客选择相对合适的快递公司，从而让快递更快地送到顾客手中。

6.2.4 会否损坏，强调包退

由于部分商品本身就比较容易损坏，再加上如果商家包装的防护没有做好，在运输的过程中，商品很容易就会被损坏，所以，顾客在购买这类易损坏的商品时，都会咨询顾客人员商家包装、物流运输以及售后的问题。

俗话说"吃一堑，长一智"，也许部分顾客在网购时吃过其他店铺的亏，所以对商品是否完好有很大顾虑。

【案例展示】

顾客：你们店的 A 款马克杯看上去真漂亮啊！

客服：您眼光真好，这款马克杯是纯手工打造的，而且杯面上的图案也是经过精心设计的。很多顾客都觉得它更像是一件艺术品呢！

顾客：我倒是想买一个，但是，你也知道，杯子是易碎品，我担心在运输的过程中可能会出现损坏。我曾经买过一些易碎品，就出现过损坏的情况，所以，对于这个问题我不得不谨慎一点。

客服：这一点您可以放心，小店在寄快递时会对商品进行严密的包装。小店的每个杯子都会放置在单独的小盒子中。这个盒子对杯子起到了固定作用，让杯子不会到处摆动。除此之外，在小盒子外面，小店还会用大一点的箱子增加保护，当然，在两个盒子的空隙处会用泡沫塑料等材料来固定，并减轻运输过程中震动对杯子的影响。另外，在运单上，小店也会写上这是易碎品，提醒运输过程中的人员尽可能地轻拿轻放。所以，在运输的过程中基本上是不会出现损坏的情况的。

顾客：确实，你们的包装是做得比较好的，但是，你也说了，是基本上不会出现损坏的情况，那假如我不幸正好收到了一个损坏的杯子呢？你们店对于这种情况是不是还有其他的保障呢？

客服：您不用担心，小店承诺损坏包退。如果杯子收到时就出现了损坏，您只要与客服人员沟通，并提供一些实质的证据，如照片等，小店就会给您退还购买的款项或者给您重新发货。

顾客：这样啊，我想我可以放心地拍一单了。

……

上述为某客服人员与顾客沟通的部分内容，从中不难看出，顾客对于商品还是比较喜欢的，但是，因为商品是易碎品，所以顾客对于是否会在运输过程中出现损坏有很大疑虑。

对于顾客的疑虑，该案例中的客服人员处理得很好。客服人员向顾客详细地介绍了商品的包装过程，让顾客觉得商品得到了很好的保护。

【技巧解析】

1. 强调包装严密

商品在运输的过程中出现损坏，商家有不可推卸的责任，因为如果商家的包装足够严密，对商品起到了很好的保护作用，那么，除了运输过程中出现暴力分拣的情况，商品基本上不会被损坏。

所以，当顾客对商品是否会被损坏这个问题有疑虑时，客服人员首先要做的就是强调商家在寄快递之前是对商品进行了严密包装的。在此过程中，为了增强商品包装严密的说服力，客服人员甚至可以将包装的过程告知顾客，让顾客对其有一个较为直观的把握。

2. 保证损坏包退

虽然好的包装能从一定程度上减少商品损坏的概率，但并不是所有包装好的商品都能完好地送到顾客手中。比如，一箱水果，如果运输时间过长，即使包装得再好，也必然会出现损坏。

对于这种情况，客服人员一味地强调包装严密可能并不能取得什么效果。此时，客服人员便可以给顾客吃一颗"定心丸"，比如，可以给顾客作出损坏包退的承诺，让顾客放心地下单。

6.3　售后疑虑，及时打消

售后服务的优劣是一个店铺信誉的写照，也是影响顾客满意度的重要因素。对顾客来说，当两个商品的性能与质量相似时，其更倾向于选择售后服务优质的店铺。所以，当顾客咨询有关售后问题时，客服人员一定要保持热情待客的工作态度，消除顾客对售后服务的疑虑。

6.3.1　保修问题，详细解答

当顾客购买商品，特别是价格相对较高的商品时，往往希望能够获得一段时间的保障，即使商品出现了一些问题，也能得到有效的维修。所以，顾客在与客服人员沟通的过程中，通常会对保修的相关内容进行询问。

在这种情况下，顾客对保修问题的疑虑将很大程度上影响最终的沟通结果。所以，客服人员应该通过一定的举措，消除顾客对保修问题的疑虑。比如，客服人员可以运用如下两招。

【案例展示】

顾客：你推荐的这款手机吧，我个人倒是挺喜欢的，但是，这毕竟是一部近5 000 元的手机，所以，我还是有一些顾虑的。

客服：您可以说一下您的顾虑，看看小苏能不能帮您解决哦！

顾客：嗯，主要是不知道这款手机是不是提供保修服务。

客服：这个问题您可以放心，这款手机是提供一年保修服务的，在保修期内，只要不是人为原因造成的损坏，都可以获得免费维修。当然，像电池这种消耗性配件的正常消耗是不在保修范围内的。这是这款商品的具体保修内容，您可以看一下。

顾客：看上去你们这款手机可以保修的内容还是蛮多的，就是不知道保修是不是方便呢？

客服：这款手机是由 A 公司生产的，只要是 A 品牌的保修点您都可以持保修卡获得服务，而 A 品牌的保修点总共有 600 多个，当然，不同城市的维修点也有所不同，能冒昧地问一下您是在哪座城市吗？

顾客：长沙。

客服：小苏看了一下，长沙市区内 A 品牌的维修点超过了 10 个，所以，您如果要获得保修服务还是很方便的。

顾客：嗯，你这样一说我心里就有底了，那好吧，既然保修这么方便，那么我还有什么理由不拍一件呢？

……

上述为某客服人员与顾客沟通的部分内容，在该案例中，顾客对商品是有购买欲的，只是对于商品保修的疑虑让其还有些纠结。

首先，客服人员对保修的具体内容进行了说明，让顾客对相关事项有了一个大致的把握。然后，通过保修实力的展现，告知顾客其所在的城市有十多个保修点。而通过客服人员的说明，顾客明显感觉到保修比较方便，所以，顾客最终决定下单也就在意料之中了。

【技巧解析】

1. 具化保修内容

具化保修内容就是指将保修的范围具体告知顾客，让顾客知道商品的哪部分是可以保修的，哪部分是不可以保修的。具体来说，具化保修内容主要有如下意义。

首先，将保修的内容直接告知顾客最直接的作用就是让顾客可以对保修的相关事项多一分了解，从而增加顾客对商品和商家的信心。其次，当客服人员对保修内容进行具体说明时，顾客会觉得商品和商家是可靠的。

2. 展现保修实力

除了了解保修内容，顾客往往还会对保修是否方便有疑问。比如，有的商品虽然保修的内容较多，但是保修点却比较少，顾客为了维修商品需要去比较远的地方。这种保修显然是不被顾客待见的。

所以，客服人员还需通过展现保修的实力，让顾客觉得商品保修很方便。比如，客服人员可以告知顾客商品具体有哪些保修点，当顾客所在地的保修点较多时，甚至可以将保修点数量和位置列出给顾客看。

6.3.2　包换包退，告知条件

在一些情况下，顾客收到商品之后，可能会发现商品并不适合自己，此时，对顾客来说，商品的价值将大打折扣。所以，为了保障购物的应有权益，部分顾客可能会对商品是否包退包换有顾虑。

当然，由于商品种类、店铺标准等的不同，商家可能会对退换有不同的要求，客服人员可以根据所在店铺的实际情况，告知顾客商品是否可以包退包换。

【案例展示】

案例 1

顾客：你们店的红毛丹看上去还不错，就是不知道味道怎么样。

客服：您放心，小店的红毛丹都是从原产地直接发货，不仅果实饱满、口感甘甜，而且非常新鲜。

顾客：如果我收到的红毛丹是酸的，能不能退换呢？

客服：这一退一换，等果子再到我们手里，肯定不新鲜了，换位思考一下，这样的果子如果卖给您，您会要吗？而且，这不过就是几十块钱的东西，您不至于为了这点钱来回折腾吧？

顾客：呵呵，为了让我们都不折腾，我看我就没必要再买了！你自己留着慢慢吃吧。

……

案例 2

顾客：你们店的 A 款靴子很漂亮，我想买一双。

客服：您眼光真好，这款鞋子是今年的流行款，它的鞋面是头层牛皮，内里用的也是皮料，再加上车缝线和圆头设计，让人一看便觉得高端大气上档次。可以说这是今年潮男必备的单品之一了。

顾客：你也说了这款鞋用的是皮料，而且它的价格达到了 600 多元。假如我穿着不合适，可以退换吗？

客服：通常来说，只要鞋子未被损坏，您在收到货之后的 7 天内可以进行退换。所以，如果鞋码不合适，您可以和客服人员说一声，小店收到您寄来的鞋子之后，会重新给您发一次货。

顾客：嗯，如果是这样，我就不用担心鞋子不适合等问题了，那我就拍一单吧！

……

上述为客服人员与顾客沟通的两个案例，在案例 1 中，顾客想要就退货问题咨询客服人员，却遭到了该客服人员不礼貌的拒绝。当然，不能退换这一点是一定要告知顾客的，但是，客服人员在表达时应该顾及顾客的感受，要尽量委婉表达，以免激发顾客的负面情绪，给店铺带来不好影响。

在案例 2 中，该客服人员在告知顾客商品是否可以退换时，又向顾客仔细说明了退换的条件。所以，该客服人员的处理方式还是比较恰当的。

【技巧解析】

1. 可退换：说清条件

对于可退换的商品，客服人员在告知顾客可退换的同时，还需要说清退换的条件。这样一方面是为了让顾客明白商品可退换的范围，消除顾客对退换问题的疑虑。另一方面，也是维护商家正当权益的必要手段。比如，当顾客买的衣服不合身时，大多数店铺原则上都是可以退换的，但是，这需要建立在衣服未出现损坏情况的基础上。

2. 不可退换：说明理由

部分商品，如食物、化妆品等，其自身属性就已经决定它们是不能退换的。对于这一类商品，客服人员需要在明确告知顾客不可退换的同时，给出一些合理的、听着比较舒服的理由。

因为顾客毕竟是客服人员的服务对象，客服人员需要做的就是提供优质的服务，所以，"买卖不成仁义在"，无论何时客服人员都需要考虑顾客的感受。

6.3.3 处理时间，正面回答

俗话说得好："时间就是金钱。"当顾客在购物过程中遇到问题时，总希望卖家能够第一时间出面解决，但并不是所有卖家的售后都做得足够好，所以，很多顾客都曾遇到过卖家对问题处理不及时的情况。

正是因为如此，在购物过程中，部分顾客可能会对卖家处理问题的时间有所顾虑，而这个顾虑对于顾客是否下单购物将产生较大的影响。因此，当顾客对问题处理时间有疑虑时，客服人员必须设法消除其疑虑。

【案例展示】

顾客：你们店这件白衬衫看上去挺不错的。

客服：您眼光真好，这款衬衫的七分袖设计以及胸前部位的印花，都令其比一般的商务衬衫更适合年轻人，而且它的修身设计能凸显男性身材。可以说，大部分比较潮的年轻人都会选择这种款型的衬衫。

顾客：老实说，这款衬衫的款型确实是我喜欢的，但对于网购我还是有一些顾虑的。

客服：能不能麻烦您说一下您的顾虑？也许小张能帮到您哦！

顾客：是这样的，我在网购时曾经遇到过这样的情况。有一次买外套，订单下了一天之后，还没有发货，因为我急着要用，所以我就去找客服。结果，过了半天客服人员才回复我，开始解决我的问题，这种处理问题的速度我真的不敢恭维。

客服：看来您是有过客服人员不及时处理问题的经历啊！这种情况小店是不会发生的，您大可放心。小店有专门的售后客服，而且人数达到了5人，所以，如果您在购物过程中出现了问题，只要联系售后客服就可以在第一时间得到解决哦！

顾客：不是我不相信你，只是客服人员一般是比较敢于做承诺的。所以，单凭你说的这些，我实在难以判断。

客服：您的担忧可以理解，不过，小张这里还有"证据"哦！这是一些顾客对小店售后处理的评价的截图，从中不难看出，绝大部分顾客是比较满意的，你可以看一下。

顾客：嗯，看到这些我就可以放心地下单了。

……

上述为客服人员与顾客沟通的部分内容，在该案例中，很明显顾客由于曾经有过不愉快的购物经验，所以对于店铺处理问题的时间是有疑虑的。在这种情

第6章

打消疑虑，促成下单

141

况下，客服人员的首要任务就是消除顾客对店铺处理问题时间的疑虑。

具体来说，小张主要从两方面为消除顾客疑虑作出了努力。小张不仅向顾客介绍了店铺的售后处理阵容，还以图片的形式让顾客放心地完成了下单。

【技巧解析】

1. 作出正面回答

当顾客就某一问题询问客服人员时，往往希望可以得到有用的信息。如果客服人员不能正面回答顾客的问题，那么顾客可能会认为该店铺不够可靠。

因此，当顾客就问题处理时间询问时，客服人员必须作出正面回答。当然，在此过程中，客服人员可以在回答的过程中加入一些能够证明店铺售后质量的信息，比如，店铺中客服的人数，以及大概的上下班时间，让顾客觉得店铺可以在第一时间解决购物过程中的相关问题。

2. 给出实质"证据"

有一个成语说得好："口说无凭。"如果客服人员只是嘴上说说会在第一时间帮顾客处理问题，却不能给出实质的"证据"，那么顾客很可能不会买账，毕竟嘴上说些好话谁都会，它并不能代表实际情况。

所以，在必要的时候，客服人员还需要给顾客看一些"证据"。比如，客服人员可以将其他顾客对于店铺处理问题的好评以截图的形式呈现给顾客。

第**7**章

消除抱怨，
获得好感

学前提示

　　如果顾客就购物过程中出现的问题向客服人员抱
怨，就说明顾客对购物的满意度很低。此时，如果客
服人员处理不好，就有可能激化矛盾。

　　当然，如果客服人员能够正确处理抱怨，就能在
消除顾客抱怨的同时，通过沟通来获得顾客的好感、
增加顾客的满意度。

要点展示

> ➢ 安抚情绪，理解抱怨

> ➢ 循序渐进，缓解抱怨

> ➢ 多种方法，消除抱怨

7.1　安抚情绪，理解抱怨

作为拼多多客服人员，要尊重并理解顾客的抱怨。因为顾客对商品与服务的预期过高，所以顾客对客服人员产生抱怨是很正常的事情。此时，客服人员需要处理好顾客的抱怨，就要在保证自己情绪不受影响的情况下，做到理解顾客的抱怨，耐心安抚顾客的情绪。

7.1.1　表示歉意，态度真诚

当顾客向客服人员抱怨时，不管是不是客服人员做得不够好，都要先向顾客表示歉意。此时，客服人员可以优先安抚顾客的情绪，再对具体事情的原因进行解释，从而化解顾客的抱怨。

【案例展示】

客服：您好，客服小明为您服务，请问有什么可以帮助您的呢？

顾客：你们公司的商品怎么这样啊？这物流速度也太慢了，我的东西买了好几天了，也没见送到。

客服：对不起，您消消气，一定是我们哪些地方做得不够好，我帮您查一下快递，看是什么原因导致的。

顾客：唉，你现在道歉有用吗？都好几天了。

客服：对不起，我对您遇到的事情感到非常抱歉。您先别生气，我会给您调查清楚原因的，您告诉我订单号，我们现在查一下是什么情况，好吗？

顾客：好吧，我的订单号是……

（此时，顾客没有了愤怒，开始配合客服人员的工作）

上述为客服人员与顾客沟通的部分内容，面对顾客的抱怨，多数客服人员心里会有反驳顾客的想法，但在该案例中，客服人员面对顾客的抱怨首先向顾客表达歉意，并且同意顾客的观点，以此安抚顾客的情绪，再寻求解决的办法，这样的处理方式值得多数客服人员学习。

【技巧解析】

1. 首先认同顾客观点

在顾客抱怨时，客服人员认同顾客观点非常重要，这是拉近客服人员与顾客距离的重要方法。顾客在购物时因某些问题而产生抱怨，此时，他（她）们的情绪不稳定，想被关注和认同。而客服人员认同顾客观点，就能很快地让顾客觉得客服人员与自己的立场相同，那么，客服人员就能快速取得顾客的信任，接下来的协调工作也会比较顺利。

2. 道歉态度足够真诚

不管顾客抱怨的态度多么咄咄逼人，客服人员在道歉时态度都需要足够真诚。人是情感动物，即使顾客在抱怨时态度很恶劣，看到客服人员真诚的服务态度，其情绪也会缓和许多。

7.1.2 表示理解，缓和怒气

客服人员对顾客的抱怨表示理解，才能真正地站在顾客的角度思考问题，同时，客服人员在与顾客沟通的过程中，也可以多使用表示理解的话语来缓和顾客的怒气，从而取得顾客的信任。

【案例展示】

客服：您好，请问有什么可以帮助您的？

顾客：我真是受不了你们了，你们卖的什么商品啊？我买回来用了两天就坏了，而且这东西还这么贵，真是浪费钱。

客服：实在对不起，我们的商品给您带来困扰真的很抱歉，您消消气。

顾客：消消气？你说得轻松，哦，你说对不起，我就能原谅你是吧？你让我不生气，这事情就这样过去了是吗？

客服：不是的，我们会帮您解决问题。我能理解您的感受，的确，如果是我遇到类似情况我也会很生气，但是现在咱们需要解决实际问题，您能告诉我商品具体的使用情况吗？我帮您分析一下原因。

顾客：好吧，既然这样，你们帮我看看是怎么回事，你们是帮修还是换货都可以，刚刚我在气头上，希望你能理解，刚买的商品用了两天就坏了，这质量确实让人放心不下。

......

上述为客服人员与顾客沟通的部分内容，在该案例中，客服人员在语言中充分地向顾客表达出了理解的感受，这很大程度地赢得了顾客的好感。此外，在向顾客表示理解时，客服人员通过换位思考，进一步取得了顾客的信任，以此让自己的语言更有说服力，这对处理顾客抱怨有很大帮助。

【技巧解析】

1. 表达显示出理解态度

客服人员在处理顾客抱怨时，语言可以多用类似"我理解您的感受"或"如果我遇到类似情况，我也会……"的语句来安抚顾客的情绪，再开始询问顾客原因，讲述事实，这样能够向顾客充分表明自己理解的态度。

2. 表达要站在顾客角度

客服人员在面对顾客抱怨时，即使已经做到了站在顾客的角度思考问题，也要在语言中向顾客表达出来。语言表达是有技巧的，如果在顾客抱怨的情况下，客服人员处处为顾客着想，语言的表达也是站在顾客角度的，那么将更有说服力。

7.1.3 表示感谢，展现服务

顾客的抱怨在一定程度上可以反映出该拼多多店铺存在的部分问题，所以，顾客的抱怨其实是优化服务工作的重要依据，满足顾客的需求，才是商品和服务迭代的最终目的。由此，客服人员对于顾客的抱怨，应该持感谢的态度。

【案例展示】

顾客：在？

客服：您好，请问有什么可以帮助您的？

顾客：我觉得你们店铺的物流真的很慢，我下单很多天了，今天才收到货。我看了一下，你们是在我下单的第三天才给我发货的，说真的，以你们这样的服务，还有人在你们这里买东西吗？

客服：对不起，对于我们店铺的发货服务给您带来的不便我深表歉意，非常感谢您给我们的反馈与建议，我们往后会注意提高物流速度，尽快把商品送到您的手上。

顾客：好吧，希望你们以后物流快点，还有就是，商品质量再好一点就好了。

客服：您放心，我们一定会把商品做得更好。非常感谢您对我们的支持，对于您的反馈我会提交给上级，您如果还有其他的反馈也可以提出来。

顾客：好的，目前没有其他的了，有的话再告诉你。

……

上述为客服人员与顾客沟通的部分内容，在该案例中，客服人员面对顾客的抱怨，在向顾客道歉的同时，也表达了深深的感谢，从而让顾客的情绪有所缓和。在顾客提出其他建议时，该客服人员在肯定顾客的观点的同时，向顾客表明了店铺积极对待的态度，让顾客觉得自己被重视，有效地处理了顾客的抱怨。

【技巧解析】

1. 道歉同时要表达感谢

客服人员在向顾客道歉时表示感谢，是客服人员负责任的表现。在顾客抱怨时，客服人员及时道歉并表示感谢，体现了该客服人员有着良好的职业素养，有利于让顾客消极的情绪缓和下来，并且能拉近客服人员与顾客之间的距离。

2. 展现企业的积极态度

顾客向客服人员抱怨，有两方面的原因。一方面是自己的利益受到了损害，想要宣泄自己的情绪，另一方面是希望自己的问题能够得到解决。所以，客服人员在顾客抱怨时要展现出积极应对的态度，这有利于使顾客对店铺留下一个好印象，从而强化顾客的购买忠诚度。

7.2　循序渐进，缓解抱怨

凡事都有一定的解决方法，消除抱怨也是如此。如果客服人员能够以相对合适的步骤，循序渐进地与顾客进行沟通，那么顾客通常更容易接受客服人员的表达，进而对店铺和客服人员多一分谅解。

7.2.1　调整情绪，带动顾客

当顾客就购物中的问题向客服人员抱怨时，顾客的情绪很可能是负面的，整个沟通氛围的基调也将变得沉闷，甚至压抑。此时，由顾客负面情绪引导的沟通气氛对双方来说都是不利的。对此，客服人员可以在沟通过程中适当对气氛进

消除抱怨，获得好感

行调节，安抚好顾客的情绪，让沟通以相对更舒适的方式进行。

【案例展示】

顾客：客服给我出来！！！

客服：您好，客服小丫为您服务，不知道有什么可以帮到您的？

顾客：我就不需要你帮了，你还是去帮一下你们的发货员吧！我估计就他那眼神十有八九已经是瞎了。

客服：哦，不知道您为什么会这么说呢？是我们的同事给您发错货了，还是什么事情没做好？能不能麻烦您说一下问题出在哪里了？

顾客：我的购物订单的规格里写得清清楚楚，我买的是一个粉红色的手机壳，你们倒好，直接给我发了一个黑色的。这两种颜色这么大的差别都看不出来，难道不能说是眼睛瞎了？

客服：哦，原来是这么回事。因为小店的订单量比较大，可能是发货的同事太忙，疏忽了，所以发错货了，实在不好意思，给您添麻烦了。

顾客：是吗，忙可以拿来做借口吗？我也很忙，要不是你们给我发错货，我至于浪费时间跟你在这里闲聊吗？

客服：您消消气，别为一个手机壳气坏了身体，我替他给您道歉。咱们现在先想办法解决这个问题，好吗？

顾客：行，你倒说说怎么解决吧！

客服：是这样的，我们可以帮您退换货，您如果还想要粉红色的，我们给您再发过去就是了，以后您在咱们小店买东西，您找我，我给您打九折，怎么样？

顾客：九折？也可以，看来这手机壳你还得给我换一个，我不喜欢黑色。

客服：行行行，没问题，这就给您换，您不用担心，包在我身上。

顾客：好吧，看你这态度挺好的，我就原谅你们了，但是下次可不许出现这样的事情，否则我直接给你们一个差评。

客服：不会的，您就放心吧，我到时候帮您盯紧了。

顾客：这还差不多。

……

上述为客服人员与顾客沟通的部分内容，在该案例中，顾客在购物时已经选好了商品的颜色，但是收到的商品颜色不对，所以，顾客的情绪极其不稳定。对于此事，客服人员采取的方法是放低姿态与顾客进行沟通，向顾客道歉，慢慢让顾客的情绪缓解下来，从而让沟通变得顺畅。

【技巧解析】

1. 做好自我情绪的调整

当顾客向客服人员抱怨时，由于受到情绪的影响，顾客可能会对客服人员说出一些不好听的话，甚至会让客服人员觉得受到了语言上的侮辱。面对这种情况，客服人员需要积极地调整自身情绪，尽可能地屏蔽顾客传达的负能量，因为如果客服人员不能调整好自己的情绪，就很可能会与顾客产生矛盾，让事情变得更糟糕。

2. 消除顾客的负面情绪

向客服人员抱怨的顾客，情绪通常都是很消极的。所以，为了营造轻松的沟通氛围，客服人员在调节气氛时需要将消除顾客的负面情绪作为工作的重点。

当然，在消除顾客负面情绪的过程中，客服人员需要采取合适的方式。比如，客服人员可以在沟通过程中，适当示弱，向顾客表达真诚的歉意，通过谈论顾客感兴趣的话题来转移顾客的注意力，这样一来，顾客的情绪会慢慢得到缓解。

7.2.2 承认不足，以退为进

在绝大部分情况下，顾客向客服人员抱怨，很可能是因为其在购物过程中遇到了一些让人不愉快的问题。因此，客服人员需要明白的一点是，不管造成顾客不愉快的原因是什么，客服人员都要第一时间向顾客道歉。

否则，如果客服人员再不适当地示弱，那么顾客的情绪会更加容易被刺激到。这不仅不能解决问题，反而会让矛盾升级，变得一发不可收拾。

【案例剖析】

顾客：客服，你们店真行！

客服：先生您好，客服小林为您服务，不知道有什么可以帮到您的？

顾客：你们店真行，我买了一箱火龙果，结果半箱都烂掉了，这就是你们所谓的"新鲜"水果，你敢吃吗？

客服：能麻烦您给我看一下您的订单吗？

顾客：仔细看看，我可能是P的图。

客服：非常不好意思，这件事的过错主要在我方。因为没有考虑到"双十一"期间快递数量太多，而您的收货地址又稍微有一点偏，所以运送的时间超过了预期。主要来说，还是我们发货的同事保鲜工作做得不够好。在此，我代表本店再次向您道歉，实在很不好意思。

顾客：道歉就能挽回我的损失吗？请你帮我解决实际问题。

客服：实在对不起，我能理解您的心情，小店将承担全部责任，您可以选择让小店退还购物款，或要求小店重新发一次货。您看可以吗？

顾客：看在你这么有诚意的份上，你给我再发一次货吧。

客服：好的。我代店铺谢谢您的谅解，您放心，这次我们发货的同事会做好保鲜工作，不会再出现烂果了。

顾客：快递有问题是一方面，我对事不对人，看你这么有诚意，我选择相信你们店铺一次，你们客服人员的素质挺高的。如果我这次收到的商品没有问题，我以后会再来你们这家店买水果。

客服：感谢您对我们服务的认可，我向您保证，不会出现类似的问题了。

上述为客服人员与顾客沟通的部分内容，在该案例中，客服人员在面对顾客的抱怨时，先是主动承认错误向顾客示弱，让顾客把全部的怒气都发泄出来，并再次道歉，给出解决办法。

因此，顾客在看到客服人员的诚恳态度之后，不仅心情缓和了下来，情绪也变得稳定，并对客服人员的服务态度表示了认可。

【技巧解析】

1. 先承认不足

很多时候，顾客的回应取决于客服人员的态度。所以，客服人员在消除顾客抱怨的过程中一定要端正自己的态度。无论己方有理还是无理，都要先主动道歉。

这一方面是为了让顾客的情绪缓和下来。毕竟，顾客在有消极情绪时，行为会变得不够理智，说出的话难免会比较偏激。另一方面，是为了让沟通更好地进行下去。当顾客抱怨时，客服人员只有主动承认错误，才能让顾客配合自己解决问题。

2. 学会以退为进

当然，对于顾客的抱怨主动承认不足是很有必要的，但仅仅承认不足并不能解决问题，所以，在承认不足时，客服人员应该采取的策略是以退为进，即在道歉时，为自己争取思考的时间，及时寻找解决问题的方案。

7.2.3 引导顾客，找到症结

虽然不排除部分顾客会借题发挥，抱着在购物过程中某些不要紧的细节向客服人员抱怨，但是在绝大部分情况下，顾客之所以会向客服人员抱怨，是因为在购物过程中确实出现了一些问题。

所以，只有在找到问题的症结之后，客服人员才能针对性地解决顾客的问题，消除顾客的抱怨，让其对购物更加满意。

【案例展示】

顾客：你们店，我是真心服了。

客服：先生您好，客服阿紫为您服务，请问有什么可以帮到您的？

顾客：对于你们店我就想呵呵。我的网购经验算是比较丰富了，可是这样的问题还是第一次遇到。

客服：先生，能麻烦您说一下您的问题吗？说不定我能给您一些建议，帮您解决困扰哦。

顾客：就你们店的这款鞋，我估计你也不会有什么有用的建议，毕竟，你也不是设计师。

客服：先生，您是在小店购买了一双鞋对吗？这双鞋是有什么问题呢？是鞋码不对？鞋子的外观和功用没有达到您的预期？还是您在购物的过程中遇到了一些其他不愉快呢？

顾客：我按照平时穿的鞋码，在你们店买了 A 款马丁靴，结果一试才发现大了一截。你告诉我，这让我怎么穿？

客服：通常来说，马丁靴的鞋码要比运动鞋大一些，如果您按平时的鞋码选马丁靴，那么买到的靴子很可能是大了的。不过您也不必过分担心，顾客在小店买的鞋子如果鞋码不对，都是可以重新发货的。您将鞋子寄给我们，小店再给您发一双39码的，您看怎么样？

顾客：原来是这样，看在你们店处理问题还算人性化的面子上，只要你们重发鞋子，穿着合适，我就不给你们差评了。不过有一点，要是鞋码比普通鞋子的鞋码大一些，你们应该在商品详情页里标出来。

客服：嗯嗯，感谢您的建议，我们会改进的，实在不好意思，给您添麻烦了。

上述为客服人员与顾客沟通的部分内容，显然，在该案例中，客服人员要消除顾客的抱怨，找到问题的症结非常关键。

面对这种情况，客服人员阿紫先是从顾客的表达中找到了"鞋子"这个关键词，然后根据个人经验，试探性地提出一些问题，引导顾客把问题说了出来，而客服人员也针对问题提出了解决方案，消除了顾客的抱怨。

【技巧解析】

1. 倾听寻找症结

有的顾客属于急性子，当在购物过程中遇到问题时，他们不吐不快，从沟通开始便会向客服人员吐露大量信息。对于这一类顾客，客服人员需要做的就是通过认真倾听来寻找症结。

2. 引导获得线索

在沟通过程中，部分顾客可能只顾着抱怨，一直没有说到问题的重点，或者不愿意吐露具体的问题。对此，客服人员就需要通过一些引导来获得相关的线索。

比如，可以直接通过多次提问逐步明确顾客遇到的问题，也可以在对顾客的表达内容进行分析的基础上，结合自身经验，判断其可能遇到的问题，并通过试探性的询问进行确认。

7.2.4 积极配合，解决问题

客服人员作为服务提供者，为顾客提供服务，解决顾客的问题可以算得上是一种义务，更何况顾客是因为在店铺购物的过程中出现了问题。所以，无论从哪一方面来考虑，配合顾客解决问题都是在沟通过程中必须要做的一件事。

【案例展示】

顾客：就你们这店还在网上卖东西，这不是在坑顾客吗？

客服：哦，不知道您何出此言呢？

顾客：你看看这是我在你们店买的蜂蜜，两瓶蜂蜜现在只剩下了一瓶半，而快递箱上面却弄得到处都是。

客服：非常不好意思，肯定是小店发货的同事没有仔细检查，导致在运输的过程中出现了撒漏。小兰愿意代表小店，全力配合您解决这个问题。

顾客：哦，你认为应该怎么解决呢？

客服：这件事的责任全在小店，小店愿意通过退款或者重新发货的方式弥补您的损失。不知道您有什么想法？

顾客：嗯，那你们帮我再发一瓶过来吧。

客服：好的，小店马上给您重新发一瓶过去，并赠送一个精致木勺，作为给您的补偿，也希望您能原谅小店的过失。

顾客：这次看在你们服务还行的份上我就不追究了，希望不要再出现类似情况了。

上述为客服人员与顾客沟通的部分内容，在该案例中，顾客因商品在运输的过程中出现了损坏而满是抱怨。

面对这种情况，客服人员在了解了情况之后，主动承担责任，并且做到了积极配合顾客解决问题。而顾客在看到客服人员诚恳的态度之后，情绪得到了缓和，便不再追究店家的失误。

【技巧解析】

1. 积极地回应

顾客在购物过程中遇到问题时，客服人员有义务配合解决。那么，客服人员如何体现出对顾客的配合呢？其中一种方法就是在沟通过程中向顾客表示积极的态度，让顾客觉得客服人员是勇于承担责任的人，并且是愿意帮助顾客解决问题的。

2. 了解顾客想法

当顾客对购物过程中出现的问题向客服人员抱怨时，客服人员需要了解问题并解决问题，但是，客服人员需要先了解顾客的想法，再采取相应的解决措施。所以，为了增加顾客的满意度，客服人员需要适时倾听顾客的意见，了解其想法，然后结合实际情况，采取相对合适的解决方案。

7.3 多种方法，消除抱怨

处理事情是需要技巧的，如果掌握了技巧，那么不但能提高办事的效率，更能取得相对较好的效果。消除顾客的抱怨也是如此，客服人员掌握了技巧，不但可以平息顾客的怨气，还能让顾客对客服人员产生好感。

7.3.1 征询意见，体现尊重

客服人员在沟通过程中需要尽可能地提高顾客满意度，而要让顾客满意就必须听取顾客的建议，所以，客服人员在沟通过程中应适时征求顾客的意见。

与客服人员自行解决问题不同，在沟通过程中征求顾客的意见可以让顾客的声音得以表达，而且顾客能因此获得应有的尊重。这无论是对了解顾客的诉求，还是增加顾客的满意度都是有所裨益的。

【案例展示】

案例 1

顾客：客服在吗？

客服：在的，不知道您有什么差遣？

顾客：你们这手环一点也不人性化啊！

客服：哦，不知您买的是哪款手环呢？

顾客：就是 A 款啊。这款手环连屏幕都没有，就连相关的数据都要在手机的 App 上看，这样真不方便。

客服：哦，是这样的，您买的是第一代商品，它的相关功能还不是很完善。如果您买第二代商品就可以在手环上直接查看相关数据了。您看这样好不好，如果您买第二代商品，我给您打九折。

顾客：你的意思是要我再买一个商品？我就问你如果我直接买一个二代，现在这个怎么办？

客服：您可以两个一起用，或者把一代送给别人啊！

顾客：我就呵呵了，你这客服完全不能解决我的问题，我看再沟通也不会有结果，直接给个差评好了。

案例 2

顾客：客服在不在？

客服：先生，您好，客服阿朱任您差遣。

顾客：你这客服倒是蛮有意思的，要是你们店的商品也能像你的服务一样，那就好了。

客服：阿朱为小店的商品未能达到您的预期道歉，就是不知道小店的商品哪些地方让您不满意呢？

顾客：我在你们店买了 A 款手环，结果发现它没有屏幕，就连查看步数都要看手机，这样太不方便了。

客服：非常不好意思，您买的是第一代商品，商品本身是没有屏幕的。如果您需要有屏幕的产品，可以看看第二代商品。就是不知道这件事怎么处理，才能让您更满意呢？

顾客：那我能不能换货呢？

客服：小店的商品都是 7 日内在保证商品完好的前提下，可以退换的。只是不知道您想怎样退换呢？

顾客：你看这样好不好，我补中间的差价，你帮我换一个 2 代的商品。这样我的问题解决了，对你们也不会有太大的损失。

客服：您这个方案不错，就听您的。

顾客：没想到你们这么好说话，以你这么好的服务态度，我不给个好评恐怕都说不过去了，哈哈！

……

上述为客服人员与顾客沟通的两个案例，在案例 1 中，客服人员意识到了问题，并在试图找方法解决问题，但是，客服人员在不了解顾客意愿的情况下，便提出了问题的解决方案。

案例 2 中的客服人员则是在得知问题之后，尽可能多地就如何解决问题征求顾客的意见，在沟通过程中为顾客营造了良好的沟通氛围，所以，顾客对处理问题的结果自然比较满意。

【技巧解析】

1. 多征求顾客意见

在消除顾客抱怨的过程中，要让顾客满意并不是一件容易的事。那么，如何才能在解决问题的同时，让顾客对处理感到满意呢？其中一种简单、有效的方法就是在沟通的过程中多询问顾客的意见。这样一来，客服人员便能通过顾客的表达找到其偏好，并在此基础上制定更适合的解决方案。

2. 询问顾客解决方案

很多顾客向客服人员抱怨，是希望让问题得到解决。其落脚点还是让问题得到更好的解决。那么，如何才能让问题的解决方案尽可能地达到顾客的标准呢？其中一种方法就是让顾客的意愿得到表达，就解决方案征求顾客的意见。

7.3.2 多种方案，提供选择

面对抱怨的顾客，客服人员在沟通过程中需要讲究一定的技巧。既要让顾客看到客服人员的态度，又要为顾客提供合适的解决方案。为此，客服人员不妨多提供几个解决方案，让顾客自行选择。

【案例展示】

顾客：你们是在逗我吗？

客服：先生，您有什么事吗？

顾客：看看你们给我发的鞋子（顾客随后发了一张照片）。

客服：嗯，您能说一下有什么问题吗？

顾客：哦，忘记发订单了。你看我在订单上明明写的是黑色鞋子，而你们给我发了一双白色的（顾客发了一张此次订单的截图）。我最不喜欢白色的鞋子，太容易脏了，而且清理起来特别麻烦，这才特意选了一双黑色的。你别告诉我这是我眼神有问题。

客服：不好意思，可能是我们发货的同事没看清，给您发错货了。小马代表小店向您道歉，这件事情小店会承担全部责任。

顾客：别只是嘴上说说好吗？到底应该怎么解决啊？你是不是应该给我一个说

法呢？

客服：您看这样好不好？小马这里有几个方案，您可以从中间选择一个。小店的鞋子都是 6 天内包退换的，小店可以给您换一双黑色的，并赠送一双袜子表达歉意。如果您不想麻烦，您可以将就着，等您下次光顾小店时，小店将给予您 8 折优惠。当然，您也可以直接申请退款。无论您选择哪种方案，小店都会在第一时间帮您处理，您觉得怎么样？

顾客：这款鞋子我还是比较喜欢的，只要你们承诺给我换一双黑色的就好了，至于送不送袜子无所谓。你们这售后处理还算是比较人性化的，我都不好意思给差评了。

客服：给您做一些补偿是应该的，同时感谢您的支持和理解。

顾客：你也先别开心得太早，如果你们再出现这种发错货的情况，我还是会给差评的。

上述为客服人员与顾客沟通的部分内容，从中不难看出，因为发错了货，所以顾客一开始明显很生气，语言表达中还带有质问的意味。然而，当客服人员为其提供多种解决方案时，该顾客的态度明显地缓和了不少。

【技巧解析】

1. 直面顾客的抱怨

顾客向客服人员抱怨就是因为在购物过程中出现了一些问题，虽然这个问题不一定是由店铺直接造成的，但是客服人员需要就此事表明态度。对此，客服人员需要直面问题，承认己方的不足，并积极为顾客寻找解决方案。在此过程中，直面问题既是解决问题的前提，也是增加顾客满意度、提高客服人员工作效率的必要步骤。

2. 提供多种解决方案

找到问题之后，接下来需要做的就是解决问题。前面已经提到了，解决某一问题的方法可能是多种多样的，而客服人员需要做的就是多给顾客一些选择，让其选择相对适合的解决方案。谁都有趋利避害的心理，顾客自然也不例外。如果客服人员为其提供了选择，顾客就可以选择自认为更好的方案。

7.3.3 给予补偿，作出保证

由于在购物过程中曾经出现了一些不愉快，所以，有时候即使客服人员为顾客提供了解决方案，顾客也会因之前的遭遇而对客服人员的话语抱有怀疑态度，认为客服人员未必能说到做到。

因此，为了取信于顾客，也为了更有效率地解决问题，客服人员在与抱怨型顾客沟通的过程中应该适当地作出保证。

【案例展示】

顾客：你们店是在搞什么鬼啊？

客服：先生，怎么了？

顾客：我就呵呵了，看看你们这是怎么发的货？我在你们店买了黑色的外套和白色的T恤，你们给我发的货是白色的外套和黑色的T恤。别告诉我只要颜色是一黑一白就可以了。

客服：不好意思，可能是小店发货的同事太过粗心，给您发错了货。对于此事，小莫再次向您致歉。

顾客：那你说怎么解决呢？

客服：您看这样好吗？小店按照您的要求重新给您发货，然后赠送一条皮带作为补偿。

顾客：是否补偿我倒是无所谓，只是请告诉我，我还能相信你们不会再犯同样的错误吗？

客服：您放心，小莫保证再也不会出现同样的问题了。如果还给您发错货，小店将双倍返还您的购物款项。

顾客：好吧，我就相信你一次。如果真的像你说的，能帮我换到满意的货，我可以考虑给好评。

客服：感谢您的支持和理解，请相信小莫，小店绝不会再让您失望的，祝您购物愉快！

上述为某客服人员与顾客沟通的部分内容，从中不难看出，因为发错了货，所以顾客非常生气，在得知情况后，客服人员承认了错误并承诺作出补偿。

即便如此，顾客对店铺是否会犯同样的错误仍抱有怀疑态度，而为了让顾客放心，客服人员作出了再犯错双倍返还购物款的保证。在看到客服人员的保证之后，顾客的态度出现了明显的转变。

【技巧解析】

1. 给出补偿

虽然顾客向客服人员抱怨，很可能只是要解决问题，并不一定是要店铺就相关问题作出补偿，但如果客服人员承诺给出一些补偿，顾客是不会拒绝的。

当客服人员承诺作出补偿时，顾客因之前购物出现问题而产生的怨气也能得到有效的消除。另外，因为对购物有怨气，所以，有时候即便问题解决了，部分顾客也会给差评，但是，"拿人家的手短"，如果客服人员给出补偿，那么顾客也就不好意思再给差评了。

2. 承诺不再犯

除了承诺给补偿，客服人员往往还需要保证不会再犯同样的错误，尤其是在顾客表示还有购物意愿的情况下。

比如，当顾客遇到发错货的情况时，客服人员能对此事作出补偿，顾客自然是乐于见到的，但顾客更在意的可能是会不会再次发错货。所以，在这种情况下，保证不再犯同样的错误，可能比承诺给补偿更重要。

7.3.4　顺应顾客，忍受情绪

在沟通过程中，顾客在抱怨时很可能会将怒气发泄在客服人员身上。对此，客服人员需要做的就是尽可能地顺应顾客，要相信只要服务态度足够好，顾客的怒气就会消除。相反，如果与顾客对着干，不但不能解决问题，还会让事情变得更加糟糕。

【案例展示】

顾客：客服，你觉得对于你们的商品质量不该给我一个解释吗？

客服：亲，不知您遇到了什么问题呢？

顾客：我真是墙倒了都不扶，就服你们这商品质量。一双跑步鞋我才穿了不到半个月，关键是还没穿着跑几次步，可即便如此，却有一只鞋子的鞋底出现大面积的脱胶，整个底都要掉了。你说你们这鞋子的质量让不让人服气？

客服：非常抱歉，小店的商品给您带来了困扰。因为这款鞋子的鞋底分为两层，而这两层之间是直接用胶水粘合的，所以，如果没有粘合好，就比较容易出现脱胶的问题。但是，小店的商品都是正品，像您这种情况还是很少的。您也不用过分担心，该款商品还在保修期内，您可享受免费的维修。

顾客：也就是说，我之所以会碰到这种事是因为运气太差啰？我也知道商品可以免费维修，但什么东西都是原装的好，维修势必会让鞋子出现一些变化，而且送去保修不仅要等待一段时间才能拿到鞋子，更关键的一点是，我还得承担运费。这件事又不是我的责任，我凭什么要承担责任？

客服：您可以放心，鞋子的维修是非常精细的，所以，即便进行了维修，外观上还是和您刚收到时一样的。关于运费问题，因为这是商品的质量出现了明显的问题，所以小店愿意承担运费，就当是给您的一点补偿。

顾客：难道商品出了问题商家承担运费不是应该的吗？你们这也叫给我补偿吗？

客服：您说得有道理，但是，大部分商家在这种情况下是不会承担运费的。另外，为了让您看到小店的诚意，小店将赠送一双袜子，也希望您可以看在小店这么有诚意的份上，不要给小店差评。

顾客：说实话鞋子出现这样的质量问题我是很不高兴的，甚至有过投诉的想法。但是，细想起来，主要问题也不在你们店铺，而且你的服务态度也挺不错的。你放心吧，我不是不讲道理的人，只要你做到了你所承诺的，我不会给差评的。

上述为某客服人员与顾客沟通的部分内容，在该案例中，顾客购买的商品在使用一段时间之后出现了问题，所以，顾客在与客服人员沟通时一直向客服人员宣泄自己愤怒的情绪。面对这种情况，客服人员选择的沟通策略是尽可能地顺应顾客。

对于顾客提出的一些相对合理的要求，客服人员也都尽量答应，所以，顾客的态度出现了一些变化，觉得客服人员的服务态度不错。

【技巧解析】

1. 忍受顾客的小情绪

顺应顾客首先要做到忍受顾客的小情绪。在购物过程中出现问题时，部分脾气不太好的顾客可能会有一些小情绪，如埋怨、愤怒等，而在这些小情绪的影响下，顾客可能会说出一些不好听的话，对此，客服人员需要多一份谅解，而不能与顾客争论，否则，很可能会导致顾客产生不满的情绪。

2. 答应顾客的合理要求

在购物过程中出现问题时，顾客会习惯性地认为责任在店铺，所以，在沟通过程中顾客可能会向客服人员抱怨或者提出一些要求。对此，客服人员需要明白的是，沟通的主要目的是消除顾客的抱怨，而要做到这一点，付出一些代价是少不了的。所以，如果顾客的要求还算合理，那么只需顺应顾客，答应其要求即可。

7.3.5 口头表扬，给予奖励

适当地给予奖励是调整顾客情绪、促进问题解决的一种有效手段。当顾客抱怨时，客服人员如果能以谦逊与感恩的心情接待顾客，并以其抱怨对店铺工作的改善有益为理由，给予顾客一些奖励，那么顾客的心情会慢慢有所转变。

【案例展示】

顾客：对于你们店的衣服我简直呵呵了。

客服：先生，您好，客服小艾为您服务。听您说到小店的衣服，不知道是不是有什么问题呢？

顾客：你们这衣服的做工可不是一般的粗糙，我都看到好几个没有处理好的线头了。给你几张图，你自己看看吧！

客服：先生，您真是火眼金睛、观察入微，这是这款商品最大的不足，却被您一眼就发现了。小艾感谢您选择小店的商品，并在第一时间将商品的相关信息告知，遇到您这种顾客真是小店的幸运。

顾客：行了，别整那些没用的了。你们这衣服就几十块钱，重新发货没必要，也太麻烦，你就说说这事怎么办吧。

客服：先生，您看这样好不好。劳烦您亲自动手，将没处理好的线头去掉，让这件衣服更加完美。当然，对于您的付出，小店会适当地给您一些奖励。从今天开始，您在本店购买商品，我们会通过小额打款给您返现，以后只要在小店购物便可享受九五折优惠，您觉得这样处理怎么样？

顾客：你这客服的态度还蛮不错的，向你们抱怨，竟然还给我奖励，而且就像你说的，这件衣服除了线头没处理好，并没有其他问题。我本来是要发泄一下给个差评，但你的服务水平让我觉得不给好评都有些不仁义了。

……

上述为某客服人员与顾客沟通的部分内容，在该案例中，顾客由于商品的细节做得不够好，在沟通中向顾客抱怨。对此，客服人员为了让顾客得到心理上的平衡，先是进行了口头表扬，随后给出了物质奖励，表示该顾客以后在店铺购买产品可以得到返现。此举让顾客的抱怨基本消除，并对店铺的好感大增。

【技巧解析】

1. 口头表扬

口头表扬是客服人员在沟通过程中给顾客奖励的一种形式。与物质奖励不同，口头表扬大多只是对顾客的表达进行肯定和赞扬，顾客可能不会因此得到物质上的支持。即便如此，顾客对口头上的表扬通常还是比较受用的。

2. 物质奖励

对于理性型顾客，口头表扬虽然受用，但是不切实际的奖励给得再多，也总感觉少了点什么。所以，对部分顾客来说，口头表扬并不受用，客服人员就需要通过物质奖励来打动顾客，哪怕只是几块钱的补偿或者一个小赠品，都会带来意想不到的效果。

7.3.6 借力上级，解决问题

虽然通过沟通帮顾客解决问题是客服人员的职责所在，客服人员应该尽可能地通过自身努力，来消除顾客的抱怨与投诉，但是客服人员的力量毕竟是有限的，在遇到突发情况时，客服人员就需要通过其他方式来解决问题，比如，借力上级。

【案例展示】

顾客：你们店卖的是什么东西？就这么糊弄顾客吗？

客服：先生，您好，客服小吕为您服务。不知道您遇到了什么问题呢？能麻烦您说一下吗？

顾客：不想跟你废话，把你们店主叫过来。

客服：店主现在在忙别的事，您有什么问题可以先和小吕说一下，说不定小吕可以给您一些建议哦。

顾客：你难道听不懂吗？我要直接和你们店主讲。

客服：好的，先生，您稍等，我马上请店主过来和您沟通。

（客服人员向店主说明情况，并做好了工作的交接）

店主：您好，我是×××店的店主，不知道有没有什么可以帮到您的？

……

上述为客服人员与顾客沟通的部分内容，在该案例中，顾客对客服人员是持排斥态度的，甚至不愿意向客服人员说明出了什么问题。在这种情况下，客服人员如果试图再与顾客沟通，就很可能会让顾客反感。所以，客服人员借力于店主的做法虽然有些无奈，但却是正确的。

【技巧解析】

1. 顾客执意找上级

如果在沟通的过程中，顾客执意要找上级，客服人员就需要考虑是否需要借力上级了。当顾客要找客服人员的上级时，客服人员作为一位服务的提供者，是需要顾及顾客的意愿的。除此之外，当顾客尚处于抱怨的状态时，如果其要求得不到满足，就很可能会让事情变得更加难以收拾。

2. 自身解决不了问题

在拼多多店铺中，客服人员只是一名员工这样的小角色，所以，客服人员能行使的权利是比较有限的，但是，顾客并不会考虑客服人员到底有哪些职权，而只是希望事情能以自己预期的方式解决。

因此，顾客很可能会在沟通过程中提出一些客服人员自身不能解决的问题。在这种情况下，客服人员就需要及时向上级反映，并通过与上级的沟通，找到一个可行的解决方案。

第 **8** 章
面对还价，
合理拒绝

学前提示

　　大部分顾客都希望自己能以更低的价格购买相应的商品，所以，顾客在购买商品的过程中会习惯性地与客服人员讨价还价。

　　面对讲价的顾客，客服人员要在维护店铺利益的同时，又要兼顾顾客低价的心理，对此，最为关键的就是要找到合理的不让价的理由。

要点展示

　　➢ 9 种理由，拒绝让价

　　➢ 结合场景，拒绝让价

8.1 9种理由，拒绝让价

虽然商品已经标明了价格，但是，仍有部分顾客在网购时试图与客服人员还价。这更像是顾客的一种习惯，因为在顾客看来，如果以商品的标价成交，店铺的利润空间相对较大，就意味着自己要支付远高于商品价值的金额。

对拼多多店铺来说，店铺的盈利主要以薄利多销为主，所以，客服人员要以维护好店铺的利益为主，拒绝顾客讨价还价。本节将对9种拒绝让价的理由进行简单分析，希望能给客服人员提供借鉴。

8.1.1 强调优惠，比较价格

在购物时讲价，似乎已经成为顾客的一种习惯，所以，客服人员在与顾客沟通的过程中，需要重点向顾客传达一个信号，那就是商品价格已经是优惠价了。利用这样的方法，客服人员可以让顾客知道，该价格已经是最低价格，那么，就可以有效地避免顾客讨价还价。

【案例展示】

顾客：你推荐的这款大衣哪里都好，我个人也非常喜欢这个款式，就是有一样我还不太满意。

客服：不知道是什么令您不够满意呢？

顾客：就是这个价格还有点贵啊！

客服：嗯，确实，与一般的大衣相比，这款大衣的价格是略高一点。但是，您得知道这是今年的新款，它的材质和设计都远超一般的大衣。这款大衣刚出来时，价格达到了899元，小店现在是在搞活动，所以，以7折出售，售后价仅为629元。纵观其他店铺该款大衣的价格，大多在700元～800元。因此，可以说，小店的这个价格已经是非常优惠的了。

客服：哦，原来是这样啊！你们店这款大衣的价格确实比较优惠，那我就买一件吧。

......

上述为某客服人员与顾客沟通的部分内容，在该案例中，顾客虽然有购买欲，但是因为商品在同类商品中的价格偏高，所以，顾客试图通过与客服人员沟通让商品便宜一点。

对于这种情况，该客服人员先是将商品当前价格与最初价格进行比较，再将店铺当前价格与其他店铺的价格进行对比，很好地突出了商品的价格优势。而顾客也意识到商品确实是比较优惠的，便基于这一点作出了下单决定。

【技巧解析】

1. 与过往价格比较

大多数商品的价格会随着时间的变化而出现一些变化，通常来说，商品在刚面世时价格是比较高的，但是，慢慢地，在一部分人购买了该商品之后，市场对该商品的需求减少，商品的价格会随之下降。

所以，商品销售一段时间之后，价格可能会出现明显的下降，如果此时客服人员能够将两种价格告知顾客，顾客就能比较直观地把握商品的降价幅度，甚至会认为商品价格确实已经是比较优惠的了。

2. 与市场价格比较

顾客在购物时大多有货比三家的习惯，因为在网购时无法直观地查看商品，所以，部分顾客会将关注的重点放在价格上。同样的商品，哪个店铺的价格越低，就越容易得到顾客的关注。

针对这一点，客服人员在与顾客沟通的过程中，可以将店铺内商品的价格与市场的普遍价格做比较。如果店铺内商品的价格明显低于市场均价，那么顾客自然就会相信店铺内的商品已经是优惠价，从而打消讨价还价的念头。

8.1.2 展现价值，突出优势

顾客之所以会在沟通过程中讨价还价，除了这是一种习惯，还有可能是因为顾客觉得商品的报价超过了它的价值。

因此，如果客服人员能够在沟通的过程中向顾客证明商品对得起它的标价，顾客自然就不会再想着讨价还价了。

【案例展示】

顾客：我个人平时喜欢打篮球，这次想买一双篮球鞋，你们店的 A 款球鞋看着还挺不错的。

客服：您眼光真好，这是小店销得比较好的篮球鞋之一。很多年轻人都觉得这是篮球爱好者必备的战靴之一哦！

顾客：好是好，就是价格有一点贵啊！不知道能不能便宜一点，如果打个折，哪怕是九折我也买了。

客服：不知道您是不是篮球迷，如果您经常看 NBA 就会知道这款鞋子是×××篮球明星在今年的赛场中穿过的战靴，它又是国际品牌旗下的商品，再加上设计上兼顾了美观和舒适，所以，一分钱一分货，这款篮球鞋以这个价位出售绝对是物有所值的。

顾客：我也知道它对得起这个价格，可是怎奈近来囊中羞涩，不知道能否再稍微便宜一点呢？

客服：这个价格比起刚上市时已经降低了 200 多元，即使与市面上的其他店铺相比，也便宜了差不多 100 元。所以，您以这个价格购入绝对是比较划得来的，而且这是活动价，两天之后活动结束了，价格又会上涨几十元。如果您喜欢这款篮球鞋，那么现在真的是不错的出手时机哦！

顾客：哦，那好吧，虽然价格有点高，但是咬咬牙也要买一双，谁让我这么喜欢它呢？

客服：感谢您对小店的支持，相信这款篮球鞋一定不会让您失望的！

······

上述某客服人员与顾客沟通的部分内容，在该案例中，顾客试图与客服人员讲价，而客服人员不仅坚守了价格阵地，还成功地引导顾客购买了该商品。在此过程中，客服人员让顾客意识到商品物有所值可谓起到了至关重要的作用。

【技巧解析】

1. 展现商品价值

虽然商品的价格受到供求关系的影响，但是对商品价格起决定作用的还是它的价值。所以，如果客服人员在与顾客的沟通过程中能够充分展现商品的价值，比如一件衣服，客服人员可以在品牌、原料和设计等方面多加渲染，顾客便会觉得商品物有所值，那么此时讨价还价就变得没有必要了。

2. 突出价格优势

很多时候，顾客即使觉得商品是有一定价值的，或者说至少感觉已经是比较优惠的价格了，也希望商品的价格能更便宜些。对于这种情况，客服人员就有必要在与顾客沟通的过程中突出价格优势，让顾客觉得此时买是比较划得来的。

8.1.3 销售火爆，库存有限

一件商品的价格虽然是由它的价值决定的，但是也会受到供求关系的影响，如果某商品数量有限，那么顾客可能会觉得再贵一点也能接受。

因此，当顾客想要讲价时，客服人员可以向顾客暗示商品很抢手，如果不及时出手，很可能会买不到。这样一来，顾客想的可能是如何抢到货，而价格上稍高于预期也就显得不那么重要了。

【案例展示】

顾客：你们店的 A 款男士包看上去很不错啊！

客服：您眼光真好，这款包包既可以手提，也可以单肩斜挎。真皮的面料看上去高端、大气、上档次。另外，它的容量大，14 英寸的电脑都可以放下，而且磁扣防盗设计能起到很好的保护作用。可以说，无论是上班族，还是学生，这款男士包用着都比较适合哦！

顾客：确实不错，我个人也很喜欢，但是，近 800 元的价格还是有点高啊！不知道能不能便宜一点呢？比如打个九折。

客服：嗯，它确实比一般的男士包要稍贵一些，但是它的面料也要好于一般的男士包，而且 B 品牌是专门做包的，商品的质量相对更可靠一些。这款男士包小店卖得很好，光这个月就售出了 500 多件，相信它绝对是对得起这个价格的。

顾客：真的不能便宜一点吗？打九五折可以吗？

客服：真的不好意思，这款商品是不能讲价的。这款男士包真的是物超所值，您买回去绝对不亏的。要不然这款包包的好评率也不可能达到 98%。另外，这款包包小店只有 5 件的库存了，下一批货估计要 1 个月之后才会到，所以，如果您真的喜欢，可能得抓紧时间了。

客服：唉，只要能买到自己喜欢的东西，稍微贵一点也无所谓了，那我就拍一件吧！

……

上述为某客服人员与顾客沟通的部分内容，从中不难看出，顾客因为商品价格比预期要稍高一些，所以想跟客服人员讲价。

刚开始顾客希望能打九折，而客服人员告知商品销售火爆之后，顾客放低了要求，将预期折扣调整至九五折。但是，在从客服人员处得知库存数量之后，该顾客放弃了讲价，直接表示了购买诉求。

【技巧解析】

1. 销售火爆

一款商品的销售量能从一定程度上说明它的供求关系。当商品销售火爆时，证明市场对该商品的需求量大，即使部分顾客不买，店铺也不愁卖。

所以，如果客服人员在与顾客沟通的过程中，让顾客觉得商品销售火爆，那么一方面，顾客会觉得没有了讨价还价的筹码，另一方面，也能从侧面反映出顾客眼光好。在这两方面的影响下，顾客很自然地就没有了讲价的想法。

2. 库存有限

对于销量火爆、库存比较有限的商品，如果不抓紧时间就可能买不到。当商品的库存有限时，客服人员可以借此给顾客一些压力，让顾客快速完成下单。

所以，客服人员可以将库存的具体数值告知顾客，让顾客在了解库存的同时，清楚地知道商品是很抢手的，如果不马上下单，很可能就要等下一批货了。在这种情况下，绝大部分顾客想的是如何才能抢到货，也就没有心思再和客服人员讲价了。

8.1.4　多买商品，可以优惠

拼多多平台之所以可以吸引大量顾客，就是因为该平台上商品的价格相对较低。但是，商品价格再低，也不能低于成本价，所以，面对讲价的顾客，客服人员一定要守住店铺的底线。

当客服人员面对态度强硬的顾客来讲价时，可以通过多买才有优惠来委婉地拒绝让价。多买才有优惠的拒绝让价理由可以起到两方面的作用。首先，因为优惠有数量上的要求，而大部分顾客可能只有购买一件商品的需求，所以，这便能很好地起到拒绝让价的作用。

其次，在顾客看来，如果店铺中某商品的利润空间很大，那么为了获得更多订单，客服人员肯定会适度给出优惠，而多买才有优惠则证明店铺中某商品的价格可能已经没有降低的余地了，在这种情况下，顾客自然便会打消讲价的念头。

【案例展示】

顾客：我想买一本手机旅行摄影类的书籍，你能帮我推荐一下吗？

客服：旅行摄影类书籍的话，这本《手机旅行摄影》还不错。它包含风光、人文、夜景、人物、美食等专题，除此之外，对于拍摄技法和后期修图 App 也进行了详细的解读。作为一本实战型摄影书籍，书中的技巧一学就会，助您轻松拍出大片的感觉。这是链接，您可以看一下。

顾客：嗯，这本书确实不错，我个人也比较喜欢，就是不知道能不能稍微便宜一点呢？

客服：不好意思，小店薄利多销，像这种书本身就有一些含金量，进价也比较高，如果单买再让价，可能就要亏本了。当然，如果您一次多买几件还是可以获得一些优惠的。

顾客：哦，那要买多少才有优惠，又有多少优惠呢？

客服：小店目前有两个活动，一是满减，单次购物满 105 元可减去 6 元。所以，如果您一次买 4 本就可以获得满减优惠；二是多买打折，单次购买某款书 5 本及以上，可享受九五折优惠。所以，如果您一次买 5 本就可以获得该项优惠。

顾客：啊，要买这么多才有优惠，我哪里需要那么多呢？你们这优惠力度实在太小了吧？

客服：小店也想让利于顾客，但实在是利太薄，如果让利太多，就真的要亏本了，还请您多一份谅解。

顾客：好吧，看样子真如你所说，你们店是薄利多销，我确实比较喜欢这本书，我就买一本好了。

······

上述为某客服人员与顾客沟通的部分内容，在该案例中，顾客虽然喜欢这本书，但是受讲价还价习惯的影响，还是希望客服人员能够给出一些优惠。

对于顾客试探性地讲价，客服人员先以薄利多销，单买不让价为由拒绝了顾客的请求，并且表示多买可以给出优惠。在这种情况下，顾客便会接受客服人员所说的是在进行薄利多销，而既然是薄利多销，那么价格上的"水分"就比较少了，而顾客也就没有必要再费力讲价了。

【技巧解析】

1. 单买不能讲价

在沟通中，客服人员要事先向讲价的顾客说明单买不能讲价，如果不说明白，那么顾客可能觉得还有商量的余地，从而对客服人员死缠烂打，这只会浪费双方的时间，也有可能影响顾客购物的心情。

当然，为了让态度不至于太过强硬，客服人员在表明单买不能讲价的同时，最好还是给出一些可以接受的理由。比如，可以以商品利薄为切入点，向顾客传达再便宜一点就要亏本的信号，这样顾客通常会表示理解。

2. 给出具体数量

既然单买不能讲价，那么要买多少才能有优惠呢？客服人员在将多买才有优惠作为单买不让价的理由时，心理需要有一个答案。这样一来，当顾客询问时，客服人员便能快速且自然地给出具体数量，而不至于显得慌乱。

另外，如果顾客单次购买商品的数量达到了客服人员给出的数值，客服人员就要给予其承诺的优惠。所以，如果客服人员仅仅是拒绝让价，实在不想给出优惠，就可以通过适当提高优惠门槛的方法，让顾客知难而退，放弃讲价。

8.1.5 价格统一，无法更改

归根结底，顾客选择在与客服人员的沟通过程中讲价，不外乎两个原因，一个是认为商品的价格偏高，另一个是觉得客服人员对于商品的价格有决定权。因此，如果客服人员明确告知顾客自己对商品的价格是没有决定权的，那么顾客自然不会与客服人员多讨论价格了。

【案例展示】

案例1

顾客：你们店的 A 款平衡车好酷炫啊！

客服：您眼光真好，这是小店卖得比较好的一款平衡车。这款平衡车不仅外形美观，而且带跑马灯和蓝牙音乐哦。

顾客：嗯，真不错，就是这将近 800 元的价格有点高啊！不知道能不能稍微便宜那么一毛两毛呢？

客服：这是绝对不行的，这款商品是由公司统一定价的。像我们这种客服人员别说一毛两毛，就是一分两分也不行！这个问题你跟我说也没用，价格就是这样了，您自己看看要不要买吧。

顾客：呵呵，那我就不在这里跟你浪费时间了。

……

案例 2

顾客：我想买一辆你们店的 A 款平衡车。

客服：您眼光真辣，这是小店热卖的款式之一。它不仅造型酷炫，还配有跑马灯和蓝牙音乐哦。如果您晚上用它代步，一定可以吸引大量目光哦。

顾客：这款平衡车的款式我倒是觉得没什么好挑剔的，就是这 799 元的价格有一点高啊！近来囊中羞涩，不知道能不能稍微便宜那么一点点，就是一毛两毛也好啊！

客服：您的想法可以理解，其实小马也想给您一个相对优惠的价格，但是，这款商品的价格是由公司统一规定的。作为一名客服，小马就连便宜一分两分的权利也没有，说出来也是满肚子心酸。所以，这件事小马只能说是有心无力了，还请您能多一分谅解。

顾客：原来是这样啊，这也怪不得你。好了，我就拍一辆吧！

……

上述为客服人员与顾客沟通的两个案例，虽然在这两个案例中，客服人员面对的情况大致相同，但由于客服人员拒绝的方式不同，最终造成了完全不同的结果。

具体来说，案例 1 中的客服人员在表达时过于强硬，本来讲价无果，顾客心中就有不悦，而客服人员的表达又相当于火上浇油。

案例 2 中的客服人员则处理得更好一些。该客服人员虽然也是传达价格由公司规定，自己无能为力，但是其表达的方式更容易让顾客接受。顾客因客服人员比较"可怜"而产生了同情心，便不忍再讨价还价了。

【技巧解析】

1. 公司规定

商品价格的决定权在谁手中，顾客讲价的对象就应该是谁。客服人员如果将商品价格的决定权抛给公司，那么顾客便知道客服人员对这件事情是无能为力的。如果给商品定价的只是某个人，那么顾客会觉得还有讲价的可能性，但是，公司作为一个整体，暂且不说会不会给顾客让价，单说顾客在得知这一信息之后，多半也不会有与公司去讲价的想法。

因此，将商品价格的决定权抛给公司，虽然有"甩锅"之嫌，但很显然是一个应对顾客讲价行之有效的方法。

2. 表示无奈

当客服人员告知价格是由公司规定之后，就意味着顾客讲价的幻想破灭了。在这种情况下，为自己谋求利益眼看无望，无论谁都高兴不起来。

此时，客服人员可以向顾客表示自己也希望能让价，但是因为公司有规定，自己也是无能为力的。所以，即使顾客对不能讲价这件事有所芥蒂，也不至于过分迁怒客服人员。

8.1.6 强调公平，委婉拒绝

因为在网购时所有顾客都能看到商品的标价，所以，最终的商品成交价是否与标价一致便涉及每个顾客间购买商品的公平与否的问题。如果客服人员给某位顾客优惠，那么对其他顾客来说，显然是不公平的。

因此，当顾客试图讲价时，客服人员可以以公平对待每位顾客为理由，拒绝让价要求。这是从顾客的角度出发看问题的一种方式，所以，在顾客看来也更具说服力。

【案例展示】

顾客：我是一名摄影爱好者，趁着现在手上有些钱，想买一台单反相机。正好看到你们店的 A 款单反，觉得挺不错的。

客服：您眼光真好，这是小店比较高端的一款单反相机。因为它的有效像素可达 2 420 万，而且连拍速度可达 7 张／秒，再加上高性能自动对焦，操作起来比较方便。所以，很多摄影爱好者都钟情这款单反。

顾客：嗯，对于我这种摄影发烧友来说，这确实是必备的单品之一。但是，这8 899元的价格还是有点高啊！不知道能不能稍微便宜一点，8800元我就买了。

客服：真的不好意思，为了公平对待每位顾客，小店的商品都是不能讲价的。如果给您优惠，就会造成商品价格的不一致，这对于那些以标价购买商品的顾客来说是不公平的。您说是不是这个道理呢？

顾客：道理是这个道理，但是，你给我优惠我不说出去就好了，这样别人也就不知道价格不同了。

客服：话虽如此，但这种做法实际上只是掩耳盗铃，如果您是客服，您知道让价会对部分顾客不公平，您还会让价吗？而且，如果小周给您的价格是8 800元，明天又有一位顾客买这款商品，小周以8 700元的价格卖给他，您觉得这样对您来说公平吗？所以，小店不让价是为了公平对待每一位顾客，还请您多一分理解。

顾客：嗯，你说得有道理，如果我是以8 800元的价格买的，别人是以8 700元的价格买的，那么我肯定会觉得不公平。就冲你公平对待顾客的态度，我决定拍一单！

客服：虽然小店的商品不能给您优惠，但商品的质量是绝对过硬的。您可以放心购物。

顾客：虽然没有给我优惠，但是你的服务态度也是值得我点赞的。

客服：感谢您的支持，祝您购物愉快。如果在购物过程中出现问题，欢迎您随时联系小周哦。

……

上述为某客服人员与顾客沟通的部分内容，在该案例中，顾客觉得价格偏高，并试图与客服人员讲价，而客服人员则以让价对其他顾客不公平为由，很好地拒绝了顾客的让价要求。

具体来说，客服人员先是告知顾客店铺为了公平对待每一位顾客，所有的商品都是不讲价的，但是，顾客却对此不买账。针对这一情况，客服人员为顾客营造了不被公平对待的情景，给了顾客想象的空间，从而成功地说服了顾客。

【技巧解析】

1. 强调公平原则

如果同一时间同一款商品以不同的价格卖出，那么对于购买价格相对较高的顾客来说是不公平的。在与顾客沟通的过程中，客服人员便可以强调这一点。

因此，当顾客试图讲价时，客服人员可以适当强调公平原则，将不讲价说成维护公平原则的一种手段。只要让顾客看到客服人员的态度和决心，顾客就知道即使执着于讲价，也达不到以低价购买商品的目的。

2. 巧用换位思考

虽然客服人员可以用公平原则作为不讲价的理由，但是部分顾客可能会觉得是否公平与自己无关，自己关心的是如何更好地维护自身利益。此时，客服人员便可以巧用换位思考，让顾客更好地体会为什么不能让价。

对此，客服人员还可以让顾客体会不被公平对待的感觉。比如，可以以实际案例来向顾客讲述事实，给顾客自行想象的空间。在这种情况下，顾客自然就能体会到让价造成的不公平。

8.1.7 适度诉苦，博取同情

客服人员在日常工作中可能遇到这样的顾客，他们为了获得一定的优惠，不停地诉苦。客服人员也经常因情绪受到感染，出于同情，而作出一些让价。这一类顾客实际上是在利用客服人员的同情心达到讲价的目的。

无论是客服人员，还是顾客，都有同情心，既然顾客可以向客服人员诉苦，那么客服人员也可以向顾客渲染自己的不容易，让顾客换位思考，理解自己的困难，来博取顾客的同情。

【案例展示】

案例 1

顾客：你们店的 A 款素颜霜我是真的喜欢，不过 290 元的价格实在是有些高啊！不知道能不能优惠一点呢？

客服：非常不好意思，小刘也想便宜一点，但是，这款商品的利润本就有限，如果再便宜一点小店就得亏本了。

顾客：如果我手头宽裕也就无所谓了，但是，像我这种上班族每个月工作二十多天，工作2年人都苍老了许多，而月工资还不到4 000元。除去日常开销，每个月基本上没有余钱了。您看我是真的不容易，要不然也不至于为了优惠在这里苦苦哀求。

客服：看上去你确实是挺不容易的。

顾客：您看这样好不好？我知道便宜太多了您也会为难，打个九折怎么样？260元我就买了。

客服：好吧，你确实挺不容易的，我就做主260元卖给你一瓶好了。

顾客：非常感谢，您真是一个好人。

……

案例2

顾客：亲，你们店的这款遮瑕霜看着真心不错，就是这将近300元的价格有点高，不知道能不能稍微便宜一点。

客服：真的不好意思，小童也想更便宜一点卖给您，但是，290元已经是这款遮瑕霜的底价了。

顾客：唉，像我这种上班族，一个月要上22天班，每天上班八、九个小时，整个人看上去都老了，却只能拿到3 000多元的月工资。除去日常开销，可以说是所剩无几了。能用来买化妆品的钱真的十分有限啊，好不容易看上了这款遮瑕霜，你就便宜一点嘛！

客服：同样都是为别人打工，您的感受小童明白。每个上班族都不容易，小童一个月上班26天，每天上班的时间超过10小时，人都熬成老太婆了，而月工资也就3 000元左右，而且您也知道现在网店这么多，竞争特别大，小店的利润空间本身就比较小，如果每个顾客都讲价，小店恐怕很难生存下去了。所以，还请您多一分理解。

顾客：好吧，同是天涯沦落人，大家都不容易，我帮你拍一单好了。

客服：感谢您的理解，祝您购物愉快！

……

上述为客服人员与顾客沟通的两个案例，在这两个案例中，客服人员对于顾客的诉苦讲价采取的应对方案不同，其中，案例1中的客服人员小刘在看到顾客的诉苦之后，便在沟通过程中被顾客抢走了主动权。

同样是面对诉苦型顾客，案例2中的客服人员小童则很好地守住了价格阵地。虽然小童也表示了对顾客的理解，但是，其顺着顾客的话题，将自己的苦楚尽皆吐露，由此获得了顾客的同情。

【技巧解析】

1. 理解顾客

当诉苦型顾客提出让价要求时，客服人员首先要做的就是理解顾客，这是为了拉近与顾客之间的距离，更何况沟通就是为了让双方互相理解，而顾客又是客服人员的服务对象，所以，客服人员需要更主动一些。

2. 博取同情

客服人员表达对顾客的理解固然重要，但是，客服人员还需要主动出击，从情感上触动顾客，引起顾客的同理心，用自身的不容易博取其同情。

比如，当顾客诉苦时，客服人员就需要在表示理解的同时，向顾客传达自己更加困难的信号，就会引起顾客的同理心，那么，顾客出于对客服人员的同情，即使多花一些钱也会觉得无所谓。

8.1.8　不能做主，避开讲价

顾客之所以要在沟通过程中跟客服人员讲价，是因为其认为客服人员对商品的价格做得了主。而事实上很多客服人员只是店主雇用的员工，对于商品的价格等关乎店铺利益的事项是没有太多发言权的。

因此，当顾客试图讲价时，客服人员如果能明确表示自己做不了主，就可以巧妙地拒绝顾客的让价要求。

【案例展示】

顾客：你们店这款菩提子男士手串看上去真不错。

客服：您眼光真好，这款手串精选自然原籽的七瓣金刚，珠肉颗颗饱满，入水即沉，色泽鲜亮，设计新颖。很多喜欢把玩手串的顾客都说这是一款不可错过的手串。

顾客：看上去是不错，就是这将近300元的价格还是有点高啊，不知道能不能稍微便宜一点呢？

客服：真不好意思，小章也想给您一些折扣，但是，怎奈我只是一名客服人员，对商品的价格根本就做不了主。

顾客：那谁能做主呢？我想跟他聊聊。

客服：通常来说，小店商品的价格都是由店主定的。不巧的是，今天他刚好去外地进货了，这会儿恐怕联系不上，而且从小章的经验来看，店主通常是不会轻易让价的。毕竟这款商品的设计和质量等各方面都属于上乘，而这款商品售价也就298元，本店的利润空间又比较有限。如果您执意要与店主联系，很可能会浪费您的宝贵时间，这样可能更划不来，您觉得呢？

顾客：确实是这么回事。那好吧，我也不为难你了，我帮你拍一件好了。

……

上述为某客服人员与顾客沟通的部分内容，从中不难看出，顾客觉得商品的价格偏高，于是希望客服人员能够适度给予一些优惠。在面对顾客讲价时，该客服人员先是直接表明自己做不了主，快速避开了顾客的讨价还价行为。顾客在略做权衡之后，选择了对自己更有利的一种方式，打消了讲价的念头。

【技巧解析】

1. 谁能做主

既然客服人员不能对商品的价格做主，那么，谁能做主呢？这是顾客很可能会问到的一个问题。如果客服人员不能给出合理的答案，顾客就有可能会认为客服人员只是随便找个理由搪塞自己。所以，当表示自己做不了主之后，客服人员可以适当地拿上级的命令作为借口，坚持维护价格的底线。

2. 能否让价

对于坚持己见的顾客，客服人员可以给顾客提供能够做主的人选，但是，客服人员最好能够对顾客与之讲价能否达成让价协议进行分析。这样既可以使客服人员口中"能做主的人"省去一些不必要的麻烦，也能快速解决顾客的问题，让顾客认识到即使找到了"能做主的人"，其也很难获得预期的优惠。

8.1.9 给予赠品，显露不舍

让价是比较直接的一种满足顾客低价心理的方式。但是，在很多情况下，客服人员不想，或者不能直接让价。在这种情况下，客服人员不妨从其他方面满足顾客占便宜的心理。比如，客服人员可以通过给顾客赠品的方式，来满足顾客的低价心理，在赠送时，客服人员可以适当地表达出不舍的意味，让顾客觉得这些赠品是很有价值的。

【案例展示】

顾客：我想买一个手机壳，给我推荐一下呗！

客服：好的，不知道您喜欢哪种风格的呢？

顾客：嗯，只要能防摔就好了。当然，如果印有与《火影忍者》相关的内容就更好了。

客服：这样啊，您看这款手机壳怎么样？它不仅能对手机起到全方位的保护，而且手感和美观度都不错。最为关键的一点是，这款手机壳上有多种《火影忍者》的相关图案可以选择哦！

顾客：看上去是挺不错的，但是，我觉得一个手机壳卖29.9元还是有一点贵啊！能不能稍微便宜一点呢？

客服：俗话说一分钱一分货。小店的这款手机壳具有耐划伤、抗腐蚀、抗变形、防尘、防潮等特点。这款手机壳的使用寿命远超一般的手机壳。所以，您以这个价买这款手机壳绝对是不亏的。

顾客：质量是好，但价格还是高了一点啊！25元怎么样？就便宜不到5元钱我就买了。

客服：实话跟您说吧！小胡只是一名普通的客服人员，对于商品的价格是没有决定权的。所以，您提出的让价要求我是无法满足的。不过，如果您购买这款手机壳，小胡可以做主额外给您赠送一个手机膜。这个手机膜在小店内单买的价格为6元，您看这样行不行？

顾客：嗯，这样啊，其实我也不缺手机膜。

客服：唉，这款手机壳总共不到30元，除去成本和赠送了手机膜，您这笔交易，小店不说赚钱，估计不赔本就算不错了。我也是想留住您这位顾客才给出这种优惠的。

顾客：好吧，你也挺不容易的，我就帮你拍一单好了。发货的时候记得要送我手机膜哦，哈哈！

……

上述为某客服人员与顾客沟通的部分内容，从中不难看出，顾客觉得商品的价格偏高，即便客服人员通过种种描述来证明商品物有所值，顾客依然想着要讲价。

该顾客很显然就属于想要在购物中贪图低价的那一类人。如果客服人员不能满足其占便宜的心理，那么可能很难引导其完成购物。所以，该案例中的客服人员通过赠送物品来满足其心理是非常正确的一种做法。

【技巧解析】

1. 突出赠品价值

虽然赠品是不需要额外出钱的，得到了赠品就相当于得到了便宜，但是，除了承诺给予赠品，客服人员还需要在沟通过程中突出赠品的价值，让顾客觉得赠品也是大有用处的。对此，比较常见的一种方法就是赠送与商品相关的物品。

2. 显露不舍情绪

除了赠送与商品相关的物品，客服人员还可以赠送一些在顾客看来有一定价值的物品。此时，客服人员就需要通过行动来支撑自身的说法。比如，客服人员可以在赠送物品时显露不舍情绪。这样一来，顾客很自然地就会认为赠品确有一定的价值，甚至会为了这个"大便宜"立刻完成下单。

8.2　结合场景，拒绝让价

客服人员在工作中可能会遇到各种讨价还价的顾客，虽然应对不同的顾客有其不同的方法，但是这些方法都是可以变通的。下文通过还原不同顾客讨价还价的具体场景，来分析出合适的应对办法。

8.2.1　顾客允诺，转移话题

经常说"便宜一点再买"的顾客，往往已经有了购买的意向，只是希望通过允诺的方式让客服人员给自己一个更低的价格。对此，客服人员可以巧妙地拒绝顾客，或者给顾客一个可供选择的方案，从而绕开该顾客的讨价还价。

【案例展示】

顾客：你们这款冰箱真的不能再便宜点吗？太贵了。

客服：亲，您好，很感谢您对小店的支持，这款冰箱已经是特价了，价格不能再低了哦，请您谅解。

顾客：你就给我便宜一点嘛，便宜一点我就买，而且我可以介绍我朋友过来买。你看可以吗？

客服：实在不好意思哦，价格方面我也没有决定权，不过这款冰箱已经很优惠了，您如果想划算一些，可以看一下 B 款冰箱，它的性能跟您看中的冰箱是差不多的，价格上相对低一些。

顾客：好吧，我考虑一下。

……

上述为某客服人员与顾客沟通的部分内容，从中不难看出，该案例中的顾客属于允诺型顾客，该顾客其实已经有了购买的意向，所以抱着试探性的心理来跟客服人员讨价还价。对此，客服人员通过转移顾客的注意力，给顾客提供了另外一个可选的方案，从而巧妙地拒绝了顾客的要求。

【技巧解析】

1. 强调已是最低价

对于允诺型的顾客来说，他（她）们其实有很大的购买意向，只是抱着侥幸心理想让客服人员在价格上有所退步，所以客服人员要做的就是拒绝顾客类似的请求。此时，客服人员可以向顾客强调该商品已经是最低价格，让顾客知道没有讨价还价的余地，那么他们自然会放弃讲价。

2. 给顾客多种选择

客服人员面对允诺型顾客，给顾客多种选择，目的是转移话题。客服人员可以通过这种方式，不跟顾客谈论商品价格，而让顾客多一些选择，自己衡量价格，做出最终的选择。

8.2.2　顾客对比，强调质量

在网购时，大多数顾客都会通过货比三家来找出最符合自己心理预期的商品。所以，当买家通过强调其他店铺更便宜的方式来与客服人员讨价还价时，他（她）们往往已经通过了价格的对比，选择出了心仪的商品。

面对这种情况，客服人员需要突出店铺产品的优势，可以让顾客对比商品的质量和店铺的好评率，同时告诉顾客出现价格差异的原因。

【案例展示】

顾客：你们这款鞋子有点贵啊，不能再便宜了吗？

客服：您好，亲，这是最低价格哦，再便宜我们就要亏本了呢！

顾客：我看了几家店，同类商品就你家价格高，你就便宜一点吧。

客服：亲，虽然是同类商品，但商品的原料、质量是不一样的，我不清楚其他店的同类商品质量怎么样，但是我敢跟您说，我们店里的商品质量跟价格是成正比的，我觉得宁可多花一点钱，也要买质量好的商品，您说呢？

顾客：你说的有道理，看你们店铺的销量和好评也比其他店铺多。

客服：对，所以您放心，如果您拿到商品不满意，可以直接退货，我们的售后服务也非常完善。

顾客：好，那我在你们家买好了。

……

上述为某客服人员与顾客沟通的部分内容，该案例中的顾客以与其他店铺对比为理由，想要让客服人员给自己一个满意点的价格。对此，客服人员利用了"一分钱一分货"的道理，让顾客认为在同类商品中，往往贵的商品质量比较好，同时，通过强调售后服务打消了顾客的疑虑，让顾客下定了购物的决心。

【技巧解析】

1. 强调商品质量

对比型顾客往往会有贵的商品质量才有保证的想法，面对此类型的顾客，客服人员需要增强他们对商品质量的信任感，坚定他们购买的决心。所以，客服人员可以通过强调商品质量，让顾客不再执着于价格。

2. 强调售后服务

如果客服人员通过强调商品质量也达不到让顾客下单的效果，那么客服人员可以把顾客的注意力引导到店铺高质量的服务上。顾客在网购时往往会担忧自己的利益有损失的风险，客服人员可以通过打消顾客的顾虑，把顾客的风险规避掉，坚定其下单的决心。

8.2.3　顾客威逼，强调利润

对于持有"不便宜就不买"想法的顾客，客服人员不必慌张，大多数顾客用类似方式与客服人员讲价，他（她）们并不是真的不想买，而是想要通过这种方式来与客服人员讨价还价。

【案例展示】

顾客：你好，我想问一下，这个包包真的不能再便宜了吗？

客服：亲，您好，这款包包是我们店新推出的款式，它的材料是真皮哦，所以成本相对较高，您可能会觉得它价格稍高，但是您以这个价格购买，确实已经很实惠了。

顾客：太贵了，你便宜一点我就在你们家买了，不然我还是去其他店看看吧。

客服：亲，主要是商品的成本比较高啊，如果给您便宜一些，基本上就没有利润可言了，我们连邮费都挣不回来啊。这样吧，您如果购买了这个包包，以后您来我们店里消费，都有折扣，您看怎么样？

顾客：以后有折扣是吗？那我这次买这个包包有折扣吗？

客服：亲，您现在是没有折扣的，您如果是我们店铺的老顾客，我们可以给您一些优惠。我已经尽力给您争取了，您就不要为难我了。

顾客：好吧，那我买了。

……

上述为某客服人员与顾客沟通的部分内容，该案例中的顾客显然属于典型的低价型顾客，这类顾客以不便宜就去别的店铺为由，想让客服人员给予其优惠。对于这种情况，该客服人员守住了价格的底线，通过利益的引诱夺回了沟通的主导权，成功地说服顾客下了单。

【技巧解析】

1. 强调商品利润低

对于此类顾客，客服人员要掌握好沟通的主动权，不要被顾客牵着走。与客服人员讨价还价的顾客，一般性格比较强势，所以，客服人员一定要冷静对待，不能激怒顾客。所以，客服人员可以放低姿态，强调商品的利润比较低，没有办法给顾客优惠，从而委婉拒绝顾客的请求。

2. 强调自己权力有限

当向顾客声明商品利润低也说服不了顾客时，客服人员可以向顾客表明自己并没有修改价格的权力。此时，客服人员可以告诉顾客，自己只是一名小小的客服，向顾客表露出无奈的情绪，从而赢得顾客的谅解。

8.2.4　顾客多买，守住底线

客服人员在与顾客沟通时，常常会遇到一些以多买几件商品为由，向客服人员要求给自己折扣的顾客。因为该类型的顾客一般很有耐心跟客服人员软磨硬泡，所以，这种类型的顾客往往比对比型和利诱型顾客更难应付。

对此，客服人员只有两种选择：一种是直接向顾客表明没有折扣；另一种是积极引导顾客多购买几件商品，不管最后客服人员做出怎样的决定，都要守住价格的底线，以维护店铺利益为主。

【案例展示】

顾客：我在你们店多买几件衣服的话，你们可以给我打折吗？

客服：亲，不好意思啊，店铺内的商品价格已经是固定的了，而且商品价格相对较低，您可以对比其他店家，就能知道我们店铺的商品价格有多优惠了。

顾客：这样啊，真的不能便宜一点吗？我估计得买好几件呢。

客服：您大概买多少件呢？

顾客：我大概买 5 件吧，冬天要到了，我囤几件衣服过冬。

客服：好的亲，我明白您的需求了，只是您多买几件我们也不能给您打折哦，我可以给您送一些礼品，您看可以吗？

顾客：好吧，我再考虑一下。

……

上述为某客服人员与顾客沟通的部分内容，该案例中的顾客以购买多件商品为由，想要客服人员给其一些折扣。应对类似顾客，客服人员没有接受顾客的请求，反而向顾客明确了不能打折，积极地用赠品引导顾客多买商品。虽然客服人员最终没有得到顾客比较明确的答复，但是也成功达到了拒绝还价的目的。

【技巧解析】

1. 直接表明不能打折

拼多多平台的商品价格普遍较低，很多店铺其实没有讨价还价的可能性。对此，如果店铺规定不能打折，那么客服人员一定要明确表明自己的态度，告诉顾客多买几件也没有优惠，让顾客放弃讨价还价。

2. 引导顾客多买商品

在店铺可以做出让步的前提下，对于购买多件商品想要有折扣的顾客，客服人员可以积极引导顾客多购买几件商品，保证店铺利益的最大化。比如，顾客需要购买几件商品以上才能有折扣，或者购买满多少金额可以有满减。如果客服人员提出的条件有足够的吸引力，那么顾客会很乐意买单。

第 **9** 章
处理差评，
打造口碑

学前提示

在商品的销售过程中，遇到顾客给差评是不可避免的，但是，差评会对店铺商品的销售产生不利影响，所以，处理差评是客服人员重点要完成的工作之一。

那么，对顾客给店铺差评的情况，应该怎么处理呢？其实，处理差评也是技术活，处理的方法不同，其结果也会呈现出一定的差异。

要点展示

> ➤ 打造口碑，获得好评
> ➤ 挽回形象，争取追评

9.1　打造口碑，获得好评

在拼多多平台购物时，多数顾客面对如此多的选择，有时候难以做出最终的决定。这时，顾客往往会有从众心理，看到哪个商品的评价好，就会觉得该商品质量好，就选择购买该商品。虽然拼多多的商品评论区没有好评、差评之分，但顾客评价的内容是可以分好坏的，好的评价往往能够吸引更多顾客下单，所以，一家店铺商品的评价可以影响商品的销量。

9.1.1　找准目标，争取好评

在网购时，作为买方的顾客通常占据主动地位，购物的评价最终也是由顾客作出的。所以，客服人员如果要获得如潮好评，助推商品的成交率，就需要找准目标顾客群，知道哪些人需要商品，哪些人可能会给商品好评。

【案例展示】

顾客：客服在吗？

客服：在的，亲。不知道有什么可以帮到您的？

顾客：我看你们店这款包包的款式还不错，就是这面料我感觉有些不值这个价啊！而且我朋友买了一个差不多的包包，比你们店里的便宜得多呢！

客服：不瞒您说，这款包包是小店销量比较靠前的商品了，买过的顾客普遍反映物有所值哦。

顾客：其实，我也是看朋友都有类似款，才准备买一个的。你看这样好不好，你给打个九折，我就买一个红色款的。

客服：嗯，红色款的包包是所有款式中卖得最好的，小刘先帮您看一下是不是还有库存吧。

顾客：那你抓紧吧。

客服：非常不好意思，您想要的这款包包小店已经没有库存了。

顾客：啊，那算了吧。

上述为某客服人员与顾客沟通的部分内容，在该案例中，顾客显然属于比较挑剔的一类人。这一类顾客的购买欲望不算强，即使客服人员满足其所有需求，其仍有可能不会给商品好评。所以，客服人员完全没有必要以打折的方式迎合顾客。

【技巧解析】

1. 找有需要的顾客

每件商品都有一定的适用性，客服人员如果将商品卖给不需要的顾客，那么顾客很可能会因不满意而给出中评甚至差评。在这种情况下，商品的好评率势必得不到保障。

所以，做好用户定位的目的一方面是为客服人员指明方向，让客服人员有针对性地进行营销。另一方面是让真正有需要的人买到商品，在物尽其用的同时，增加顾客的好评率。

2. 根据顾客信用沟通

不同的顾客面对评价可能习惯不尽相同，有的顾客在购物完成后懒得去评价，有的顾客可能会习惯性地给好评，但也有部分信用不太好的顾客，可能会鸡蛋里挑骨头，稍不如意就给差评。所以，如果客服人员要保证商品的高好评率，就需要在顾客下单之前摸摸顾客的底。

9.1.2 消除疑虑，争取好感

与在实体店购物不同，在网购时顾客毕竟无法亲自验证商品。这无形之中就让顾客对网购多了一份疑虑。对于这种情况，最好的策略就是积极地进行引导，带领顾客完成购物。这不仅可以节约彼此的时间，也能让顾客在接受帮助的同时，对客服人员产生好感，为顾客购物体验加分。

【案例展示】

顾客：我想给男朋友买一双篮球鞋，听说你们店挺不错的，就想着过来看看。

客服：不知道您有什么要求呢？

顾客：嗯，他穿41码，首先要保证有这个码子。然后篮球鞋鞋底是重点，最好是带有减震功能的，这样打球的时间即使很长、运动剧烈，脚底也不会疼。另外，颜色的话，最好是黑色的，这样不显脏。价格的话，只要在1 000元以内就行了。最后，也是比较关键的一点，这是我第一次在拼多多网购，买一双这么贵的鞋子，我还是有一些担忧的，不知道网购到底可靠不可靠。

客服：您真是一位暖心的女友，帮男朋友买篮球鞋真是细心，各方面都把握得很好啊！对于小店的商品您大可放心，小店是一家经营了5年的老店了，商品全都是正品，质量绝对是有保障的。

顾客：我哪有你说得这么好啊？这些都是我平时从男朋友那里听到的一些关于篮球鞋的想法。这不，我还想让你帮我推荐一下呢？

客服：能为您推荐是我的荣幸，您看A款篮球鞋怎么样？这是××球星在今年的赛场上穿过的战靴，这位球星就是穿着这款篮球鞋带领球队拿下总冠军的呢。现在很多篮球爱好者都想拥有这样一双球鞋。

顾客：哦，××球星这个名字我经常在男朋友那里听到，可以说，我男朋友就是这位球星的迷弟了。嗯，相信这双鞋我男朋友一定会喜欢的，就买它了，也谢谢你的推荐，真的像他们说的，网购确实挺不错的。就冲你的服务，我觉得我应该直接给好评。

上述为某客服人员与顾客沟通的部分内容，从中不难看出，顾客是一名拼多多网购新手，不仅对网购有担忧，而且对要买的商品的了解也比较有限。

对此，本例中客服人员的表现还是可圈可点的，客服人员不仅通过"5年老店、商品是正品"的保证消除了顾客的疑虑，还成功地让顾客找到了适合的商品，这就为顾客给商品好评打下了很好的基础。

【技巧解析】

1. 消除顾客的疑虑

虽然顾客对网购有担忧，但既然顾客愿意与客服人员进行沟通，就说明顾客还是有购买意向的。所以，此时客服人员的处理方法将对顾客产生很大的影响。如果客服人员打消了顾客的疑虑，就可以让其对接下来的购物更有信心。

2. 扮演好引导人的角色

虽然在打消了顾客的疑虑之后，顾客对即将网购的商品可能有了一些信心，但是对于该店铺中的商品，顾客的了解并不足够。所以，即使有了明确的要求，顾客也不一定能找到适合自己需求的商品。这时，客服人员还需扮演好引导人的角色，适时给顾客推荐合适的商品。

9.1.3 优惠引导，吸引好评

客服人员需要明白，是否给好评最终还是由顾客决定的。即使商品达到了要求，顾客也有可能会给中评甚至差评。所以，客服人员要思考的一个问题就是，怎么让顾客给好评。对于这个问题，比较简单、有效的一个解决方法就是通过好评再给优惠来进行引导。

【案例展示】

顾客：我想买一双靴子，你给我推荐一下呗！

客服：好的，乐意为您效劳。您看 A 款靴子，这是今年的新款，因为它用的是真皮面料，再加上外观设计比较吸引人，所以很多女明星都对它比较钟爱哦。

顾客：嗯，看上去确实蛮不错的，就是价格略高一些，我现在还拿不定主意啊。

客服：俗话说得好，"一分钱一分货"，小店的这款靴子不仅是真皮面料，而且是纯手工制作的，所以，价格上是要比一般的机制靴子要高一点的。不过，像靴子这种东西还是手工制作更可靠，您觉得呢？

顾客：你说的也有道理，只是价格上我还是有一些纠结的。

客服：告诉您一个好消息，现在小店正在做活动，只要您给好评，下次购物时就可以获得一张满减抵用券。这样您这次购物就相当于获得优惠了。

顾客：哦，还能碰到这样的好事？这张券能抵多少钱呢？

客服：是这样的，您只要在此次购物之后给出好评，并将截图发送给客服人员，客服人员就会给您发送领券链接。您可以点击链接领取一张 50 元的抵用券，当然，要购满 500 元才可使用。

顾客：要 500 元才能用？这门槛似乎有点高啊！

客服：虽然门槛看起来有点高，但是您只需购买两件物品就可以达到这一数值了。比如，您可以在小店买一套衣服，而且，您看啊，500 元减 50，相当于打了九折，力度还是比较大的。

顾客：确实，如你所说，这张券看上去确实不错。你放心吧，即便为了这张券，我也一定会给好评的！

上述为某客服人员与顾客沟通的部分内容，在该案例中，客服人员向顾客推荐一款靴子之后，顾客虽然有意购买，但是觉得价格稍微有点高。面对这种情况，客服人员及时抛出好评再购给优惠这一话题，这一举动不仅成功地让顾客坚定了下单决心，还对顾客给好评起到了不错的引导作用。

【技巧解析】

1. 提出优惠获取要求

既然客服人员给顾客再购优惠的目的是获得好评，那么就需要确保顾客给的是好评，而不能仅仅以顾客的口头承诺作为给优惠的标准。所以，客服人员还需要提出一些评估好评的要求。比如，可以将好评截图作为标准，只有好评并截图的顾客才可享受再购优惠，这样就可以很好地保证顾客给的是好评。

2. 增强优惠的吸引力

虽然人大多是贪低价的，当客服人员承诺好评再购给优惠时，大部分顾客可能会为了优惠给出好评，但是这需要客服人员给出的优惠对顾客具有足够的吸引力。当然，店铺毕竟是要盈利的，所以优惠的力度比较有限。如果客服人员要用优惠吸引顾客给好评，就需要通过一些表达技巧，让顾客觉得优惠对自己有吸引力。

9.1.4 敢于承诺，及时兑现

在沟通过程中，适时对顾客作出一些许诺，既能起到坚定顾客信心的作用，也能体现客服人员对交易的诚意，让顾客基于好感给出好评。正是因为如此，很多客服人员都会乐意给顾客作出一些许诺。

当然，许诺并不是不可以，而是一旦许诺了，就必须兑现。这不仅是客服人员言而有信的体现，更关系到店铺在顾客心中的形象。

【案例展示】

顾客：嗯，你推荐的这款跑鞋我留意很久了，确实，无论是外观，还是性能，都挺不错的。

客服：您眼光真好，这也是小店销量较好的商品之一了，而且现在正在搞促销，您可以趁这个机会入手哦。

顾客：说实话，这双鞋我倒是有购买意愿，但是对于网购商品的质量，我还是有些担忧的，毕竟我都吃过几次亏了。

客服：您可以放心，小店的鞋都是正品行货，质量绝对是有保障的，鞋子7天内包退，3个月内保修。

顾客：好吧，看你这么说，应该还是比较靠谱的，那我就买一双吧。

（10天后）

顾客：你们真行，就这鞋子还说什么质量有保障，我才穿了不到十天，鞋底都脱胶了。现在又不能退货，就这种情况，修了之后我都觉得不怎么靠谱，甚至现在我都怀疑我买到的是假货了。既然不行，就不要瞎许诺好吗？你这不是成心骗人吗？你说，我不给你们差评，过得了自己这关吗？

上述为某客服人员与顾客沟通的部分内容，从该案例中不难看出，对于许诺这件事，如果不能兑现就可能会导致顾客认为客服人员不讲信用，从而对店铺失去信心。该案例中的客服人员就对商品的质量作出了许诺，但是，顾客在使用商品一段时间之后，发现商品的质量不过关，导致情绪非常消极。

【技巧解析】

1. 敢于作出承诺

虽然客服人员作出承诺只是为了引导顾客完成购物或获得顾客的好评，甚至有的客服人员只是不经意间随口作出一些承诺，但是为了增加顾客的信心，增加沟通的成功率，也为了消除顾客的疑虑，提高客服人员自身的工作效率，客服人员在与顾客沟通时，对于自己能力范围内的事，还是需要敢于承诺的。

2. 及时兑现承诺

虽然承诺能在沟通过程中起到不错的促进作用，但是客服人员需要明白，相比于承诺的内容，兑现承诺其实更重要。当客服人员承诺之后却没有及时兑现时，顾客会觉得客服人员没有信用，这样一来，顾客势必会对客服人员产生反感，很可能会迁怒于商品，直接给出差评。

9.1.5 快速回复，体现重视

说到时效性，可能大多数人首先想到的是新闻，其实，客服人员与顾客的交流同样具有很强的时效性。这不仅是因为对客服人员来说，时间就是业绩，越及时回复顾客，引导顾客完成交易的时间就越短，更是因为客服人员回复顾客的速度，直接影响顾客对客服人员的印象。

【案例展示】

案例1

顾客：亲，在吗？

（几分钟后）

客服：亲，不好意思，刚刚有事走开了，客服小莫为您服务，不知道有什么可以帮到您的？

顾客：我想给我上小学的儿子买一个书包，你能给我一些推荐吗？

（几分钟后）

客服：非常不好意思，刚刚被领导叫到了办公室。能问一下您对书包都有哪些要求吗？

顾客：你也知道现在的小学生课本很多，我就是想帮儿子买一个背着舒服一点的书包。

客服：我想您或许可以看一下A款书包，这款书包的肩带具有较强的减负作用，而聚酯面料则保证了这款书包的透气性。另外，书包上印有超级英雄的图案，小男孩一般比较喜欢。

（几分钟后）

顾客：我认真看了一下，这款书包还算不错，就是价格有些高啊！

（半个小时后）

客服：这款书包是大牌设计师精心设计的，而且是一个知名品牌旗下的商品，所以价格比一般的书包要高一些，但是，如果您真的喜欢，我们可以给您打九折哦。

顾客：如果你早说，我或许还会买，但是现在只能说抱歉了。你很久没有回复我，我已经在别的店铺买了一个。

案例2

顾客：客服在吗？

客服：亲，上午好，客服小昭为您服务，不知道有什么可以帮到您的？

顾客：我想买一些零食。

客服：那您可算是来对地方了，本店是零食专营店，无论是炒货、熟食，还是水果、饮料，本店都可以为您提供，不知道您具体需要哪些类别的商品？

顾客：其实我也没打定主意买哪种零食，要不，你给我推荐一下？

客服：我觉得您可以看一看 A 品牌的熟食。这个品牌的熟食一直都是本店的热销商品，它甚至是部分顾客每次购物的必买品。

顾客：嗯，对于这个品牌的产品我一直以来都是比较信任的，但是，吃熟食很容易口渴啊！

客服：其实除了熟食，本店还供应 A 品牌的饮料，如果您担心吃了熟食会口渴，可以一并购买一些饮料哦。

顾客：嗯，你这个提议不错，那我就买一些 A 品牌的熟食和饮料好了。

上述为客服人员与顾客交流的两个案例，在案例 1 中，客服人员由于没有及时回复顾客，顾客便去其他店铺购买了想要的商品，导致店铺错失了一位意向顾客。而在案例 2 中，客服人员对顾客的问题及时作出了回应，并顺势进行引导，最后成功引导顾客同时购买了两种商品。

【技巧解析】

1. 回复要及时

因为客服人员与顾客是服务与被服务的关系，所以对客服人员来说，及时回应顾客尤为重要。及时回应顾客是客服人员服务职责的一部分，如果一位顾客久久得不到客服人员的回应，那么顾客可能会选择直接离开，然后去其他店铺购物。

客服人员需要知道的是，现在网上的销售平台很多，顾客的选择不只是某一家。如果客服不能及时回复顾客，那么顾客很可能会因失去耐心而转去其他店铺。

2. 可顺势引导

除了及时回复，顺势进行引导也是快速回复的一部分。虽然回复看上去只是被动地给出回应，但是客服人员应该明白，部分顾客可能不只是想得到某个问题的答案，而是希望客服人员足够聪明，能够根据自己的话语，找到接下来的交流方向。

比如，当某顾客说"我觉得 A 品牌的咖啡还不错"，客服人员就应该意识到该顾客对 A 品牌的咖啡是有好感的。

9.1.6　适度让利，打动顾客

在网店中，每种商品都是明码标价的。顾客自然而然地会将商品的标价作为其最终价格。当然，有的顾客抱着试一试的态度，可能会和客服人员讲价。

所以，客服人员可以借此通过适度让利来达到增加好评率的目的。因为在讲价时顾客可能并不抱有太大的希望，但是，如果客服人员能够以相对低的价格出售，那么顾客就会认为自己得到了实惠。在这种情况下，顾客自然更愿意给出好评。

【案例展示】

顾客：我想在你们店买一瓶咖啡粉，你能帮我推荐一下吗？

客服：您看 A 款咖啡粉怎么样？这是小店销得比较好的一款咖啡粉，而且顾客的反馈普遍还不错哦。

顾客：嗯，这款咖啡我喝过，是挺不错的。但是，你们的商品好像并没有比实体店的便宜多少啊，还需要顾客自己承担运费，而且在网上买要等几天才能收到货，这样我还不如在实体店买来得实在呢。

客服：您说的有道理，但是，您也知道，像咖啡粉这种东西利润本来就比较少，所以，确实是难以比实体店便宜太多的，而小店在是否包邮这个问题上是根据单次购物价格来算的，如果超过 99 元就可以包邮。

顾客：也就是说，我买两瓶就可以包邮了。但是，买两瓶就意味着很久都喝不完。所以，这样想来，我还是觉得有些划不来啊。

客服：您的想法可以理解。要不您看这样好不好？您买两瓶的话，小店给您打个九五折。说句实在话，给您这个折扣之后，这笔生意小店几乎赚不到几块钱了。可以说，这么做完全是为了留住您这位顾客。

顾客：嗯，这样看起来倒是实惠了不少。你放心，我也不会白拿你的优惠，只要商品没有质量问题，我一定给好评！

上述为某客服人员与顾客沟通的部分内容，在该案例中，顾客认为店铺中商品的价格与实体店相比没有太大的优势，而且网购需要几天之后才能收到货。

面对这种情况，客服人员先是向顾客说明了商品没有价格优势的原因。然后，进行了适度的让价，成功地得到了顾客给好评的承诺。

【技巧解析】

1. 进行适度的让价

在与顾客沟通的过程中，适度让价无疑是获得顾客好感，让顾客给出好评的一个利器。毕竟，当人在得到好处之后，是可以作出一些承诺和让步的。当然，在此过程中客服人员还需要注意一个问题，那就是让价必须适度，既要能够打动顾客，又不能因此让店铺做亏本买卖。

2. 让顾客觉得实惠

有时候，客服人员在价格上可能已经作出了足够的让步，但是顾客仍然觉得划不来。比如，有的手机壳进价是十多元，店铺还要承担运费。在店铺中售价为二十多元，与顾客沟通之后，客服人员以 20 元的价格卖给顾客。这在客服人员看来已经作出较大的让步了，但是在顾客看来仅仅便宜了几块钱。所以，在沟通过程中，仅仅让价可能还不能打动顾客。

9.1.7 巧用赠品，增加好评

给顾客"好处"最直接的方式自然是在价格上作出让步，但是，在很多情况下，让价的度不是很好把握，从店铺的角度来看并不划算，而且很多客服人员实际上只是店铺的打工者，对商品的价格很可能是做不了主的。

所以，除了直接让价，客服人员完全可以通过其他方式来达到这一目的。比如，客服人员可以向顾客赠送一些小物品。

【案例展示】

顾客：哈喽！

客服：您好，不知道有什么可以帮到您的？

顾客：哦，我觉得你们店的 A 款牛仔裤挺不错的。

客服：您眼光真好，这是一款修身牛仔裤，它最大的特点就是采用了磨破的流行元素，让穿着者看上去非常潮。正是因为如此，这款牛仔裤是小店销得比较好的一款商品，商品的质量也是没得说，这一点从高达 97% 的好评率中可见一斑。

顾客：嗯，看上去确实挺不错的，但是，这将近两百元的价格，让我觉得还是稍微贵了一点。不知道价格上还能不能再商量一下呢？

客服：其实，小陆也想给您优惠的，但是，非常不好意思，小陆也只是店铺的打工者，对于商品的价格没有决定权。您看这样好不好？小陆给您赠送一条皮带，就当是小店给您的一点心意，也希望您可以帮小陆一个忙，给个好评。

顾客：嗯，你这么大方，都答应赠送赠品了，我又怎么好意思不给好评呢？放心吧，只要裤子没有质量问题，我绝对会给好评的。

……

上述为某客服人员与顾客沟通的部分内容，在该案例中，客服人员遇到了讨价还价的顾客，应对这种类型的顾客，想要让他（她）们给店铺好评，就需要满足其心理。所以，虽然该客服人员委婉地拒绝了给顾客优惠的请求，但是通过给顾客赠送赠品的方式，让顾客作出了给好评的承诺，达到了提高好评率的目的。

【技巧解析】

1. 承诺赠送物品

当顾客在沟通过程中试图与客服人员讲价时，承诺赠送物品不失为一种很好的解决方式。通过这种方式，客服人员不仅可以委婉地拒绝让价，还可以起到增加购物附加值的作用。

2. 随商品直接赠送

除了在沟通过程中承诺赠送物品，客服人员还可以把赠品与商品包装在一起，给顾客制造一个惊喜。当然，在此过程中客服人员需要特别注意一点，最好赠送与顾客购买的商品相关的物品，这样店铺更容易获得好评，而对顾客也更有用一些。

另外，客服人员还可以通过一定的方式来提醒、请求顾客给好评。比如，客服人员可以在快递中塞一封感谢信，感谢顾客的光顾，并在信的结尾表达获得好评的愿望。

9.2 挽回形象，争取追评

在购物的过程中，拼多多店铺的服务与商品并不能够满足所有顾客的个性化需求，所以，有的顾客在评价商品时，难免会写上一些对店铺不利的言论。这时，客服人员需要做的就是挽回店铺的形象，及时回访顾客，安抚顾客的情绪，让顾客帮忙追加评价。

9.2.1　联系顾客，了解原因

如果顾客在商品评价内容中表现出很不满的情绪，就说明在购物的过程中有让顾客不满意的地方，那么，拼多多客服人员就需要了解顾客不满的原因，这样才能改进店铺存在的不足之处，避免更多的顾客在收到货物后，给店铺商品写上一些不好的评价。

【案例展示】

（晚上 12 点刚过，客服人员小李在看到某位顾客给出的评价之后，在第一时间利用购物网站中的聊天软件与顾客取得了联系）

客服：亲，女孩子早点休息对皮肤好哦。

顾客：哈哈，话是这样说的，但我已经养成了晚睡的习惯。你这不是也没睡吗？对了，你是谁，找我有什么事吗？

客服：呵呵，看来我们都是夜猫子。对了，我是 ××× 店的客服小李，看到您刚刚给小店的 A 商品的评价，不知道是哪些地方让您不满意呢？

顾客：哦，你们的处理速度倒是挺快的。你们的商品总体上还算过得去，就是快递配送的速度太慢了，从下单到收到快递过去了一个多星期，害我错过了最佳使用时间，如果换做你，你会怎么做？

客服：您的遭遇小李深表理解，非常抱歉小店的购物为您带来了困扰，但是您也知道，您下单的时间是快递的高峰期，所以，速度上难免要比平时慢一些。这一点小店也是很难控制的，希望您对小店也能多一分理解。

顾客：好吧，这件事不能都怪你们，但是评价我已经改不了了。

客服：没关系，既然误会已经消除了，您能帮忙写一个追加的评价吗？希望您对我们小店的服务没有失望，在以后买东西的时候，您还可以来购买我们小店的商品。

顾客：嗯嗯，可以。你们服务不错，商品质量也挺好，下次我会再次光顾你们。

……

上述为某客服人员与顾客沟通的部分内容，从中不难看出，顾客因为快递配送时间过长，在评价时写了一些对店铺不利的言论。面对这种情况，客服人员在了解顾客给差评的原因后，及时作出了解释，赢得了顾客的谅解。而该客服人员之所以能取得成功，很大程度上是因为客服人员是在第一时间主动与顾客联系，并以真诚的态度让顾客感到自己得到了应有的重视。

【技巧解析】

1. 第一时间处理

部分拼多多店铺通常会安排人员实时查看顾客的评价，一旦发现一些影响店铺商品销量的评价，就会第一时间安排客服人员联系顾客，了解顾客写该评价的原因，并传达给上级，以此优化店铺的服务。可以说，能否做到第一时间应对这些不良言论，是能够体现出店铺对商品质量及商品服务的重视程度的。

2. 主动取得联系

当顾客给商品写出不好的评价内容时，客服人员还需要主动与顾客取得联系。因为顾客在评价之后可能不会与客服人员进行沟通，而且毕竟是店铺对顾客有所求，所以，作为店铺代表的客服人员主动一些也是理所当然的。

9.2.2 给出解释，承诺改进

为了更好地挽回拼多多店铺形象，当看到顾客的评价后，客服人员不仅要给顾客一个合理的解释，还需要让顾客知道出现问题的原因。通过这种方式，也许能让顾客理解店铺经营的不易，从而对自己写出不好的言论感到不好意思。

【案例展示】

客服：请问×先生在线吗？

顾客：在的，你有什么事吗？

客服：×先生，您好！我是×××店的客服小郑，看了您给小店商品的评价，您貌似对咱们的商品不是很满意，所以，特地向您了解一下情况。

顾客：事情是这样的，我在你们店买了一箱水果，结果十多天之后才送到，而且收到时已经坏了一大半了。你就告诉我，如果是你在购物的过程中遇到这样的问题，你还会在评价时多夸店家几句吗？

客服：您的心情可以理解，如果是小郑遇到这种情况，第一想法也和您一样，直接给差评。但是，出现这种情况，实在是有原因的。您也知道"双十一"快递数量多，所以，配送速度比平常要慢一些，而且车辆在送货的过程中出现了一些故障，结果耽误了很长时间。因此，等水果送到您手中时便因运送时间过长而出现了部分变坏的情况。

顾客：原来是这么回事啊！

客服：您应该也知道，网购通常是在买家确认收货之后，店家才能收到钱的。所以，运送速度太慢对小店来说也是没有任何好处的。当然，这件事的主要原因还是小店工作不到位，很抱歉给您带来了困扰。您看这样好不好，小店重新给您发一箱水果，就当是给您的补偿。您也多多理解小店的不易。您放心，这次您在3天内肯定能收到货，小郑也保证不会有一个坏果。

顾客：好吧。听你解释之后，我觉得发生这种事情有可原，你们店也不容易，实在很不好意思。

客服：感谢您的理解，好人一生平安！那您能帮忙在差评的后面写个追评吗？

顾客：当然可以，我现在就去写。

上述为某客服人员与顾客沟通的部分内容，在该案例中，顾客因运送速度太慢，导致水果变坏而在收货后写了不好的评价。

对此，客服人员小郑通过向顾客传达快递数量多以及送货车出现故障影响了送货速度等信息，解释了快递的速度这么慢的原因，并且表示给顾客重新发货，承诺顾客可以在3天内收到货。而顾客最终也因理解店铺的不易而原谅了该店铺，并给店铺追加了评价。

【技巧解析】

1. 给出理由

解释归解释，并不是客服人员解释了顾客就会接受。如果客服人员不能在沟通过程中给顾客合理的理由，那么很有可能会让顾客对客服人员产生反感。当然，有说服力的理由固然重要，但是，客服人员不能为了说服顾客追加评价而编造理由。这是做事没有担当的体现。

2. 承诺改进

既然问题出现了，就说明店铺的服务或商品质量仍存在不足。有不足就要及时改进，确保下次不会出现同样的问题。所以，为了让顾客放心，客服人员在向顾客解释的过程中，还需要承诺对不足之处进行改进。

9.2.3 适度诉苦，博取同情

在顾客看来，在网购过程中出现不愉快的事情时，在评价中发泄对拼多多店铺的不满，是再正常不过的反应。从顾客的角度来说，对店铺发表一些不满意的评价，对顾客自身不会产生很大的影响，但是，对客服人员来说，顾客的评价内容却能影响店铺商品的销量，以及该店铺客服人员的收入。

顾客通常很难理解客服人员的不易。在这种情况下，客服人员便可以通过向顾客诉苦的方式，来让顾客出于同情，同意追加评价，在评价中写夸赞店铺的话语。

【案例展示】

客服：喂，您好，请问是王先生吗？

顾客：你好，我是王×。你是哪位？找我有事吗？

客服：王先生，您好，我是×××店的客服小九。这次打电话过来叨扰就是看看您能不能高抬贵手，帮忙追加评价。

顾客：不至于吧？就一个差评而已，你就专门打电话过来。这要是投诉，你岂不是要登门拜访了，哈哈！

客服：可能在您眼中，客服的工作就是整天坐着帮顾客处理一些小事，是一项工资高还特别舒服的工作，但实际上小九每个月要上26天班，而且每天工作的时间达到了十多个小时。遇到您这种好说话的顾客还好，如果遇到不讲理的顾客，还要默默地忍受。最关键的是，就这种工作强度，小九每个月的工资还不到4 000元。可以说，客服是一件吃力不讨好的差事。

顾客：听你这么说，你的工作倒是挺不容易的，但是，这与我评价你店铺的商品有什么关系呢？

客服：也许在您心里，您写的评价仅仅代表了您对商品或服务的不满意，但是，像小九这样的客服人员是有绩效考核的，如果评论中出现太多不利于商品销量的言论，我当月的工资就会被扣除一部分，情况如果比较严重，甚至会直接丢了工作。所以，能不能冒昧地请您帮忙追加一下评价呢？小九在这里先谢过了。

顾客：原来这么严重啊！好吧，我就当是帮你一把好了。放心吧，我这就追加评价，在上面多写点你们店铺的好话。

客服：王先生，您真是一个好人，要是每位顾客都能像您这样对客服人员多一分理解，我们的工作就会顺利得多了。

……

上述为某客服人员与顾客沟通的部分内容，从中不难看出，在该案例中，顾客认为自己写的评价不会对店铺造成影响，但是在客服人员解释之后，其意识到该评价对于客服工作影响的严重性，该顾客基于对客服人员的同情，最终爽快地答应了追加评价。由此可见，部分顾客是有同情心的，客服人员在一定程度上可以通过适度诉苦的方式，来引起顾客的同情心。

【技巧解析】

1. 说出自己的不易

客服人员在沟通过程中向顾客说出自己的不易，实际上就是告诉顾客，自己的工作不容易，从而引起顾客的同情心。

大多数顾客都有同情心，如果客服人员能够说出自己的不易，即使该客服人员有做得不够好的地方，也更容易取得顾客的谅解。在这种情况下，客服人员自然更容易让顾客作出追加评价的决定。

2. 渲染差评的影响

在网购时，顾客很容易会以个人好恶为评价的标准，随意地对商品进行评价，却不知这对店铺的影响是巨大的。

因此，客服人员有必要让顾客知道一个评价比其想象中更有影响力，甚至可以对顾客评价的影响力进行适当的渲染。这样一来，顾客知道评价的重要性之后，更容易迫于压力而给商品追加评价。

9.2.4　坚持不懈，软磨硬泡

快速让顾客追加评价，让顾客在评论中对之前的评价内容作出解释，这自然是客服人员希望做到的一件事，但是，有的顾客可能不太容易被说服。所以，在遇到这种顾客的时候，客服人员在沟通了一两次之后可能还未取得预期的效果。在这种情况下，客服人员如果对评价比较看重，就需要做好打持久战的准备，采取软磨硬泡的策略来达到目的。

【案例展示】

案例 1

客服：您好，我是昨天联系您的 ×××店客服小宇。想来您应该知道我这次打电话过来的目的了。

顾客：怎么又是你？我都说了不会帮你们坑害其他顾客了。你倒是厉害，换了一个号码又来骚扰我。

客服：不管您是认为我在真诚劝说，还是认为我在骚扰您，我都要告诉您，如果您不帮这个忙，那么您每天都会接到这样的电话，直到有一天您答应给小店追加评论为止。

顾客：就你们这态度还想让我帮你们？不要做梦了。既然如此，我现在就满足你追加评价的希望好了，不过我要在评价中写上关于你们骚扰我的事情，看谁还敢在你们这里买东西。另外，如果你再打电话骚扰我，小心我报警！你自己看着办吧！

……

案例 2

客服：您好，我是×××店的客服小雨，昨天跟您联系过的，不知道您是不是还有印象呢？

顾客：原来是你哦。看来你们确实比较重视这个评价啊！竟然接连几天都打电话和我沟通。

客服：因为小店的工作失误给您带来了困扰，小雨在此向您道歉。您也知道，一个评价对小店的影响是巨大的。小店愿意免费将您升级为店铺会员，就当是给您的一点补偿。就是不知道您能不能看在小店真心悔过的份上，高抬贵手，帮小店追加一下评价，让咱们的商品评论区不至于有太多不好的评价？

顾客：好吧。你们这种坚持不懈的精神让我感觉你们确实对这件事比较重视，而且你们承诺作出补偿了，就冲你们这份真诚我就同意追加评价好了。

客服：非常感谢您的谅解，小店今后一定会为您提供更好的服务，好人一生平安，祝您工作顺利、生活幸福美满！

……

上述为某客服人员与顾客沟通的两个案例，从中不难看出，这两个案例中的顾客都属于比较难以说服的类型，所以，两位客服人员都与顾客进行了多次沟通。

在案例 1 中，客服人员小宇的沟通策略与其说是软磨硬泡，倒不如说是死缠烂打，而且其沟通过程更像是对顾客的一种骚扰，再加上客服人员的骚扰威胁，所以，最终触怒了顾客。而案例2中的客服人员的做法则更可取。虽然也是用软磨硬泡的方法，但是客服人员用真诚打动了顾客，沟通也取得了预期的效果。

【技巧解析】

1. 坚持不懈

虽然客服人员希望通过一次沟通就让顾客追加评价，为店铺说句好话，但是现实与希望往往有一些出入。在与顾客沟通的过程中，客服人员可能会遇到一些不愿意轻易帮忙追加评价的顾客。

对于这一类顾客，客服人员需要多一分耐心，要相信或许在下一次沟通中顾客便会愿意修改差评。只要坚持不懈，努力去获得顾客的认可，顾客在看到客服人员的真诚后，就会有很大概率配合追加评价。

2. 不能骚扰

虽然软磨硬泡体现的是客服人员对顾客的重视，是对自身工作的一种坚持，以及为了成功劝说顾客追加评价而作出的努力，但是不能将这种坚持变成一种骚扰。

因此，客服人员在采用软磨硬泡的策略与顾客沟通时，还需要多一份真诚，而不能做出一些过分的事情，比如，威胁、骚扰顾客等，这些行为都是不可取的。

9.2.5　提出补偿，弥补损失

在顾客看来，不愉快的购物体验给他们造成了损失。所以，如果客服人员不能从物质上作出一些表示，那么部分顾客可能并不会配合客服人员而追加评价。因此，在处理差评的过程中，客服人员还需要适当地考虑顾客的利益，为顾客提供对其更有利的追加评价的方案。

【案例展示】

客服：刘先生，您好，我是×××店的客服小黄。看到您刚刚给了我们商品一个评价，在评价中，您写了一些对店铺名誉有影响的内容，能不能耽误您几分钟时间，让我了解一下情况呢？

顾客：你还好意思来找我？我在你们店买了一瓶洗面奶，结果收到货之后，发现瓶子里的洗面奶只有一半了。你自己说说，就这种情况我没有退货，只是在评论时提了一下，对你们是不是已经比较大度了？

客服：原来事情是这样的。您的心情小黄能够理解。如果小黄遇到这种情况，应该也会这么做。这件事是因为小店工作失误造成的，小店愿意承担全部责任，对您作出一些赔偿。

顾客：东西都没了，你们怎么承担？

客服：您看这样好不好，小店的工作失误给您带来了损失，小店愿意重新给您发一次货，就当是给您的赔偿。

顾客：我手上这瓶洗面奶还能用吗？你们重新发货不是我应得的吗？难道这在你看来也算是一种赔偿？

客服：您说得对，重新发货可能还不能体现小店的诚意。这样，小店在重新发货的基础上，再给您赠送一瓶洗面奶的小样作为给您的赔偿。当然，也希望您看在小店这么有诚意的份上，高抬贵手，帮个忙追加一下评价，解释一下给差评的原因。

顾客：好吧，你们既然愿意解决这个问题，那么我也可以给你们一个机会。只要你们承诺的做到了，我就答应追加评价。

客服：感谢您的支持和理解，小店一定不会辜负您的信任。

上述为某客服人员与顾客沟通的部分内容，在该案例中，顾客因为商品在运输过程中出现了问题，所以在评价时直接发表了一些影响店铺商品销量的言论。

在了解了情况之后，该客服人员主动提出了重新发货的补偿，但是顾客觉得补偿力度不够。因此，客服人员承诺再赠送一瓶洗面奶的小样，而得到赔偿的顾客也表示只要客服人员承诺的事情做到了，就考虑追加评价。

【技巧解析】

1. 主动提出补偿

主动提出和被人要求的意味是截然不同的，给顾客作出赔偿也是如此，客服人员主动作出赔偿体现的是一种负责任的态度，而如果是顾客要求的，就有些像是被迫做的事了。既然主动也要赔偿，被动也要赔偿，那么为什么不主动一点，给顾客留下一个好印象呢？

2. 控制补偿额度

虽然价值越高的赔偿，对顾客越具有吸引力，也越能让顾客答应修改差评，但店铺经营以盈利为目的，而要盈利自然就需要尽可能地控制支出。所以，客服人员在向顾客提出赔偿时，需要对赔偿的价值额度进行控制。如果赔偿的价值过高，那么对店铺来说是划不来的。因此，在赔偿价值上客服人员需要拿捏好。

9.2.6　顺应顾客，帮助退单

在不同情况下，应对顾客的方法不同。在一般情况下，如果客服人员给出合理的补偿，那么顾客是愿意追加评论的。但是，当顾客对订单不满意，并表现出强烈的退单愿望时，即使客服人员给出一些补偿，顾客可能也不会同意追加评论。此时，客服人员与其给出更有吸引力的补偿，倒不如顺从顾客，帮助其完成退单。

【案例展示】

客服：张先生，您好！我是×××店的客服人员小熊。看到您刚刚写的商品评价，不知道是哪些地方让您觉得不满意呢？

顾客：我在你们店里花几百块钱买了一双跑步鞋。结果收到的是一双鞋面胶水都没有处理干净，鞋底硬邦邦的鞋子。换作是你，你会不会不满呢？跟你说，就你们这鞋子，我都想直接扔了。

客服：非常抱歉，小店的商品没能达到您的要求。对您的心情小熊表示理解，小店愿意对此作出一些补偿，不知道能不能麻烦您高抬贵手，追加一下评价，帮咱们店铺说说好话？小熊感激不尽了！

顾客：说实话，就你们这双鞋，即使补偿再多，我也不想要。你们只要让我把这双鞋子给退了就行。

客服：因为您的鞋子还在退换期内，小店可以帮您退单，而且退单之后您也可以获得全部购物款项，但是，有一些事得跟您说明一下。退单是有一个过程的，其中包含了诸多环节。

顾客：嗯，我都了解了。只要退单成功，我就不会再故意为难你们。

……

上述为客服人员与顾客沟通的部分内容，在该案例中，顾客显然对商品非常不满意。所以，即便客服人员承诺适当作出赔偿，顾客也不会做出让步。在这种情况下，客服人员应该做的是顺应顾客的心意，帮助其完成退单。

【技巧解析】

1. 告知退单事项

退单在顾客看来可能只是一个简单的动作，但是，真正完成退单却需要一个过程。在这个过程中，包含了诸多需要注意的事项，客服人员有必要在沟通过程中将退单的一些注意事项告知顾客，以免让顾客产生不好的想法，引发争端。

2. 承诺退还款项

说到退单，大部分顾客最关心的是退还款项的相关问题。毕竟这直接关系到顾客的个人利益。因此，客服人员需要在沟通过程中对退还款项作出承诺，并在沟通过程中尽可能详细地对退还款项的事项进行说明。比如，客服人员可以对退还的金额是多少，多久之后顾客可以收到退还的款项等问题进行说明，这些都是顾客着重关注的问题。

9.2.7 应对碰瓷，守住底线

随着电商的发展，网上开始出现一种新兴的职业——差评师。所谓差评师，就是指通过给店铺差评来获取收益的人。

拼多多平台虽然没有好评、差评之分，但是其中不免有部分顾客是想要通过给商品写一些不好的评价，来让客服人员满足其需求的。对客服人员来说，要想让这类顾客追加评价是一件很难的事情，所以，客服人员要掌握一些应对的技巧，维护店铺的利益，守住底线。

【案例展示】

客服：喂，您好，请问是马先生吗？我是×××店的客服人员小刘，看到您在收到商品时，写了一些不太好的评价，不知道是哪里出了问题呢？

顾客：哪里出了问题我不知道，我只知道如果你不给我一些补偿，休想让我帮你追加评价。

客服：啊？您是什么意思呢？

顾客：我的意思是你要我帮你追加评价，就得给我一点酬劳，我现在说得够明白了吗？

客服：亲，您是差评师对吧？小刘知道您之所以做差评师，是因为生活不易。其实，像我们这种客服又何尝不是呢？每个月工作 26 天，每天一坐就是十多个小时，每个月的工资不到 4 000 元，而且如果顾客的商品评价中对商品和服务的不满较多，我们就会被扣工资，甚至被辞退。您看这样好不好，我把交易金额退还给您，您帮个忙，追加一下评价，给小店写点好的评价内容，好吗？

顾客：好吧，看你也挺可怜的，只要你把交易金额退还给我，我就帮你这个忙！

......

上述为某客服人员与顾客沟通的部分内容，在该案例中，客服人员应对顾客采取的策略是适当作出让步。客服人员在告知顾客自己不易的同时，承诺将交易金额退还。而该顾客在同情客服人员之余，也表示同意追加评价。

【技巧解析】

1. 作出让步

差评师给店铺造成的伤害是不可忽略的，客服人员处理差评的目的就是减少顾客的评价内容对商品销量的不良影响，所以，在面对疑似差评师的顾客时，部分客服人员会选择作出一些让步，谋求所谓的双赢。在给该顾客一些好处的同时，让其追加评价。

2. 斗争到底

某些顾客很明显是带着恶意来的，客服人员一味地退让只会让店铺的利益受到影响。所以，拼多多客服人员在面对这类疑似差评师的顾客时，可以采取斗争到底的策略。

当然，与差评师斗争到底是正面的、值得学习的。但是，既然是斗争，客服人员就需要拿到一些证据，从而联系拼多多客服，发起投诉，而不能单纯地为了争一口气，就与其撕破脸，这样做并不能给店铺带来任何好处。

第 **10** 章

处理投诉，
重塑信心

学前提示

　　在一般情况下，顾客是不会轻易投诉店铺的。如果顾客走到投诉这一步了，就说明顾客对此时的购物体验非常不满，甚至对店铺失去了信心。

　　面对顾客的投诉，客服人员需要做的就是在让顾客撤销投诉、化解危机的同时，通过沟通来重塑顾客对店铺的信心。

要点展示

> ➢ 产生投诉，常见场景

> ➢ 应对投诉，常见技巧

> ➢ 解决投诉，注意禁区

10.1 产生投诉，常见场景

顾客对店铺进行投诉，比较常见的原因包括忘发货或发货不及时、少发货或者错发货、商品与描述差距大以及商品运输时被破坏等。本节将对这几种投诉情景分别进行解读，为客服人员提供具体的应对方法。

10.1.1 物流缓慢，收货延迟

与在实体店购物不同，网购是需要将商品从店铺的仓库运送到顾客手中的，所以，顾客真正拿到货是需要时间的。而对顾客来说，自然是越快收到商品越好。

但是，其中不免由于多种因素影响，导致顾客要等比较长的时间才能收到货。时间对谁来说都是宝贵的，更何况是急切等待快递的顾客。所以，顾客很可能会因不满而对店铺进行投诉。

【案例展示】

客服：您好，请问是王小姐吗？

顾客：是的，你有什么事吗？

客服：您好，我是×××店的客服小赵。看到您刚刚对小店进行了投诉，所以，冒昧地向您了解一下情况。

顾客：投诉原因我都写在评价里面了，你自己可以去看。像你们这种发货不积极，还要顾客提醒的店铺，不投诉你，投诉谁？

客服：小赵看了一下您的评价，您是说您下单两天之后，小店还没发货，所以，向客服人员说明了情况，而小店也在当天给您发货了，但是，因为发货不及时，所以您没能在预期内收到商品。请问是这样的吗？

顾客：是啊，我都不想说了，你们不想做这单生意就早说，干嘛耽误我时间？害我这么久才拿到货。

客服：非常抱歉，这件事是小店的错。因为小店那几天订单比较多，所以我们发货的同事把您的订单给遗漏了。直到您提醒客服，小店才发现问题。您放心，店长已经对该同事进行了严肃批评，他将为他的粗心付出 3 天工钱的代价。人有失手，马有失蹄，每个人都会有出现失误的时候，还希望您能看在小店重视此事的份上，帮忙把投诉撤销了，小赵在这里拜求了！

顾客：好吧，你说得对，谁都有出现失误的时候，更何况犯错的人也付出了代价，我可以撤销投诉。另外，罚 3 天工钱会不会太重了一点啊？

上述为某客服人员与顾客沟通的部分内容，在该案例中，顾客因为在下单之后店铺未及时发货，导致其在预期内没能收到货，所以对此事非常愤怒，并对店铺进行了投诉。

面对这一情况，客服人员首先对顾客表达了歉意，然后向顾客说明了事情发生的原因，并表示犯错的人将会为此付出代价。而顾客在看到这些之后，觉得可以理解，表示可以撤销投诉。

【技巧解析】

1. 向顾客说明具体原因

有的顾客选择对店铺进行投诉，很可能并不仅仅是表达自己对购物的不满，还希望通过这种方式得到一个说法，而且在顾客看来，忘发货或发货不及时完全是店铺的责任。所以，客服人员在沟通过程中，还需要向顾客说明忘发货或没有及时发货的原因。

2. 让顾客心理得到平衡

面对忘发货或发货不及时的情况，顾客往往会认为店铺没能让其在第一时间收到商品，这在部分顾客看来算得上一种时间成本的增加，让顾客会因觉得遭受损失而心理不平衡。

对此，客服人员还需要在沟通过程中采取一定的方法，让顾客的心理得到平衡。这样让顾客撤销投诉将会变得简单一些。比如，客服人员可以告知顾客，犯事者已经得到处罚，或者针对顾客的损失给出一些补偿。

10.1.2 店铺失误，错发商品

对顾客来说，网购就好比浪里淘沙，从网店的选择再到购买对象的确定，可能花费了不少的时间和精力。

所以，当顾客好不容易下单选购了商品，结果却发现店铺少发货或发错货，其在得到这个结果时的愤怒可想而知，所以，很多顾客可能会因愤怒而投诉。

【案例展示】

客服：您好，请问是马先生吗？

顾客：我是马××，不知道找我有何贵干？

客服：马先生您好，我是××店的客服小黄。刚刚得知您对小店进行了投诉，非常抱歉，这次购物给您带来了困扰。

顾客：我真是受够了，在你们店买了5斤装的杧果，结果给我发了个3斤装的，你们这么坑顾客，我觉得投诉还少了。你道歉也不好使。

客服：非常不好意思，之所以会出现这种情况是因为发货的同事粗心，错将3斤装的杧果当成了5斤的。毕竟每个人都有犯错的时候，还希望您能大人不记小人过。

顾客：你的态度还算可以，但是，把3斤装的杧果当成5斤装的发给我，难道我就要吃这个哑巴亏？

客服：您放心，这件事都是小店的错，小店愿意承担全部责任。为了表达歉意，小店将再为您发一件3斤装的杧果，也希望您可以看在这份上，帮忙把投诉撤销了，小黄不胜感激。

顾客：好吧，看你态度还不错，我就帮你把投诉撤销了。

上述为某客服人员与顾客沟通的部分内容，在该案例中，顾客因少发货而对店铺进行了投诉。面对顾客的投诉，客服人员及时与顾客取得了联系，在沟通过程中多次主动表达歉意，并针对顾客的损失采取相应的举措进行补救。而顾客在看到客服人员的态度之后，最终同意撤销投诉。

【技巧解析】

1. 主动表达歉意

既然顾客已经对店铺进行了投诉，那么客服人员在与顾客沟通的过程中一定要主动向顾客表达歉意，并表示愿意为此承担责任。这是客服人员在处理投诉时应有的态度之一。

只有如此，顾客才会愿意配合客服人员解决问题。当然，如果少发货或错发货的失误并不是店铺造成的，那么客服人员在沟通过程中还需要进行必要的解释。但是，这个解释必须放在顾客态度缓和之后，否则，顾客可能会认为客服人员只是为了推卸责任。

2. 积极进行补救

无论是少发货，还是错发货，在顾客看来，都是造成损失的失误。所以，客服人员要从根本上解决问题，让顾客同意撤销投诉，还必须采取相应的措施，积极地对顾客的损失进行补救。

10.1.3　商品实物，不符预期

通常来说，店铺中的商品介绍与真实商品或多或少会有一些出入，这是因为店铺为了让商品对顾客更具吸引力，会适当地强化商品的优势，而对于商品的不足则可能会掩盖起来。

因此，有时候相同的商品，卖家秀和买家秀之间的差距可能是非常大的，而部分顾客由于无法接受这种差距，就会认为店铺是在欺骗顾客。

【案例展示】

客服：王先生您好，我是××店的客服小晨。刚刚小晨了解到，您因为商品的描述和实际有差距，所以对小店进行了投诉。请问是这样的吗？

顾客：投诉你们怎么了？我在你们店铺买了一个手机用的U盘，你们说使用方便，但要拆开手机壳才能用是什么鬼？你觉得这样方便吗？

客服：非常抱歉这次购物给您带来了不愉快。关于要拆开手机壳才能使用的问题，主要是因为该商品是采用贴合手机的设计。因此，当手机套上手机壳之后，手机与U盘之间会出现一定的距离，导致手机无法连接U盘。所以，只有拆开手机壳之后该商品才能正常运行。而小店在商品介绍中所说的方便，主要是强调该U盘在电脑和手机中都可以使用，并且传输速度比较快。

顾客：那32G的U盘，实际容量只有29G，你又怎么解释呢？少了这么多，你们难道不是在欺骗消费者？

客服：您的这个问题是存储行业经常遇到的问题。这主要是因为操作系统和储存行业对容量的计算方式是不同的，操作系统的1G是指1024M，而储存行业的1G则只有1 000M。因此，您购买的32G的U盘，在手机中显示时只有29G。这只是计算标准不同而已，并不是要欺骗您。

顾客：所以，我不应该投诉你们？

客服：您的做法小晨可以理解，如果小晨遇到您这种情况，很可能也会选择投诉。当然，这件事小店也应该承担一部分责任，如果在商品信息中对这些问题进行说明，就不会出现这些误会了。小店愿意将您免费升级为 VIP，就当是给您的一点心意，也希望您可以对小店多一分理解，帮忙撤销对小店的投诉。

顾客：你放心，这件事也是因为我没搞清状况造成的误会，我会把投诉撤销的。

上述为客服人员与顾客沟通的部分内容，在该案例中，顾客在收到商品之后，认为店铺商品描述与实际有较大的差距，觉得店铺是在欺骗顾客。面对这种情况，客服人员先是向顾客作出了合理的解释，让顾客意识到这是由于理解的不同造成的误会，然后表示店铺对此事承担一定的责任，并以将顾客升级为 VIP 作为赔偿，成功地让顾客撤销了投诉。

【技巧解析】

1. 给出合理解释

当商品的描述与实际差距较大时，顾客可能会觉得店铺是在欺骗消费者，便对店铺进行投诉。对于这种情况，客服人员需要做的就是让顾客看到店铺的描述是符合实际情况的。在此过程中，客服人员作出合理解释很有必要。

2. 请求顾客理解

无论是因为店铺的描述与实际有出入，还是因为顾客曲解了商品介绍中的部分信息造成了误解，店铺都需要承担一定的责任，而且在沟通过程中，客服人员不仅不能责怪顾客，还需要给顾客一个台阶下，让顾客同意撤销投诉。

10.1.4　运输差错，商品破损

因为网购是需要将商品从店铺的仓库送到顾客手中的，在此过程中，商品需要经过一段时间的运输，而在运输的过程中，难免会出现商品被损坏的情况，所以当顾客收到被损坏的商品之后，心情肯定会非常不愉快。因此，即便顾客知道错不在商家，也会以店铺未做好包装为由进行投诉。

【案例展示】

客服：刘小姐，您好！我是 ×× 店的客服，刚刚了解到您因为商品被损坏对小店进行了投诉，小马特此来向您了解一下情况，还希望您能花几分钟配合一下。请问您是什么时候发现商品被损坏的呢？

顾客：我也是醉了，买了一套陶瓷碗，结果打开快递一看，发现大半已经碎了。

你说碰到这种情况，有理由不投诉吗？

客服：嗯，对于这种情况，您投诉小店，小马是可以理解的。毕竟对于此事小店也需要负一定的责任，但是，这些商品在发出时都是完好的，而陶瓷又是易碎品，所以，商品一定是在运输过程中没有轻拿轻放才被损坏的。

顾客：我也知道是在运输过程中损坏的，但你们是要为这件事负责的，因为如果包装得足够好，商品是不可能会被损坏的。

客服：您说得很对，正因为如此，小店愿意为此事承担全部责任。不过有一点需要向您说明，您在收货时应该检查一下的，如果出现商品被损坏的情况，您可以选择拒收。这样不仅您可以更好地维权，也方便小店追究快递方的责任。您说是不是这个理？当然，现在最重要的还是帮您解决问题。您看这样好不好，小店为您重新发货，您帮忙把投诉撤销了。

顾客：确实，不得不说你的分析还是有一定道理的，我对事不对人，只要你们重新发货，我收到的货没有问题，我就撤销投诉。

上述为某客服人员与顾客沟通的部分内容，在该案例中，顾客由于发现商品出现了大量破损，一气之下对店铺进行了投诉。面对顾客的投诉，客服人员首先了解了事情发生的原因，然后主动表示店铺会对此承担责任，并对问题的出现进行了必要的分析。最终，顾客表示只要店铺重新发的货没有问题就撤销投诉。

【技巧解析】

1. 了解原因

对于商品在运输过程中被损坏的情况，顾客在投诉时更多的只是关注结果，而客服人员需要了解事情发生的原因，并将之告知顾客。这一方面是为了给顾客一个解释，另一方面也是为了在接下来的沟通中找到方向。

2. 进行分析

商品在运输过程中被损坏，有可能是因为包装做得不够到位，对此，店铺也需要承担一定的责任，但是，客服人员需要分析出问题的具体原因，并向顾客说明清楚，维护店铺的形象。

在一般情况下，如果顾客在签收完成后才发现商品损坏了，那么顾客自身也是有一定责任的。因此，客服人员可以针对这些情况进行必要的分析，让顾客看到店铺虽然愿意承担责任，但并不是全部责任都应该归咎于店铺。

10.2　应对投诉，常见技巧

与一般的沟通不同，在解决投诉问题的过程中，部分顾客会因对购物不满意而将负面情绪带入沟通，这无形之中就增加了沟通的难度。而要在难度增加的情况下，成功完成沟通，学习一些解决投诉问题的沟通技巧就显得尤其重要。

10.2.1　幽默应答，缓和气氛

通常情况下，顾客之所以进行投诉，是因为其对商品的服务非常不满。所以，当客服人员与顾客沟通时，一部分怨气比较重的顾客可能会在沟通过程中显得不太友善。而作为一名客服人员，需要做的就是积极地对顾客的情绪进行调整，从而将整个气氛缓和下来，为投诉的处理营造一个相对合适的氛围。

【案例展示】

客服：您好，请问是马先生吗？

顾客：嗯，我是，你是哪位？找我有什么事吗？

客服：马先生您好，我是 ×× 店的客服小张。刚刚看到您对小店进行了投诉，不知道是哪些地方让您不满意呢？

顾客：就你们店的笔记本电脑，无论是外观，还是性能，都远不如预期。我投诉你们难道不应该吗？

客服：所有的过错都在小店身上，客官这么做是应该的。非常抱歉小店的商品没能达到您的预期。

顾客：你这态度还可以，我就想问问就你们这电脑，能做些什么？

客服：这电脑可不得了，不仅能在 Word 中输入文字，还能用来玩扫雷游戏呢，您说厉害不厉害？

顾客：你是真的厉害，那缺点呢？你也一块说说看。

客服：非常抱歉，用这款笔记本电脑打不了电话，也煮不了饭啊！

顾客：哈哈，你倒是蛮幽默的。

客服：哈哈，看来您现在心情好一些了。您也知道现在网店是很难经营的。您的投诉很有可能会让小店直接关店了。不知道能不能麻烦您高抬贵手，放小店一条生路呢？

顾客：好吧，我就看在你态度还不错的份上，把投诉撤销好了。

客服：小张代表小店对您的理解表示万分感谢。好人一生平安，也祝您工作顺利、生活幸福美满！

……

上述为某客服人员与顾客沟通的部分内容，在该案例中，顾客因商品的外观和性能未能达到预期而直接对店铺进行了投诉。面对顾客的不如意，客服人员在顺应顾客的同时，通过幽默的应答，慢慢地缓和了顾客的怒气，顺势提出让顾客撤销投诉的想法，顾客由于心情好，最终答应了客服人员的请求。

【技巧解析】

1. 顺着顾客

人的行为都是深受个人情绪影响的。顾客对店铺进行投诉是因为其对购物不满意，甚至对顾客有比较大的怨气，而客服人员又是店铺的代表，所以，顾客很可能会将怨气发泄到客服人员身上。

对此，客服人员应该调整好情绪状态，在沟通过程中，尽可能地顺着顾客的意思，因为只有当顾客的情绪稳定了，才能对客服人员的话听得进去。

2. 幽默应答

客服人员要想让顾客撤销投诉，就必须赶走顾客的坏情绪。顺着顾客虽然能起到这一作用，但是，这种做法会让客服人员显得太过被动，而且顺着顾客通常需要一个较长的过程才能将顾客的怨气基本消除。

对此，客服人员可以主动对顾客的情绪进行调整，让顾客无心再去生店铺的气。具体的做法是在应答过程中，尽可能幽默地进行表达。

当顾客投诉店铺时，客服人员在与顾客沟通的初期，首先要做的就是通过一些办法让沟通的氛围缓和下来。

对此，客服人员需要尽可能地在顺应顾客的同时，通过一些语言上的表达让顾客的心情好起来。这样一来，顾客在面对客服人员撤销投诉的请求时，通常能够更容易接受。

10.2.2 直面问题，主动担责

如果顾客选择对店铺进行投诉，就说明很可能在顾客的购物过程中出现了比较严重的问题，而且在顾客看来，该问题的出现，店铺需要承担主要责任。

在这种情况下，不管责任在谁身上，如果客服人员不直面问题，而是推卸责任，顾客就会认为店铺没有担当。这样一来，客服人员将很难劝说顾客撤销投诉。

【案例展示】

案例 1

客服：请问是王先生吗？

顾客：我是，你有什么事吗？

客服：我是 ×××店的客服人员小张，这次打扰您就是想知道您能不能帮忙撤销对小店的投诉。

顾客：我就呵呵了，就你们那几十块钱成本的货卖几百块钱，你觉得我不应该投诉吗？还有，你说撤销就撤销，我就问你，你凭什么？

客服：您也知道小店只是负责销售，质量是生产商的问题，而且小店这件商品的价格比一般的店铺要低一些，您这样给小店一个差评是不是不太好呢？

顾客：就你这不愿意担责的态度，你确定你是来让我撤销投诉的，而不是让我再投诉一次的？多说无益，我懒得和你浪费口水了！

......

案例 2

客服：请问您是王先生吗？

顾客：我是王××，不知道你找我有什么事？

客服：王先生您好，我是×××店的客服小胡。刚刚看到您对小店进行了投诉，不知道是哪些地方让您觉得不满意呢？还请您告知一二。

顾客：我在你们店购买了 A 商品，拿到手后感觉质量和几十块钱的货差不多，而你们却卖几百块，就这种性价比，我有理由相信你们是在欺骗消费者。

客服：小店的商品没能达到您的预期，小胡深表歉意。对于这件事，小店愿意一力承担所有责任，无论您是选择退款，还是换货，小店都可以接受。只是您也知道现在的商品卖点主要是品牌和做工，虽然对于这款商品您感觉质量一般，但是它的其他方面远优于市面上那种几十块钱的商品。

顾客：你这么一说也有道理，我当时买这件商品就是看中的这个品牌。我投诉是想要个说法罢了！好了，这几百块钱的东西我也懒得退款退货了，太麻烦了。你放心，问题既然解决了，我会撤销投诉的。

客服：那就太感谢您的支持和理解了。

……

上述为客服人员与顾客沟通的两个案例，在案例 1 中，客服人员面对问题，想的是推卸责任，很显然顾客并不买账，而且客服人员很有可能会因为沟通态度不够好，再一次收到投诉。而在案例 2 中，客服人员在得知问题后，第一时间表示愿意担责，并动之以情，晓之以理，在没有做出额外补偿的情况下便获得了顾客的谅解。

【技巧解析】

1. 找到问题

要解决问题，就必须要找到问题出现的原因。对于投诉的顾客，部分顾客虽然抱怨比较多，但是会将重点告知客服人员，对于这一类顾客，要找到问题是比较容易的。但是也有部分顾客被怨气冲昏了头脑，所以不想配合客服人员解决问题，对于这一类顾客，客服人员就需要多一些耐心，通过语言的引导找到问题。

2. 主动担责

对客服人员来说,找到问题非常关键,而对顾客来说,解决问题才是他(她)们的最终目的。所以,直面问题除了找到问题,客服人员还需要就相关问题主动承担责任,帮助解决问题,让顾客看到自己的态度。

当然这不一定是要客服人员作出多大的赔偿,但是至少要让顾客觉得客服人员是有意解决问题的。只有这样,顾客才能过了自己心里那道坎,答应客服人员撤销投诉的请求。

>> 专家提醒

顾客在购物时除了对商品本身有要求,还对购物过程有一定的要求。前者体现的是物质要求,后者更多体现的是精神要求。需要特别说明的是,有时候在顾客看来精神需求可能比物质需求更重要。

因此,如果要让这些顾客撤销投诉,客服人员需要做的就是给顾客一个说法,让其觉得有台阶可下。在此过程中,客服人员并不一定要作出多大的赔偿,但是,一定要让顾客看到你是敢担当的,否则,即使赔偿足够大,也不一定能获得顾客的谅解。

10.2.3　联系顾客,化解矛盾

和给差评一样,大部分顾客进行投诉也是因为其对商品和服务不够满意。甚至可以说,在顾客看来,投诉的严重程度还要重于给差评,所以,如果顾客已经走到了投诉这一步,就说明店铺中的商品或服务可能真的有一些问题。

既然顾客认为问题出在店铺这一方,而客服人员又是店铺的"代言人",那么为了解决投诉、化解矛盾、重塑顾客对店铺的信心,客服人员就应该及时联系顾客,解决顾客的问题。

【案例展示】

案例1

客服:马先生您好。

顾客:你是哪位?我好像不认识你啊!

客服:您好,我是×××店的客服小依,得知您对小店进行了投诉,不知道能不能麻烦您说一下具体情况呢？

顾客：我就呵呵了，我都投诉了一个多星期了，你不打电话过来我都忘了这件事了。既然你们这么不重视，那么我觉得没有必要坐下来谈了。当然了，你们也不要妄想我会撤销投诉。

案例 2

客服：您好，请问是王先生吗？

顾客：我是王××，请问你是哪位，找我有什么事？

客服：您好，我是×××店的客服小慧。看到您刚刚投诉了小店，不知道是什么原因呢？

顾客：嗯，你们对投诉的反应速度倒是挺快的，我投诉完没多久你们就找到了我。这效率还是不错啊！

客服：那是自然，您是小店的重要顾客，您的看法就是小店的一面镜子，对于您的投诉，小店自然要在第一时间处理啊！

顾客：嗯，挺不错的，以你们处理投诉的速度和态度，我觉得可以坐下来谈谈。只要你们达到了我的要求，我就考虑撤销投诉。

上述为客服人员与顾客沟通的两个案例，在案例1中，该客服人员在顾客投诉之后一个星期才联系到顾客，这让顾客觉得店铺对自己的投诉并不上心。所以，在得知客服人员的来意之后，顾客当即表示没有谈的必要，并且不会撤销投诉。

在案例2中，客服人员是在得知顾客的投诉之后，第一时间就联系到了顾客，让顾客看到了店铺对自己的重视。所以，顾客愿意和平解决这个问题，并表示只要达到了要求，就撤销投诉。

【技巧解析】

1. 主动着手处理问题

很多时候，顾客如果对商品或服务非常不满意，就会投诉店铺。而在投诉之后，大多数顾客不会直接联系店铺，更不用说要求顾客对投诉进行处理了。

然后问题的解决总是要有主动的一方，更何况在面临投诉时，店铺是处于相对弱势的地位，如果客服人员能够用积极主动的态度打动顾客，那么顾客的投诉自然就更容易被撤销了。

2. 第一时间取得联系

作为店铺的代表，客服人员联系顾客的速度也是店铺对投诉重视程度的体现。顾客对店铺进行投诉，一方面是表达自己的不满，另一方面是希望引起店铺的重视，从而更快地解决问题。客服人员如果能在第一时间联系顾客，那么在顾客看来店铺对投诉便是重视的。在这种情况下，顾客自然也就更愿意沟通。

10.2.4 耐心倾听，对症下药

在解决投诉问题的过程中，客服人员的态度非常关键。所以，客服人员在与顾客沟通时需要耐心倾听顾客的抱怨，即便顾客的话听上去令人不舒服也应该多一份忍耐。只有耐心倾听，才能找到问题所在，对症下药，让顾客撤销投诉。

【案例展示】

客服：张先生您好，我是××店的售后客服小高，因为刚刚看到您投诉了小店，所以冒昧地打电话来向您了解一下情况。

顾客：告诉你，就你们这商品和服务，我觉得投诉还少了。你也别来烦我了，再多说只是浪费大家的时间。

客服：刘先生，小店的服务和商品未能让您满意，全怪小店工作不够周到，小高对此表示抱歉。但是，有问题还是要解决的，您不妨给小高一根烟的时间，说不定我们能通过沟通获得共赢呢？

顾客：好吧，你说得也有道理，但是，你告诉我，我在你们店买了一瓶咖啡粉，买的时候写好的是纯黑咖啡，你们却给我发了一瓶香醇咖啡，关键是喝了一次之后我才发现味道不对，然后我看了一下，咖啡粉的食品保质期只有几个月就到了。另外，对于你们承诺赠送的咖啡杯我并没有看见影子。出现这种情况，投诉你们难道不应该吗？

客服：嗯，您的心情我可以理解，可能小高遇到这种情况也会做出和您相同的决定。对于小店工作的失误，小高在此向您致歉。您是说小店发错了货，给您发了快过期的货，然后没有给赠品，是这样吗？

顾客：嗯，那你说这个问题要怎么解决呢？

客服：您的不愉快是小店工作失误导致的，小店愿意一力承担您的损失，重新给您发一次货，并赠送一小瓶咖啡粉当是赔罪，也希望您看在小店知错就改的份上，放小店一条生路，帮个忙，把投诉给撤销了。

顾客：好吧，像你们这种网店，每天的订单比较多，个别的工作失误也是可以理解的，你的服务态度还算不错。我也不是不讲理的人，如果你们真的肯重新发货，我不仅会撤销投诉，还会考虑给你们一个好评。

客服：您放心，小店这次一定不会辜负您的信任的。小高在此代表小店感谢您的理解和支持，好人一生平安！

上述为客服人员与顾客沟通的部分内容，在该案例中，顾客因为店铺错发了快到期的货，所以直接对店铺进行了投诉。面对这种情况，客服人员显得很有耐心。先是通过讲道理，让顾客说出了主要的问题，并通过倾听把握了重点，再以赔偿表示了歉意。而顾客最终被客服人员耐心的服务给打动了。

【技巧解析】

1．耐心倾听

因为顾客对购物不满意，所以客服人员在沟通的过程中很可能会面对顾客的抱怨。虽然有时候顾客的话语听上去有一些絮叨，甚至让人感觉不舒服，但客服人员需要知道的一点是只有多一分耐心才能解决实质问题。

2．重复确认

在耐心倾听、获取顾客的抱怨内容之后，客服人员接下来需要做的就是对顾客不满的原因进行确认。在此过程中，客服人员可以在与顾客沟通时抓取相应的关键字，然后进行适度的重复询问，从而更好地找到顾客不满的原因。需要特别说明的是，只有找到问题才能针对性地解决问题，所以在这个过程中确认问题出现在哪里非常关键。

10.2.5　根据评估，赔偿损失

顾客的投诉源自对购物的不满意，而不满意的购物或多或少地会给顾客造成一定的损失，至少在顾客看来是这样的。所以，要让顾客撤销投诉，评估并承担其损失是必不可少的。

评估损失更多的是为承担损失所做的准备，既然客服人员已经通过沟通对顾客的损失进行了相对合理的评估，那么接下来客服人员需要做的就是以顾客的损失为依据，承担相应的责任。

【案例展示】

客服：赵先生，您好！我是××店的客服小同，您刚刚对小店进行了投诉，这次冒昧给您打电话就是想向您了解一下情况。

顾客：呵呵，对于你们店的东西我算是服了。虽然这副耳机也就值几十块钱，但是接电话听不到声音，听音乐调不了音量。我把它买来了又有什么用呢？最关键的是，你们的信息介绍中明确说明这款耳机和我的手机是适用的。唉！看来我是花几十块钱买个教训了。

客服：原来是这么回事，想必您用的是××手机吧。

顾客：是啊，怎么了？

客服：对于这款耳机小店用多种型号的手机进行过测试，确实不太适合您这款手机。本来小店是要对商品信息进行更改的，可是运营人员事情比较多，一时之间就忘了。这件事都是小店的过失，在此，小同代表小店向您致歉了。

顾客：你们准备怎么解决呢？不会就打算道歉糊弄过去吧？虽然只有几十块钱，但也是钱啊。

客服：您看这样好不好，您的耳机还在包换期限内，为了表达小店的歉意，您可以要求换货，小店会为您重新发货，并赠送一张手机膜，或者小店可以给您发价格更高的B款耳机，就当是给您赔罪了。当然，也希望您看在小店这么有诚意的份上，高抬贵手，帮忙把投诉撤销了。

顾客：行吧，我也是讲道理的人，既然你们作出了合理的赔偿，我就帮你们一把好了。

上述为某客服人员与顾客沟通的部分内容，从中不难看出，由于店铺未及时对商品信息进行更新，导致顾客买到了不适用的商品，从而让顾客对店铺进行了投诉。所以，赔偿损失就成了让顾客撤销投诉的重要条件之一。在本例中，客服人员不仅主动表达了承担责任的态度，更用高于商品价格的赔偿让顾客看到了诚意。因此，顾客最终同意撤销投诉也就在意料之中了。

【技巧解析】

1. 进行合理评估

客服人员在了解了损失之后，接下来要做的就是对顾客的损失作出评估。损失评估是对顾客作出赔偿的重要依据。一方面，赔偿低于损失，可能无法打动顾客。另一方面，赔偿太多，从店铺的角度来看，是划不来的。需要注意的是，顾客通常会对赔偿有一个预期，如果客服人员只是严格按照损失评估进行赔偿，那么可能会出现赔偿达不到顾客预期的情况。

2. 赔偿要体现诚意

既然客服人员愿意为顾客的投诉买账，也对顾客的损失进行了评估，那么，要让顾客撤销投诉，就应该在赔偿损失方面体现出一定的诚意。一方面，这是为了让顾客的心理获得平衡，另一方面这能让顾客看到客服人员真诚的态度，明白客服人员是真心想解决问题的。

10.2.6　适时提醒，邀请回评

面对顾客的投诉，部分客服人员在处理问题时，除了让顾客撤销投诉，可能还想通过沟通来争取顾客的好评。虽然要实现这一目标有一定难度，但并不是不能做到。所以，客服人员可以在获得顾客撤销投诉的保证的基础上，趁热打铁，及时邀请顾客回评。

【案例展示】

顾客：好吧，这件事确实不能全怪你们店铺。我就答应你的要求，帮忙把投诉撤销好了。

客服：马小姐，您能不能好人做到底，顺便给小店一个好评呢？

顾客：我说你这要求会不会有些过分了呢？要我撤销投诉倒还说得过去，毕竟是我对你们店铺进行投诉的，但是，这次购物谈不上多么愉快吧，我为什么要给你们好评呢？你给我一个理由。

客服：小刘也知道回评可能会耽误您一些时间，但是，您也知道您的评价对小店是非常重要的。当然，为了弥补您时间上的损失，小店可以将您升级为店铺VIP，您以后在小店购物皆可享受九折优惠，您看样怎么样？

顾客：好吧，看在你这么有诚意的份上我就答应你了。

客服：小刘代表小店感谢您的支持和理解，祝您工作顺利、生活幸福美满。对了，小刘在此期待您成为小店的VIP哦。

……

上述为某客服人员与顾客沟通的部分内容，在该案例中，虽然客服人员已经成功劝说顾客撤销投诉，但是顾客很显然没有回评的心情。此时若不邀请回评，客服人员将失去一个争取好评的机会。对此，客服人员适时对顾客发出了回评邀请，并通过一定的福利让顾客答应了回评请求。

【技巧解析】

1. 积极邀请

即便顾客愿意撤销投诉，客服人员如果不邀请其回评，那么顾客也不会浪费时间再次进行评价，毕竟给店铺好评对顾客自身并没有好处。因此，大部分答应撤销投诉的顾客可能并不会主动对店铺进行回评。

在这种情况下，客服人员如果想要在撤销投诉的基础上获得顾客的好评，就需要积极地向顾客发起回评邀请。

2. 适时提醒

客服人员对顾客发出了回评邀请，而顾客忘记回评的情况经常发生。此时，客服人员就需要适时提醒顾客。提醒顾客可分为两个阶段来进行，第一个阶段是在沟通的结尾再一次对顾客发出回评邀请。

第二个阶段是在沟通结束后查看顾客是否及时回评，如果几天过去了顾客还未回评，就说明顾客很可能忘了这一回事了。此时，客服人员就需要再次联系顾客，对顾客进行回评提醒。

>> **专家提醒**

大部分顾客在购物过程中都会想多一事不如少一事，有的顾客在购物完成后甚至懒得去写评价。所以，客服人员在已经请求顾客撤销投诉的情况下，如果再邀请回评，就可能会让顾客觉得要求过多。

在这种情况下，为了让顾客欣然配合回评，客服人员可以承诺向给好评的顾客一定的福利。否则，顾客可能不会答应回评请求，甚至会因客服人员要求太多而拒不配合撤销投诉。

10.3　解决投诉，注意禁区

在解决投诉问题的过程中，有一些禁区一旦触碰就有可能把事情弄得更加不可收拾，客服人员一定要特别注意。本节将通过具体案例，对沟通解决投诉问题过程中的四大禁区分别进行讲解。

10.3.1　言语相激，口无遮拦

当顾客对店铺进行投诉时，顾客的情绪是不理智的，所以很可能说出一些触碰客服人员底线的话语。这时，客服人员一定要控制自己的情绪，如果要让顾客撤销投诉，就需要好好地沟通，让顾客看到自己的态度和诚意，避免与顾客发生冲突。

【案例展示】

客服：冯先生，您觉得小店的商品不符合您的预期，所以，对小店进行了投诉，请问是这样的吗？

顾客：就你们这衣服，我家的抹布都比它好看，就这设计和质量，我估计扔在大街上，都没人会要。就这种东西你们还敢拿出来卖，你们的心是黑成什么样了？

客服：小周过来是想解决问题的，您这样说我们的商品似乎有些过分了吧？

顾客：呵呵，我就说了，就你们卖的这破烂货，还不让人说了？

客服：我也是醉了，就你这态度估计也没有谈的必要了。这件商品你觉得不满意就不满意吧，你有必要一直不停地说些乱七八糟的话吗？

顾客：你行，就你这素质，帮你撤销投诉我都对不起自己。咱们走着瞧，看看谁先低头。

上述为某客服人员与顾客沟通的部分内容，从中不难看出，顾客因为对商品比较不满意，所以，当客服人员与其取得联系之后，该顾客受到负面情绪的影响，说出了大量不太好听的话。

面对顾客言语上的不客气，客服人员虽然刚开始还是很有礼貌的，但是在看到顾客只是在一味地谩骂店铺之后，客服人员的情绪也开始爆发，从而导致双方的矛盾激化。

【技巧解析】

1. 用语要礼貌

使用礼貌用语与顾客沟通是客服人员的基本素质之一，在一般的沟通过程中，客服人员尚且需要尽可能地使用礼貌用语，在处理投诉问题时，更是需要注意用语礼貌。

当与进行投诉的顾客沟通时，顾客本身就受到负面情绪的影响，如果客服人员坚持使用礼貌用语与顾客沟通，那么顾客也会觉得自己被尊重。这样一来，顾客在发一顿牢骚之后，受到客服人员的影响就会愿意配合客服人员解决问题。

2. 态度要友好

客服人员在沟通过程中的态度是成功解决投诉问题的关键。无论是在怎样的情况下，客服人员对待顾客的态度都应该是友好的。

客服人员需要明白一点，投诉问题的解决一定需要顾客来配合。当顾客受到负面情绪影响时，顾客肯定是不愿意配合的，在这种情况下，客服人员就需要多给顾客一点时间，用自身的态度来打动顾客。

10.3.2 没有诚意，推卸责任

在面对顾客的投诉时，可能会有部分客服人员认为店铺承担的责任越大，顾客在沟通过程中索取得就会越多，这对店铺来说是不利的。所以，某些客服人员会采取推卸责任的策略来增加谈判的筹码，从而以尽可能小的代价，让顾客撤销投诉。

【案例展示】

客服：亲，您好，我是×××店的客服小杨，刚刚得知您因为收到的水果烂掉了，所以对小店进行了投诉。小杨代表小店帮您解决一下，还希望您可以花几分钟时间配合一下。

顾客：对于这次购物我真是觉得醉了。你们声称的新鲜水果我没看到，我只知道我收到的是一堆烂水果，基本上已经没有一个是好的了。你自己说说，对于这种情况我难道还不投诉吗？

客服：其实，您也知道您下单的时候正值快递高峰期，而且您的收货地址相对来说比较偏僻，再加上快递运输车在路上出了一些故障，耽误了一些时间，所以，虽然小店做了保鲜工作，但是水果还是因为运输时间过长，保鲜失效出现了腐烂。

顾客：所以，只能怪运输时间太长，我应该去找快递公司维权啰？

客服：另外，您本身也有一定的责任，如果您能够在签收之前做好检查工作，看到水果腐烂就拒收，那么小店还能帮您向快递公司要说法。现在证据没有了，事情还真不好办了。

顾客：合着你们店铺对于这件事就没有一点责任是吧？

客服：本来就是啊！您看小店做好了保鲜工作，但是运输时间实在太长了，再好的保鲜也不能起到这么久的作用，而且水果本身已经比较熟了，所以，在运输过程中变坏了这并不能怪小店，您说是不是？

顾客：你真厉害，把责任推得一干二净，既然你这么不愿意负责任，那我看也没有再谈下去的必要了。

上述为某客服人员与顾客沟通的部分内容，在该案例中，顾客在收到快递之后，发现购买的新鲜水果已经全部腐烂了，所以对店铺进行了投诉。而客服人员在看到顾客的投诉之后，虽然主动与顾客取得了联系，但是在沟通过程中试图将责任全部推卸到快递公司和顾客身上，所以顾客觉得客服人员是在一味地推卸责任。

【技巧解析】

1. 不要"甩锅"

在处理投诉问题的过程中，客服人员需要明白的一点是，顾客希望看到的是一个敢于担当的店铺形象。当客服人员将"锅"甩给他人的时候，顾客会觉得你不愿意负责任。所以，客服人员在沟通过程中，不仅不能推卸责任，还应该主动承担责任，让顾客看到你对解决投诉问题的诚意。

2. 不与争辩

在解决投诉问题的过程中，客服人员应该尽可能地顺应顾客的心意，因为只有这样，顾客才会变得更好说话，从而增加劝说其撤销投诉的成功率。所以，客服人员最好不要和顾客争辩。

10.3.3　解决问题，拒不配合

客服人员要让顾客撤销投诉，就需要先帮顾客解决问题。但是，在实际生活中，仍有部分客服人员在面对顾客投诉时，为了维护店铺的利益，拒不配合顾客解决问题。结果就是顾客的投诉还在，客服人员与顾客不仅沟通未果，还产生了矛盾。

【案例展示】

客服：何小姐，您好！我是×××店的客服小邓。得知您因为少发了货对小店进行了投诉，小邓特此过来帮您解决问题。

顾客：我在你们店买了 20 双丝袜，你们只给发了 19 双。数量都不对，你说我不应该投诉吗？

客服：非常抱歉，因为发货的同事数错了，所以出现了这样的情况。给您带来的困扰，真的很不好意思。

顾客：难道就这样表示歉意就完事了？实际的问题并没有得到解决，你这不是在逃避吗？

客服：本来少发货一般情况下是要补足的，但您也知道，一双丝袜就那么点钱，如果补发，邮费比商品还贵，那么肯定是划不来的，而且小邓觉得让您特意领一双袜子的快递也有些说不过去。

顾客：领不领是我的问题，但是，对于你这种逃避问题、不配合解决的态度我却不能忍受。看来这次投诉还真是正确的。

上述为某客服人员与顾客沟通的部分内容，从中不难看出，在该案例中，由于店铺中相关人员的工作失误，导致给顾客少发了货。所以顾客对店铺进行了投诉。

面对顾客的投诉，客服人员觉得一双袜子的价值比较小，想通过道歉了事。但是，在顾客看来，这是逃避问题的表现，便不想配合该客服人员解决投诉问题。因此，客服人员不但没有让顾客撤销投诉，反而让顾客对店铺的印象更差了。

【技巧解析】

1. 不要逃避

在解决投诉问题的过程中，不管遇到什么问题，客服人员都应该直接面对，而不能让顾客觉得其是在逃避。否则，顾客会认为客服人员不愿意配合解决问题，那么，沟通很可能将不会获得应有的效果。

2. 配合解决

只要把顾客的问题解决了，他（她）们自然就会愿意撤销投诉。所以，在解决问题的过程中，无论顾客面临的问题造成的损失如何，客服人员都应该给出具体的方案。这是解决投诉问题的应有态度，至于顾客采不采纳那是另一回事。

10.3.4 态度消极，放任不管

解决投诉问题的成功率通常与顾客取得联系的时间有关，客服人员在接到投诉之后，越早与顾客联系，顾客撤销投诉的概率越高。如果对投诉放任不管，态度消极，那么顾客很可能会认为店铺对自己不够重视，这样一来，要让顾客撤销投诉难度显然会成倍增加。

【案例展示】

（某店铺由于事情比较多，没有及时查看顾客的投诉，结果在顾客投诉了十多天之后才看到。）

客服：请问是胡先生吗？我是×××店的客服小雪，得知您对小店进行了投诉，小雪想向您了解一下情况。

顾客：你们很能啊，我都投诉了十多天了，恭候你们多时了，谁知道你们这么大牌，到现在才来，既然这么不重视这件事，我看也没有再谈的必要了！

客服：非常不好意思，因为最近小店的事情比较多，对投诉的查看有些疏忽，所以，现在才发现您的投诉。

顾客：我不管你们是什么原因，你们不及时、主动地解决问题是事实，既然你们一直对投诉放任不管，那么我看现在也没有解决的必要了。

上述为某客服人员与顾客沟通的部分内容，在该案例中，顾客对店铺进行投诉后，由于店铺事情比较多，客服人员没有及时查看顾客的投诉。顾客因等待的时间比较长而认为店铺对自己的投诉不够重视。所以，即便客服人员已经说明了原因，顾客仍旧表示为时已晚，没有再解决的必要了。

【技巧解析】

1. 及时查看

投诉问题的解决与客服人员联系顾客的时间是有一定关系的。所以，面对这种情况，负责解决投诉的客服人员需要定时查看顾客的投诉信息，而且每次查

看的时间间隔不宜太长。只有这样，客服人员才能在顾客投诉之后，及时解决问题，给顾客留下一个好的第一印象。

2. 主动一点

除了投诉问题查看速度慢，客服人员处理投诉问题的态度不够积极也是导致联系顾客不及时的一个重要原因。部分客服人员在看到顾客的投诉之后，可能觉得比较头疼，所以，想着先整理好心态再处理，却错过了最佳的处理时间。

对此，客服人员需要明白一点，投诉越早处理越容易成功解决。所以，与其一直拖延时间，倒不如主动一点，在第一时间与顾客取得联系，并开始着手解决问题。

第**11**章

增强黏性，
培养粉丝

学前提示

　　顾客的数量是拼多多店铺发展的关键，而顾客的留存情况又直接影响店铺的销量。所以，客服人员要着重维护好店铺与顾客的关系，增加顾客的留存率。

　　对此，客服人员在与顾客沟通的过程中需要着重做好两方面的工作，一是为顾客营造极致的购物体验，二是运用沟通策略将顾客牢牢拴住。

要点展示

　　➢ 营造体验，提高复购

　　➢ 巧用策略，拴住顾客

11.1 营造体验，提高复购

顾客的体验是影响店铺顾客留存度的一个重要因素。顾客在完成一次购物之后是否愿意再光顾，从一定程度上来说，取决于其在这一次购物过程中是否有良好的购物体验。如果客服人员能够为顾客营造极致的购物体验，那么顾客在下次有购物需求时自然会更愿意再来店铺。

11.1.1 服务优质，留好印象

在人与人交往的过程中，第一印象是非常重要的。"第一印象"就是指人与人交往时有关对方的最开始的印象。这种印象是鲜明的、稳固的，而且很大程度上决定着双方此后的交往。

如果顾客对店铺商品的第一印象很好，那么顾客有可能成为店铺的粉丝，持续为店铺贡献购买力。而在此过程中，店铺的服务是否优质尤为重要，所以，这要求客服人员有非常高的服务意识。

【案例展示】

顾客：请问，客服在吗？

客服：在的，客服小陈为您服务，请问有什么可以为您效劳的？

顾客：哦，是这样的，我想买一双休闲鞋。这是我第一次在你们这里购物，不太熟悉，你帮我推荐一下吧。

客服：嗯，好的。就是不知道您有哪些要求呢？

顾客：只要穿着比较轻便，外观还过得去的就行，价格的话，尽可能地划算一点吧。哦，差点忘了，还有一点，那就是颜色不能是黑色。我个人不太喜欢这个颜色，所以，对于衣服、鞋子等商品，我通常都不买黑色的。

客服：好的，那您觉得 A 款休闲鞋怎么样呢？这款鞋不仅符合您的所有要求，而且是小店比较受欢迎的一款商品。更为关键的是，现在这款鞋正在进行促销，此时购买相对来说是比较划算的。

顾客：呵呵，你推荐的这款鞋我真是没什么好挑剔的了，就它了。

（几天后）

顾客：你好，还记得我吗？

客服：当然记得您了，您前几天不是在小店购买了一双休闲鞋吗？当时，还是小陈接待的您呢？对了，商品您收到了吗？感觉如何？

顾客：我正要说这件事呢！不得不说，你们店在细节上做得实在是太好了。不仅商品没有一点细节上的问题，你们还在里面塞了一封感谢信，不过是买一双鞋，你们还赠送了一双袜子。更关键的是，这袜子的颜色还不是我讨厌的黑色。

客服：这些都是小店应该做的。不瞒您说，虽然我们会给在小店购买鞋子的顾客赠送一双袜子，但颜色是黑白随机的。因为您上次在沟通过程中表示不喜欢黑色的商品，所以小陈特意让发货的同事给您赠送了一双白袜子。

顾客：要不怎么说你们细节做得好？呵呵。对于这次购物我可以说是非常满意了。你们店真心靠谱，下一次还来你们这买东西。

客服：感谢您对小店的支持，祝您购物愉快！

上述为某客服人员与顾客沟通的部分内容，在该案例中，顾客因为是第一次来店铺购物，对店铺中的商品不太熟悉，所以希望客服人员能够给出一些推荐。

对此，在与顾客沟通的过程中，客服人员对顾客的整体需求已经有了了解，注意到顾客希望可以购买到实惠的商品，以及不喜欢黑色的商品的细节。所以，客服人员在推荐商品时着重把握了这两点，而且特意赠送了一双白色袜子给顾客。正是因为如此，顾客觉得客服人员，或者说店铺很靠谱，并表示以后还会再来。

【技巧解析】

1. 多着眼于细节

俗话说得好："细节决定成败。"无论做什么事，细节都是不可忽视的。在与顾客沟通的过程中，客服人员如果能够把握顾客表现出的一些细节，并针对性地提供服务，那么会让顾客觉得其语言可信度比较高。

在本小节的案例中，客服人员的服务能够获得顾客的好评，很大程度上源自其对细节的把握。正是因为对顾客表现出的细节的把握，客服人员才给顾客推荐了合适的商品，赢得了顾客的好感。

2. 做好第一笔交易

正如前面提到的，第一印象的影响是深远持久的。因此，客服人员在面对与顾客的第一笔交易时，一定要用心一些。一旦店铺在与顾客的第一笔交易中给顾客留下好印象，顾客就会有再来的想法。

为了做好第一笔交易，客服人员可以在商品之外多花一些小心思来增加顾客的获得感。比如，可以效仿本小节案例中的做法，在快递中加放感谢信表达店铺的诚意，通过赠送商品来增加购物的附加值。

11.1.2 丰富选项，提供选择

拼多多平台之所以能够吸引大量顾客，除了商品价格上的优势，还有一点很关键，即平台为顾客提供了更多的选择。由此可见，商品的多样性对顾客来说是非常重要的。

其实，每个人都希望在面对同一问题时能有更多的选择，因为这样才能有更多机会找到物美价廉的商品。因此，如果店铺能够为顾客提供丰富多样的选择，那么顾客自然会愿意留下。

【案例展示】

顾客：我想在你们店买一双鞋子，你帮我推荐一下呗！

客服：好的，乐意为您效劳。小店是男鞋专营店，致力于为顾客提供丰富多样的选择。鞋子的种类包括板鞋、跑步鞋、篮球鞋、靴子和凉鞋等，而鞋的总款式超过 500 种。可以说能够满足您的各种需求，就是不知道您还有什么具体的要求？

顾客：哇，你们店的商品还真是丰富多样啊！嗯，我想买一双跑步鞋，颜色的话，最好是黑色，这样耐脏。然后，重量要轻一点的，透气性要好一点。价格的话，只要在 400 元以内就可以了。

客服：好的，根据您的要求，小周觉得 A、B 两款跑步鞋您或许可以看一下。A款是小店好评率最高的一款商品，它不仅符合您的所有要求，更关键的是它是国际品牌旗下的商品，无论是外观，还是做工，都是上上之选，它的价格是 399 元。而 B款则是一款以高性价比取胜的跑步鞋。虽然它不是什么大品牌，但顾客普遍反映其质量很好，而且仅售 199 元。正因为如此，这款鞋子是小店销得最好的跑鞋。这是这两款跑步鞋的链接，您看一下有没有您满意的？

（几分钟后）

顾客：嗯，我觉得 B 款跑步鞋挺不错的，就买它好了。

客服：好的，感谢您对小店的支持。如果觉得小店还不错，希望您以后多多光顾哦。

顾客：其实不瞒你说，我刚刚去你们店看了一下，发现你们的鞋的款式真的很丰富。你放心，只要这次购物你们的商品让我满意，我以后还会再来的。

客服：感谢您对小店的支持，小周期待您的下一次光顾。祝您工作顺利！

上述为某客服人员与顾客沟通的部分内容，在该案例中，顾客虽然只是想要客服人员推荐一款鞋，对店铺并没有进行太多的了解，但是经过这次沟通之后，顾客表现出了再次光临的强烈意愿。

这主要是因为在沟通过程中，客服人员告知顾客店铺是男鞋专营店，鞋的款式非常多。顾客在查看店铺之后，验证了客服人员的说法，并觉得在该店铺中选择较多，以后买鞋子可以到该店铺来看看。

【技巧解析】

1. 提供多样的商品

店铺中商品的数量从一定程度上体现了店铺规模的大小，对顾客来说，规模更大的店铺商品质量可能更好，更值得信赖。这就好比顾客在选择购物地点时，更多的人会选择去大型超市而不是一个小的便利店。

当然，客服人员并不能决定店铺的商品数量，但是，却能对店铺为顾客提供丰富的选择起到一定的积极作用。比如，客服人员可以通过收集顾客的需求，向店主提供建议，增加商品的种类，也可以在沟通过程中告知顾客，让顾客知道店铺为其提供了多样的选择。

2. 推荐时给出选择

除了店铺所提供商品的多样性，客服人员在为顾客提供选择这个问题上还需要做到一点，那就是在推荐时给出一定的选择，而不是一味地推荐某一种商品，因为在有选择的情况下，顾客更容易接受客服人员的推荐。

不过，在给出选择时，客服人员还需要控制选项的数量。一般来说，给出两三个选择即可。如果选择太多，顾客不容易作出选择，这样一来，就势必会对客服人员的工作效率起到不利影响。

11.1.3 满足需求，个性服务

对顾客来说，各大电商平台上的网店不计其数，很多东西在同类店铺中大多都有，所以，在这种情况下，顾客缺的不是一个能满足其购物需求的地方，而是一个能够满足自己的特定需求并提供接近于定制服务的购物场所。

因此，在销售沟通的过程中，客服人员需要做的不应该是简单地为顾客推荐商品，而应该是在满足顾客特定需求的基础上，为顾客提供更加个性化的服务。只有这样，顾客才能看到店铺与众不同的一面，并基于这一点再次前来购物。

【案例展示】

顾客：本娘娘驾到，尔等还不赶快接驾？

客服：小林前来接驾，不知小主有何吩咐？

顾客：本宫希望购得一对情侣玉坠，你给本宫推荐一下。做得好的话，本宫重重有赏。

客服：在下见过的情侣玉坠不少，就是不知道哪些款式能入您的法眼，敢问娘娘是否还有其他要求？

顾客：本宫要买的东西自然是要有特色一些的。不知道你有没有看过《仙剑奇侠传》第一部？

客服：哦，小的懂了。小主是否是想要该剧中那种可以将两块玉坠合成一个圆的款式？

顾客：哈哈，你倒是挺机灵的，赏！

客服：这样的话，倒是有一个推荐。您看这款龙凤情侣玉坠如何？这款玉坠分开之后分别是雕有龙和凤图案的单独玉坠。但是，将它们放在一起后，却能成为一个圆盘，而且两块玉坠的形状像极了太极中的阴阳鱼。这是该商品的链接，小主看看是否满意。

顾客：嗯，造型各部分倒是都还说得过去，就是感觉还不够独特。不知道是否有更具特色的玉坠？

客服：小主请看，这款商品不仅可以从十余种挂绳中选择一种，还提供刻字服务。只要您有需求，那么打造一对个性化玉坠并非难事。

顾客：嗯，这件事你干得不错，本宫很满意。作为对你的奖赏，本宫帮你拍一单。

另外，你挺机灵的，如果下次再要买饰品，我一定还选你！

客服：感谢娘娘大恩，欢迎您再次光临！

上述为某客服人员与顾客沟通的部分内容，从中不难看出，顾客想要客服人员推荐一款玉坠，可能一般的客服人员在面对这种情况时，只是按照寻常思路给出意见，但在本例中，客服人员却通过服务给顾客留下了深刻的印象。

之所以会如此，是因为该案例中的客服人员足够机灵。具体来说，客服人员先是为顾客营造了愉悦的沟通氛围，当顾客以"本娘娘"自称时，客服人员机智地以"仆人"的口吻配合演出。然后，在沟通过程中，客服人员又通过回答满足了顾客的各种特定需求。

【技巧解析】

1. 满足特定需求

每个顾客都是一个独特的个体，即使在购买同一类东西时，不同顾客可能会有不同的要求。如果在沟通中客服人员能够满足顾客的特定需求，那么自然能够得到顾客的信任，顾客也更容易接受客服人员的推荐。

另外，当特定需求被满足时，顾客不仅会在某一次沟通中坚定购物的决心，还会觉得客服人员是有水平的，店铺是有实力的。这样一来，顾客对客服人员和店铺会有一定的好感，这种好感又可以从一定程度上激励顾客在下一次购物时继续选择该店铺，由此店铺便获得了顾客的持续购买力。

2. 提供个性服务

除了对要购买的商品有要求，顾客对客服人员的服务也会有一定的要求。客服人员如果想要通过沟通来给顾客留下深刻且具有好感的印象，还需要根据顾客的特质提供个性化的服务。

比如，在本小节的案例中，顾客可能比较幽默，平常喜欢观看宫廷剧，从一开始就自称"本娘娘"和"本宫"。所以，当客服人员配合顾客演出，用"仆人"的口吻与之交流时，顾客会很享受沟通的过程。

11.1.4　了解需求，及时调整

随着时代的发展，顾客对商品和服务的需求可能会有一些变化。在昨天看来还是潮流的元素，可能今天就过时了，而对于过时的东西，即便店铺以低价出售，顾客也不一定会接受，更不用说以过时的商品和服务留住顾客了。

所以，为了更好地满足顾客的需求，客服人员在日常工作中还需要做好一件事，那就是通过一定的方法来了解顾客对商品和服务的需求，并据此及时地进行调整，从而与时俱进地为顾客提供服务。

【案例展示】

客服：刘先生，您好！我是×××店的03号电话客服小梁，上一次您来小店购物就是我接待的您，您还有印象吗？

顾客：哦，是你啊！你有什么事吗？

客服：是这样的，现在小店想做一个顾客调查，因为您是小店的尊贵顾客，所以想向您了解一下情况，不知道您现在方便吗？

顾客：哈哈，我只是买过几次东西而已，你说的我都有些不好意思了。反正我现在闲着，你有什么问题就说吧。

客服：感谢您对小梁工作的支持和理解。是这样的，为了给顾客提供更好的服务，小梁想问一下您，小店的商品和服务有没有可以改进的地方？

顾客：这个嘛，我就直说了。你们商品的种类还是比较多的，就是衣服的款式太正规了一点，看上去不够潮，就连现在流行的磨破牛仔服也基本上看不到踪影。而服务的话，就是在快递包装方面做得还不够美观，有的快递包装简直有些不忍直视，当然，这并不是什么大问题……

（一个星期后）

客服：刘先生，您好！我是一个星期前联系过您的，×××店的客服人员小梁。您还记得我吗？

顾客：嗯，你是上次做顾客调查的那个人吧？这次找我有什么事呢？

客服：是这样的，上次不是在您这里做了一个调查吗？调查完成之后，小店参考了您的意见，对商品和服务作出了一些调整。现在小店在包装商品时力求美观，并且听您的建议，新进了一大批牛仔服。这次就是特意告诉您这个消息的，您可以去小店看看有没有喜欢的款式。

顾客：哈哈，我上次也就是随便说说，没想到你们还真的作出了调整，你们这种听取顾客意见的态度真不错！好了，我正想买一套牛仔服，既然你们来了新货，我就去看看吧。

客服：感谢您的支持，也希望您可以多给小店的工作提一些意见，小店一定会郑重考虑的。好了，不打扰您购物了，再见！

上述为某客服人员与顾客沟通的部分内容，在该案例中，客服人员通过电话问询的方式，对顾客的需求进行了调查。而顾客对此并没有太当回事，索性表达了自己真实的想法。

当客服人员再次与该顾客取得联系时，客服人员告知顾客店铺已经参照其意见作出了一些调整。因此，顾客觉得店铺懂得倾听顾客的意见，再加上有购物的需求，最终决定再去店铺看看。

【技巧解析】

1. 调查了解需求

要想将顾客留住，店铺就要满足顾客的需求。而要满足顾客的需求，首先就需要对顾客有一定的了解。所以，客服人员在日常工作中，一定要通过各种方法调查并了解顾客的需求。

比如，可以效仿本例中的方法，通过电话回访的方式倾听顾客的意见。当然，了解顾客需求的方法多种多样，除了电话沟通，还可以采取网上在线沟通和问卷调查的方式。

2. 及时作出调整

要将顾客留住，不仅要知道顾客需要的是什么，还要尽可能地及时根据顾客的需求作出调整。另外，顾客可能并不把调查当一回事，而客服人员却应该让顾客看到店铺对于调查的重视。对此，客服人员可以在根据顾客的建议完成店铺调整之后，及时告知顾客。这样一来，顾客就会因被重视而更加愿意长期光顾该店铺。

11.2　巧用策略，拴住顾客

顾客的留存说到底就是怎样把顾客拴在店铺中，而要做到这一点，除了让顾客看到店铺目前表现出来的优势，更关键的是让顾客看到店铺的潜在优势。如果客服人员在沟通过程中能够运用一些技巧，让顾客看到店铺潜在的优势，那么顾客在有购物需求时，也会将店铺作为购物的首选。

11.2.1 推送福利，增强黏性

店铺可以通过不定期地举办一些活动，来让顾客获得更多的福利，从而增强顾客的黏性。

在此过程中，客服人员要做的就是扮演好宣传者的身份，及时将店铺中的活动信息发布出去，在沟通过程中适时告知顾客，并引导其参与其中。

【案例展示】

顾客：我是朋友推荐过来的，听说你们是一家比较可靠的书店。我想买一本适合像我这种菜鸟看的摄影书，你能帮我推荐一下吗？

客服：好的，乐意为您效劳。您看这本《大片这么拍！手机摄影高手新玩法》怎么样？这是一本专门为摄影新手定制的摄影书，书中的内容浅显易懂，即便没有摄影基础的人也能一看就懂。当然，这也是一本有深度的摄影书，对同一个景点为您提供了 N 种拍法，掌握了技巧之后，您用手机也能拍出单反的效果。

顾客：嗯，挺不错的，那这本书多少钱呢？

客服：这本书原价是 49.8 元，现在打九五折，折后价为 47.3 元。另外，因为现在正是图书超级品类日活动期间，您还可以在折后价的基础上再享受满 100 元减 50 元的福利哦。

顾客：嗯，你们这个活动倒是挺给力的，那我就再买几本书凑足 100 元好了，这样比较划得来。

客服：看来您真是一位比较有经济头脑的人呢！感谢您对小店的支持。另外，小张提前告诉您一个消息，这不是两个星期之后就是"双十一"了吗？到时候小店还会推出一些活动，部分书籍的折扣低至五折哦。

顾客：啊，那挺不错的，我比较喜欢看书，到时候我再过来看看，趁着有优惠再买几本小说，哈哈！你们店的活动还蛮多的啊！

客服：小店一直致力于让顾客在购物时享受到最大限度的优惠，所以，会不定时地推出各种活动哦，也希望您有需求时可以经常光顾小店。

顾客：哈哈，既然你们给了便宜，我岂有不占的道理，你放心，只要你们活动多，商品足够优惠，我买书一定会先到你们店看看的。

上述为某客服人员与顾客沟通的部分内容，在该案例中，客服人员小张便

是利用店铺中的活动，很好地调动了顾客的购买欲。具体来说，该客服人员先是向顾客推荐了一本摄影书，然后告知顾客有满减活动，目的是让顾客多买几件商品。

最后，客服人员通过告知顾客消息的方式，提前透露"双十一"活动，并表示店铺会不定期推出各种活动。所以顾客受到利诱，当即表示会经常到店铺中看看。

【技巧解析】

1. 多给顾客福利

在网购过程中，大多数顾客都有货比三家的想法，毕竟谁都希望能以更少的钱买到自己需要的东西。所以，在店铺运营的过程中，一定要把握好顾客的低价心理，多给顾客一些福利。

对此，店铺可以多举行一些活动，适时送出一些福利。而客服人员则可以在宣传活动的同时，适度在沟通过程中在价格上作出一些让步，或者给予一些赠品，让顾客觉得购物更划得来，从而提高顾客的回头率。

2. 及时推送信息

有时候店铺通过举行活动给顾客提供了一些福利，却没有起到太大的作用，这可能不是福利的力度大小的问题，而是没有将活动告知顾客。因此，及时推送消息，让顾客了解活动的详情是关键。

在此过程中，客服人员扮演的是宣传者的身份，所以，在与顾客沟通的过程中，客服人员一定要及时向顾客推送活动信息。这是客服人员完成本职工作的表现，有利于激发顾客的购物需求，对活动起到很好的预热作用。

11.2.2　利用品牌，赢得信赖

顾客在购物过程中重点关注的因素主要有两个，一个是商品的价格，另一个是商品的质量。而在大多数顾客看来，大品牌的商品质量通常要更可靠一些。所以，利用品牌效应也是一个增加顾客黏性的常用策略。

当然，作为与顾客直接进行沟通的卖方代表，客服人员的引导是非常关键的。在与顾客沟通时，客服人员还需要利用好品牌效应，让顾客对店铺的商品多一分信心，让顾客把店铺当成一个可以信赖的购物场所。

【案例展示】

顾客：我想买一双板鞋，你能帮忙推荐一下吗？

客服：欢迎光临××品牌×××店，客服人员小周为您服务。能冒昧地问一下您有哪些要求吗？

顾客：白色的板鞋，外观尽量简约一点，不要太花哨了。最重要的是质量不要太差，不要像那种地摊货一样穿几天就坏了。

客服：好的，您的要求小周已经了解了。首先，小周想跟您说的是，××品牌作为一个知名的运动品牌一直致力于给顾客提供高质量的商品，而且小周相信您之所以选择该品牌的商品，是因为您对这个品牌有信心。所以，在质量这一块您是可以放心的。然后，根据您的要求，小周觉得A款板鞋更适合您，这款板鞋从外观上看，以白色为主，只有LOGO和鞋底的部分为褐色。正是这种简约却又不失潮流的设计，让它深受年轻人的喜爱。

顾客：嗯，这款鞋倒是挺不错的。但是，对于这种500多元一双的鞋，我还是有些担心会买到假货啊！

客服：这一点您可以放心，小店是××品牌的授权专营店，而且小店的评分也达到了9.8分，这比一般店铺的评分要高上许多，这也是对小店商品质量的一种印证。就拿您这款板鞋来说吧，小店共售出超过1万件，而好评率达到了98%。所以，对于小店商品的质量您是绝对可以放心的。

顾客：嗯，这样看来，你们店确实挺不错的，好吧，我决定拍一单了。

客服：感谢您对小店的支持，小店作为××品牌的专营店，该品牌的大多数商品均有售，如果您觉得商品还不错，希望您以后经常光顾哦！

顾客：我认为买东西买的就是安心。你放心，只要你们店的商品质量过硬，我以后一定会再来的。

上述为某客服人员与顾客沟通的部分内容，在该案例中，顾客从一开始就表示对商品质量有疑虑，即使客服人员向其推荐商品之后，这种疑虑仍旧存在。但是，客服人员借助品牌效应以及店铺自身的形象很好地消除了顾客的疑虑。

【技巧解析】

1. 增强品牌说服力

要利用品牌效应增加顾客的黏性，首先需要让顾客对品牌有足够的信任。所以，客服人员在与顾客沟通的过程中，还需要通过自身的表达来增加品牌的说服力，坚定顾客对品牌的信心。

2. 塑造店铺的形象

网购的一大优势是商品的种类多，顾客的选择多。但是，其中也有一些商品的质量是不过关的，甚至有一些店铺在销售某些品牌的假冒伪劣商品。因此，即便店铺中出售的是大品牌的商品，顾客对于商品的质量仍有可能会心存疑虑。

所以，客服人员在利用品牌效应的同时，还需要让顾客看到店铺自身的情况。对此，客服人员需要通过展示积分、评价和店铺销量等方式，在沟通过程中塑造一个商品质量过硬的店铺形象。

11.2.3 巧用回访，增加联系

对客服人员来说，沟通就是最好的武器。然而，在现实生活中，很多客服人员在顾客完成购物之后，便不去主动联系顾客了。其实，回访虽然不能像售中沟通那样直接起到增加销售的作用，但是它对于维护顾客关系、获得持续的购买力以及增加顾客的好评却有重大意义。

【案例展示】

客服：您好，请问您是陶先生吗？

顾客：是的，请问你是哪位？

客服：陶先生，您好！我是×××店的客服人员小娟，这次冒昧打扰您，就是想做一次回访。

顾客：我只在你们店买了几次东西，为什么要选我啊？而且我这人特别怕麻烦，对于回访这种事我看就没有必要了吧。

客服：您看，您也说了，您都是小店的常客了，所以，您对于小店的商品和服务是很有发言权的，这也是小店选择对您进行回访的重要原因。这次回访只需要两三分钟的时间，还希望您能配合一下。因为您是小店的重要顾客，所以您在此次回访过程中的意见，小店都会重点考虑的。所以，还希望您能知无不言，多多配合啊！

顾客：哦，那好吧。

······

客服：感谢您的支持和理解，为了感谢您对回访的配合，小店给您发一张优惠券，希望您以后能够多多光顾小店。

顾客：哦，还有这样的好事啊？你们店的服务还真是人性化啊！你放心，我以后会多去你们店铺看看的。

上述为某客服人员与顾客沟通的部分内容，在该案例中，一开始顾客对于回访很显然是抵触的。对于这种情况，客服人员提前告知顾客回访所需要的时间，而且传达出店铺对顾客的重视，所以，顾客对于回访的抵触情绪有所减弱。

因此，客服人员抓住机会，成功完成了回访，并在回访结尾时，以配合回访为由，给顾客赠送了优惠券，这一举动，获得了顾客以后会多去店铺看看的承诺。

【技巧解析】

1. 注意自身的表达

人与人沟通的过程中都是讲求一定的礼仪的，客服人员回访顾客也是如此。为此，客服人员需要特别注意自身的表达，让顾客在了解客服人员来意的同时，主动配合客服人员完成回访。比如，当客服人员说明来意之后，可能顾客会表现出不愿意配合的态度。此时，客服人员便可以提前告知顾客回访所需时间，并声明不会给顾客带来太大的麻烦。

2. 显示对顾客的重视

客服人员对顾客进行回访的最终目的是通过增加联系度，让顾客对客服人员及店铺产生好感，并促进顾客再次消费。为此，客服人员可以在沟通的过程中适时强调店铺对顾客的重视。

一方面，这能让客服人员的话语更有说服力，使顾客更加配合客服人员的回访工作。另一方面，能让顾客觉得自己在店铺中是有地位的，而为了维护这种感觉，顾客势必会更愿意在店铺中进行购物。

11.2.4 店铺活动，及时告知

优惠活动具有时效性，所以，在店铺优惠活动开始前，客服人员就要做好通知顾客的准备。在店铺活动开始前的几天，客服人员可以先通知顾客具体的活动内容，在顾客有疑问时做好答疑工作，为活动开始做预热的准备。

同时，客服人员在通知顾客时，可以向顾客事先说明活动的时间，以及参加活动的人数，给顾客营造紧张感。

【案例展示】

客服：亲，您好，我是×××店铺的客服人员小兰，您现在方便聊聊吗？

顾客：有什么事情吗？

客服：咱们店铺周年庆要到了，为回馈新老顾客，店铺最近在做促销活动，优惠多多，您可以来店铺看看。

顾客：是吗？有多优惠？

客服：具体的活动内容您可以到咱们店铺主页看一下哦，您先了解一下，有任何问题都可以找我。对了，一些参与活动的商品数量有限，我通知的顾客中有很多人都参与了这个活动，所以您如果看到喜欢的商品，一定要拼团下单哦。

顾客：嗯嗯，好，谢谢你提醒啊，我先看看你们的活动怎么样，我最近也需要买一些东西，我就在你们店铺买了吧。

上述为某客服人员与顾客沟通的部分内容，在该案例中，客服人员在活动开始前就把优惠活动告知给顾客，并且通过"很多顾客都参加了这个活动""商品数量有限"等技巧给顾客营造了紧张感，很好地达到了优惠活动前的预热目的。

【技巧解析】

1. 注意活动的时效性

优惠活动具有时效性，店铺活动的影响力在不同时间段有较大的差异，所以客服人员在活动开始前就需要把活动内容通知给每一位顾客。

一方面，提前通知顾客，可以让顾客提前做好购物的心理准备，也让顾客有足够的时间思考需要购买的东西是什么。另一方面，如果客服人员在活动进入尾声时才把具体的活动内容告知给顾客，那么会让顾客觉得活动形式太过随便。

2. 注意营造紧张感

客服人员在告知顾客具体的活动内容时，可以适度渲染营造紧张感，让顾客对活动有所重视。比如，优惠活动的时间有限，参加活动的名额有限，以及商品库存有限等，都可以向顾客提前透露。

11.2.5　创建社群，积极促活

越来越多的拼多多店铺为增强市场竞争力，开始把社群运营作为提高店铺复购率的重要手段，对客服人员来说，引导顾客加入店铺社群，运营店铺社群，是一个机遇，也是一个挑战。

【案例展示】

客服：您好，我是客服小艾，您几天前在咱们店铺购买了一件风衣外套，您还记得吗？

顾客：哦，你好，给我打电话有什么事吗？

客服：不好意思，打扰您了，是这样的，我这边显示您已经签收了快递，想必您已经看到了实物，所以想对您简单做个回访，您觉得这件外套还算让您满意吗？

顾客：我试了一下，觉得还可以，就是有点贵。

客服：亲，咱们店铺的衣服都是好牌子，布料也是很耐用的那种，您买一件可以穿好几年呢，这个价格已经是很实惠的了。

顾客：好吧，我看穿着也还可以。

客服：对啊，都是亲肤的面料，您如果觉得实在比较贵，可以进咱们的店铺社群，您在群里下单的话，是有返现的。

顾客：是吗？这么好！你怎么不早说呢？

客服：我们的社群都是需要在咱们店铺消费满500元才能进的，您刚好符合这个要求，我待会儿加您联系方式拉您进去，可以吗？

顾客：可以啊，这样下单有返现，挺好的，也方便。

上述为某客服人员与顾客沟通的部分内容，在该案例中，客服人员以回访为由，其实是想让顾客加入店铺的社群。具体来说，客服人员通过回访的方式，慢慢获得了顾客的信任，并且在了解了顾客的具体需求之后，以加入社群购物有返现为诱惑成功地引导顾客加入了社群。

【技巧解析】

1. 抓住痛点引导入群

对客服人员来说，引导顾客入群并不容易。客服人员与顾客毕竟只是线上沟通，顾客虽然在店铺内购买过商品，但是顾客与客服人员并不一定就建立了信任的关系，所以，对客服人员的话，顾客不一定会相信。

对此，客服人员在通知顾客优惠活动前，可以与顾客进行简单的沟通，对顾客有一个大概的了解，先找到顾客的痛点，再组织好引导顾客入群的语言。比如，对于有低价心理的顾客，可以用入群有优惠、红包以及返现来诱导其入群。需要注意的是，客服人员不要在拼多多平台引导顾客，可以通过电话的方式来与顾客联系。

2. 社群内保持积极互动

不管社群内有多少顾客，如果这个社群活跃不起来，那么将很难达到创收的目的。所以，客服人员要在群内保持群的热度，对社群进行管理。比如，客服人员可以在群里发起有争议性的话题，跟顾客聊起来，或者在某个时候做优惠活动，引导顾客下单，又或者在顾客闲暇的时间里，定时在群内分享一些内容吸引顾客的注意力。

需要注意的是，社群的促活并不是一件容易的事，客服人员需要有足够的耐心以及毅力，才能坚持把社群做好，为店铺带来收益。

11.2.6 借助直播，增强互动

近年来，对于直播带货的影响力人们都有目共睹，越来越多的店铺开始加入了直播大军，对拼多多店铺来说，这无疑是一个能带来红利的好机会。首先，借助直播的形式，顾客可以更直观地看到商品，这比客服人员通过文字沟通方式费尽心思消除顾客的疑虑的效果更好。其次，直播的互动性强，有利于增强店铺与顾客之间的黏性。

【案例展示】

顾客：你好，请问你们这款裙子，实物的布料跟详情介绍是一模一样的吗？还是说会有一点差别呢？

客服：亲，您好，很高兴为您服务，您是对衣服布料有疑惑吗？这是纯棉的。

顾客：我知道它是纯棉的，详情上面说了，但是我担心实物与图片不符。

客服：亲，您就放心吧，我们卖的衣服细节上都做得很精致，图片与实物不会相差很大，我们店铺正好在做直播，您可以进来看一下，我们主播会给您展示商品的细节，您可以更直观地看到这些衣服穿起来的效果，而且进直播间购买还有秒杀价哦。

顾客：好，我看看。

客服：好的，您看了之后，如果还有问题，可以随时来找我。

（几分钟之后）

顾客：我觉得还行，我在直播中看到了这条裙子做工的细节以及穿起来的效果，觉得不错，而且你们店的主播长得蛮漂亮呀。哈哈，我刚刚忍不住买了一条裙子。

客服：感谢您对咱们店铺的认可，我们每周末晚上八点都有直播哦，您到时候有空可以来店铺看看。

顾客：好，我刚刚下单买的裙子，你帮我看一下物流，尽快给我发货啊。

客服：好嘞，感谢您对咱们店铺的支持，相信我们的商品不会让您失望的，祝您生活愉快！

上述为某客服人员与顾客沟通的部分内容，从该案例中可以看到，顾客在购物时因担心实物与图片不符而迟迟不肯下单，对此，客服人员则耐心引导该顾客去店内观看直播，希望借助直播来打消顾客的疑虑。而顾客通过观看直播，直观地看到了商品的细节之后，很快就下单了。

【技巧解析】

1. 借助主播身份增加信任

直播的方式除了能让顾客更直观地看到商品的使用效果，还能让顾客对主播的信任转化为对店铺品牌的信任，带来一定的购买力。所以，客服人员在一定程度上可以借助主播的人气，从而与顾客建立起信任的关系。

2. 营造沉浸式的直播场景

沉浸式的直播场景在一定程度上能够影响顾客的购买意愿。在直播间，顾客可以直观地看到主播展示商品的使用效果，并且通过互动的方式，顾客可以看到主播及其他顾客对商品的使用感受，这无形中都在刺激顾客进行消费。

对此，客服人员可以在直播间担当粉丝的角色，与其他顾客通过评论进行互动，通过强烈的情绪表达以及语言的描述给顾客想象的空间，激发顾客的情感共鸣，从而使用户产生购买的欲望。

第 **12** 章
简化工作，
提高效率

学前提示

　　客服人员每天都需要接待大量顾客，这些顾客会提出各种各样的问题，而要处理好这些问题，往往需要花费很多时间。所以，当顾客咨询问题时，拼多多客服人员既要提高工作效率，又要提升顾客的满意度，其压力可见一斑。

　　对此，笔者对拼多多平台的沟通功能与处理售后功能进行了简要分析，供客服人员借鉴。

要点展示

　　➢ 掌握功能，简化沟通

　　➢ 利用功能，处理售后

12.1　掌握功能，简化沟通

拼多多客服人员的工作繁杂，并且工作量大，所以要想提高客服人员的工作效率，就需要利用拼多多平台的功能简化客服的工作。下面对拼多多客服工作平台的部分功能进行简要分析，希望给客服人员提供一定的借鉴。

12.1.1　根据需要，选择工具

拼多多的客服人员与顾客沟通，主要是通过拼多多提供的3种工具来进行的，这3种工具分别是网页版客服平台、商家版 App 和电脑端拼多多商家工作台。其中，不同工具的功能有相似之处，却又有所差异。下面简要介绍这3种沟通工具的重要操作步骤，以供客服人员参考。

【操作步骤】

1. 网页版客服平台

网页版客服平台的功能相对比较简单，主要供客服人员与顾客沟通使用，其功能没有电脑端商家工作台的功能强大。客服人员需要用到网页版客服平台时，在浏览器中打开拼多多商家后台，便可以打开网页版客服聊天界面，与顾客进行沟通。具体打开步骤如下。

▶▶ STEP01 登录拼多多网页商家后台，单击网页上方的"客服平台"按钮，如图 12-1 所示。

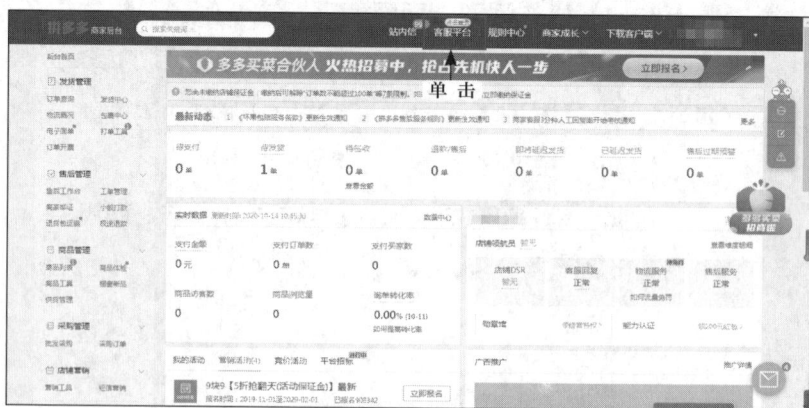

图 12-1　登录网页版商家后台界面，单击"客服平台"按钮

▶▶ STEP02 完成第一步操作后，单击"使用网页版"按钮，如图 12-2 所示。

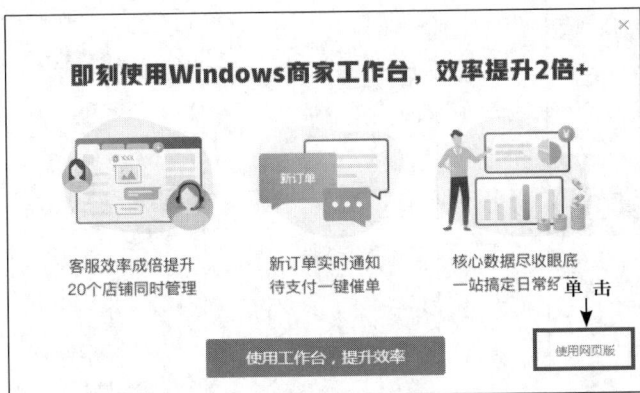

图 12-2　单击"使用网页版"按钮

▶▶ STEP03 单击"使用网页版"按钮之后，即可进入网页版客服聊天界面，如图 12-3 所示。

图 12-3　网页版客服聊天界面

2. 商家版 App

除了网页版客服聊天界面，客服人员还可以使用商家版 App，与顾客进行线上沟通。商家版 App 功能齐全，相比于网页版客服平台，使用更加便捷。

需要注意的是，商家版 App 端自动聊天功能需要商家在首次上架商品，并且通过系统审核后才能开启，开启后使用的具体操作步骤如下。

▶▶ STEP01 进入商家版 App，点击"消息"按钮，可切换至消息界面，如图 12-4 所示。

▶▶ STEP02 切换至消息页面之后，点击图中的红框区域，如图 12-5 所示。

▶▷ STEP03 执行操作后，即可进入客服聊天页面，如图 12-6 所示。

图 12-4　点击"消息"按钮　　图 12-5　点击红框区域　　图 12-6　客服聊天页面

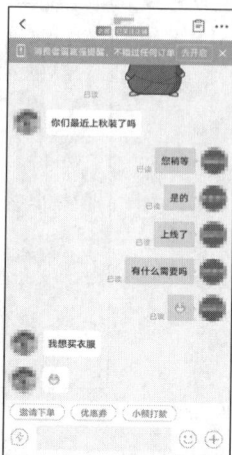

3. 电脑端拼多多商家工作台

电脑端拼多多聊天页面与网页版客服工具界面基本一致，但是它的功能更加齐全且多样，不管是给顾客介绍商品信息，还是处理售后问题，都非常方便。

更重要的是，电脑端拼多多商家平台还可以做到多店同时登录，方便客服人员管理多个店铺，其开启多个店铺的具体操作步骤如下。

▶▷ STEP01 登录电脑端拼多多工作台之后，单击页面中的"+"按钮，如图 12-7 所示。

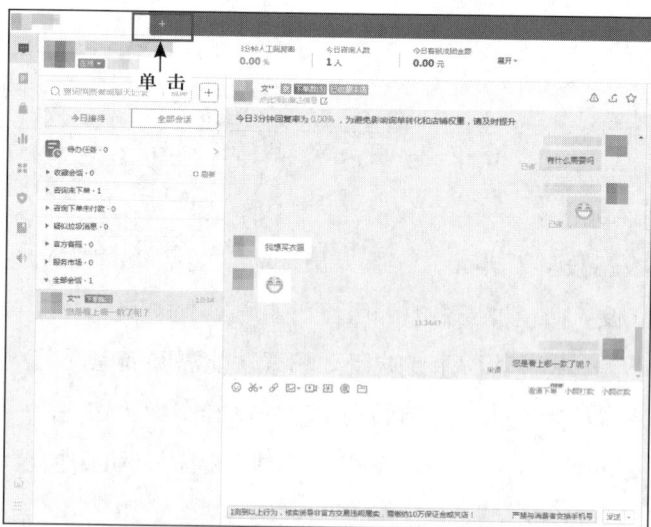

图 12-7　登录电脑端客服工作台，单击"+"按钮

▶▷ STEP02 操作完成后，弹出登录页面，使用商家 App 扫描该二维码，即可登录另外一个店铺的客服账号，如图 12-8 所示。

图 12-8　扫描登录页面

【技巧解析】

1. 根据场景选择工具

虽然网页版客服平台的页面与电脑端拼多多客服工作台基本一致，但是网页版客服平台的功能仅限于处理顾客的信息，电脑端拼多多工作台的功能则更强大。

同时，电脑端工作台可以做到多店同时登录，是一个十分高效的客服工具，而手机商家版 App 则更简单便捷。对此，客服人员可以在不同使用场景下，选择合适的沟通工具，提高自身的工作效率。

2. 避免多页面同时登录

网页版客服平台与电脑端拼多多商家工作台，虽然都可以作为客服人员与顾客沟通的工具，但是两个平台不能在同一时间登录同一个账号，否则另一平台的同一个账号将被强制下线。

12.1.2　设置提醒，快捷回复

为了提高商家的询单转化率，同时为了提高消费者的服务体验，拼多多平台商家客服回复率考核指标从"5 分钟回复率"变更为"3 分钟人工回复率"，这无疑要求客服人员必须在更短的时间内处理顾客问题。

但是，很多时候，客服人员还是会因没有及时回复顾客咨询商品的信息而错过了销售机会，又或者因没有及时处理顾客的售后问题而让顾客给了店铺差评，或者投诉店铺，从而给店铺带来处罚。对此，下面介绍一些提升客服回复率的技巧。

【操作步骤】

1. 设置消息提醒

为及时收到顾客信息，客服人员需要开启消息声音提示，并且设置开启电脑桌面右下角的浮窗提醒，具体操作步骤如下。

▶▷ STEP01 进入拼多多客服工作台，❶单击选中红框区域；❷单击"设置"按钮，如图 12-9 所示。

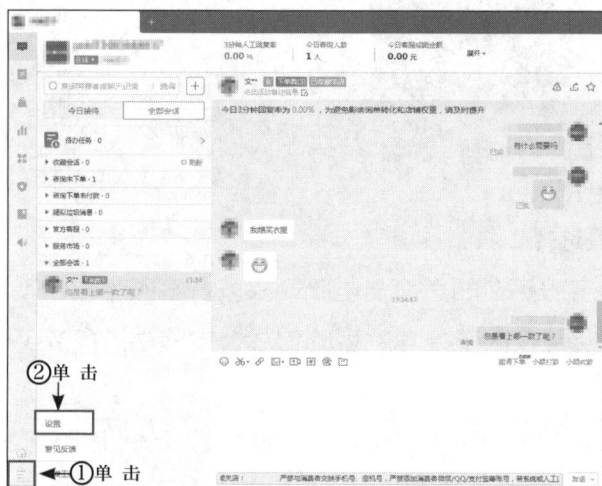

图 12-9 客服聊天界面

▶▷ STEP02 弹出"设置"页面，❶单击"通知"按钮；❷选中"消息提示音"复选框；❸选中"桌面右下角浮窗提醒"复选框，如图 12-10 所示。

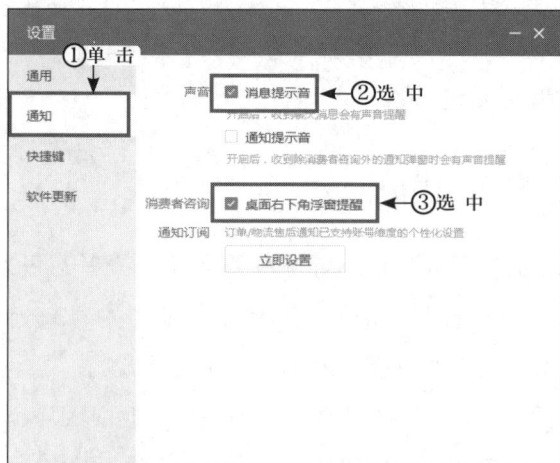

图 12-10 设置消息提醒界面

2. 设置快捷回复

当店铺顾客流量非常大时，客服人员可以利用快捷回复功能节省打字的时间，这需要客服人员在接待顾客时，把顾客常问的问题记录下来，写出相应的话术，添加到快捷回复中。设置快捷回复的具体步骤如下。

▶▶STEP01 在聊天窗口右侧，❶单击"快捷回复"按钮；❷单击"个人话术"按钮；❸单击"添加"按钮，如图 12-11 所示。

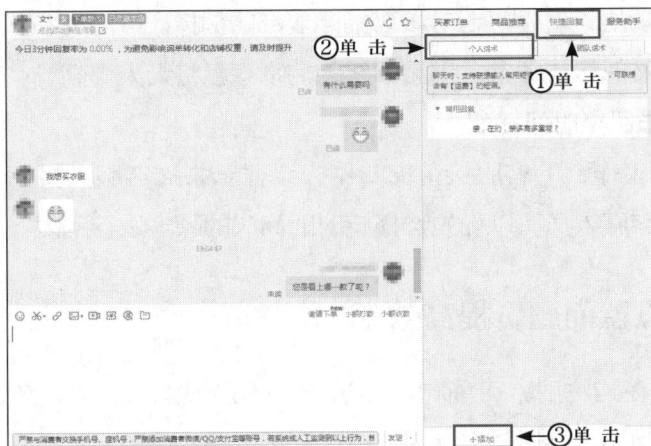

图 12-11　设置"快捷回复"界面

▶▶STEP02 完成上述操作，弹出"添加话术"对话框后，❶单击"添加分组"按钮，设置分组名称；❷输入"快捷编码"；❸输入"话术内容"；❹单击"添加"按钮，如图 12-12 所示。

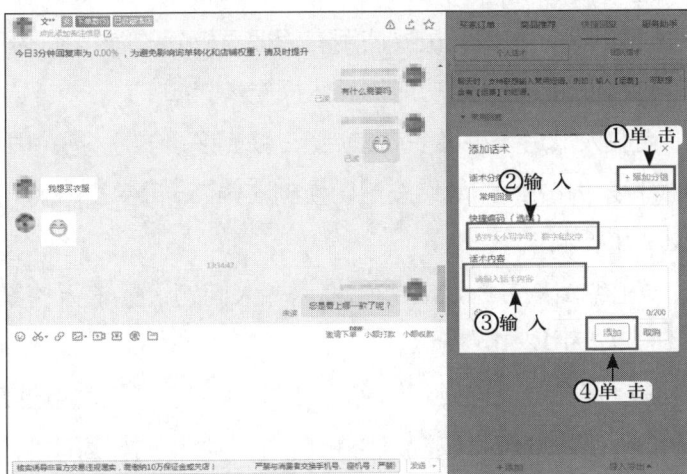

图 12-12　输入快捷回复内容界面

【技巧解析】

1. 关注3分钟人工回复率提醒

为了提高商家的询单转化，提高消费者的服务体验，拼多多工作台中设置了3分钟人工回复率提醒。当有顾客咨询问题时，客服人员在客服工作台上方可以看到3分钟之内未处理的消息提醒，以及店铺与个人的3分钟人工回复率。

3分钟人工回复率提醒功能，不仅仅是拼多多平台用来警示客服人员提高回复效率的一项功能，更是平台考核店铺回复率的指标。同时，在售前咨询时，如果客服人员能及时接待顾客，那么顾客的购物意愿将大大提高。

2. 关注未回复时间提醒

在拼多多工作台的客服接待窗口中，会显示未被客服人员回复的顾客等待的具体时长，客服人员可以优先选择超时时间久的顾客进行回复。

12.1.3 设置问题，提高效率

多数顾客在购物时，可能购物的需求并不是很强烈，只是想简单咨询一下与商品相关的问题，这时，客服人员可以利用平台功能减轻接待压力。在多多客服的"消息设置"中，商家或客服主管可以开启开场白和常见问题自动回复功能，开启后可以自动帮助接待顾客，减轻客服接待顾客的工作压力。

【操作步骤】

开通开场白和常见问题自动回复功能后，客服人员可以自行添加顾客常问的问题。需要注意的是，客服人员要使用有管理员权限的账号才能设置该功能，设置开场白和常见问题自动回复功能的具体操作步骤如下。

▶▶ STEP01 客服人员进入拼多多商家后台，找到多多客服，❶单击"消息设置"按钮；❷单击"开场白和常见问题"按钮切换到该界面；❸单击"添加自定义问题"按钮，如图12-13所示。

▶▶ STEP02 弹出编辑框后，❶在编辑框内输入问题；❷输入答案内容；❸单击"确认"按钮，如图12-14所示。

▶▶ STEP03 编辑好自定义问题后，❶在"是否启用"的框内选择需要启用的问题；❷单击"保存并发布"按钮；❸再单击"确认"按钮即可，如图12-15所示。

图 12-13 "消息设置"界面

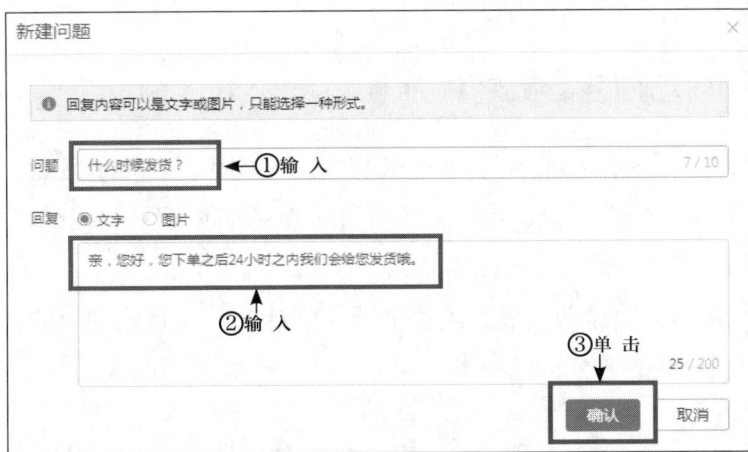

图 12-14 "新建问题"界面

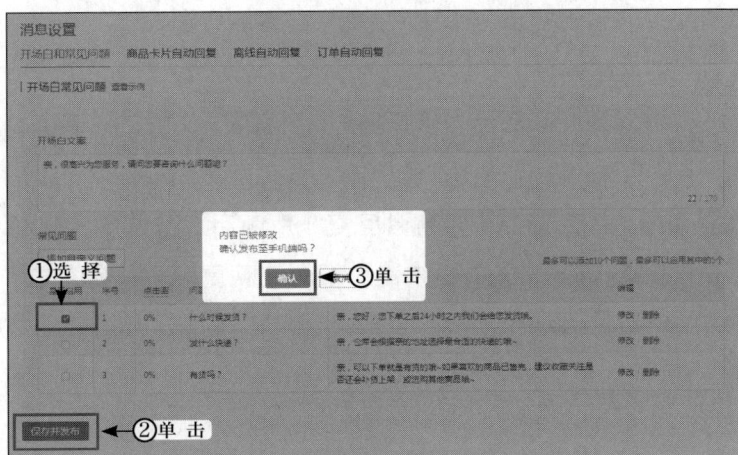

图 12-15 设置"开场白和常见问题"选项卡

【技巧解析】

1. 问题要贴近实际

客服人员需要注意的是，在添加自定义常见问题时，客服人员添加的自定义问题最多为 10 个，并且最多可以启用其中的 5 个问题。所以，这些问题一定要根据顾客的实际需要来设置，并且提问的内容要精炼，必须是顾客在购物场景中经常提到的问题。

2. 关注问题点击率

在"开场白和常见问题"设置的页面中，客服人员设置好自定义的常见问题后，系统会自动计算顾客对每个问题的点击率，客服人员可以根据问题的点击率，来选择需要启用的 5 个常见问题。

12.1.4　自动回复，减轻压力

客服人员可以利用商品卡片自动回复功能，为新品进行咨询引流。启用"商品卡片自动回复文案"功能，可以让顾客自助咨询相应商品，让其快速了解该商品的相关信息，节省客服人员的时间，减轻答疑工作的压力。

同时，商品卡片自动回复的消息是计入店铺的真人有效回复的，有利于提高客服人员及店铺的 3 分钟回复率。

【操作步骤】

设置"商品卡片自动回复文案"功能后，当顾客浏览店铺商品，向客服人员发送商品卡片时，机器人可以自动回复商家或客服人员设置的商品回复。其中，设置商品自动回复文案的具体步骤如下。

▶▶ STEP01 在拼多多商家后台，❶单击"多多客服"下方的"消息设置"按钮；❷单击"商品卡片自动回复"按钮；❸单击"添加回复"按钮，如图 12-16 所示。

▶▶ STEP02 弹出"添加商品卡片自动回复"页面后，❶选中相应商品 ID 前的复选框；❷在"回复文案"文本框中输入相应的回复内容；❸单击"确定"按钮保存，如图 12-17 所示。

图 12-16　"商品卡片自动回复"界面

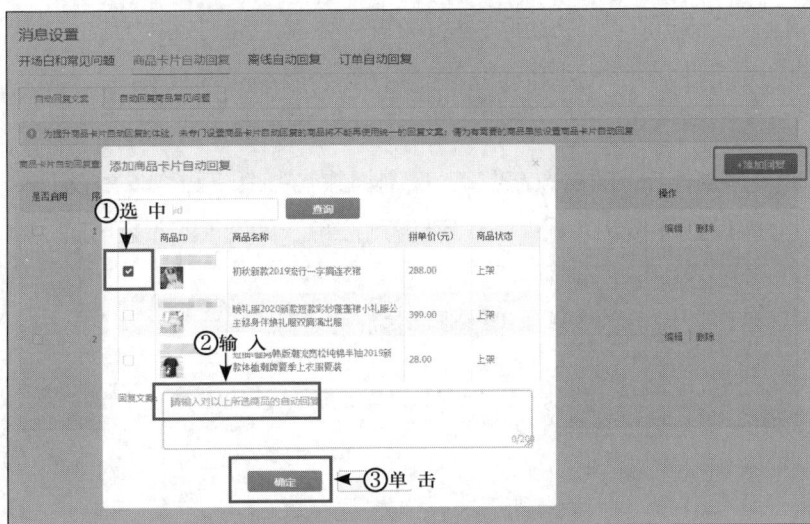

图 12-17　"添加商品卡片自动回复"界面

【技巧解析】

1. 选择设置有需要的商品

需要注意的是，拼多多商家平台为提升商品卡片自动回复的体验，未专门设置商品卡片自动回复的商品将不能再使用统一的文案，所以，商家一定要为有需要的商品单独设置商品卡片自动回复。

2. 注意自动回复数量限制

一家店铺最多能设置 5 个商品卡片自动回复，不过每条回复下可以设置 50 个商品。当顾客在客服聊天窗口发送商品卡片时，机器人会自动回复商家所设置的内容。

12.1.5　设置分流，分配任务

商家或客服主管可以利用"分流设置"工具来对店铺客服人员的任务进行合理分工，提高客服人员的工作效率。除此之外，商家或客服主管也可以开启"离线分流"，如果店铺里的客服都是离线状态，那么顾客发送的消息将按照商家设置的"离线分流"规则，分配给对应客服处理。

【操作步骤】

1. 设置基础分流

在基础分流模式下，商家或客服主管可以对店铺首页、商品详情页、订单详情页、退款详情页、物流投诉页等页面进行分流。通过这种方式，客服主管可以将从指定页面进入咨询客服问题的顾客分配给指定的客服人员。其中，设置基础分流的具体操作步骤如下。

▶▶ STEP01 ❶单击店铺首页左侧的"客服工具"按钮，进入"客服工具"界面；❷单击"分流设置"按钮；❸单击"设置"按钮。如图12-18所示。

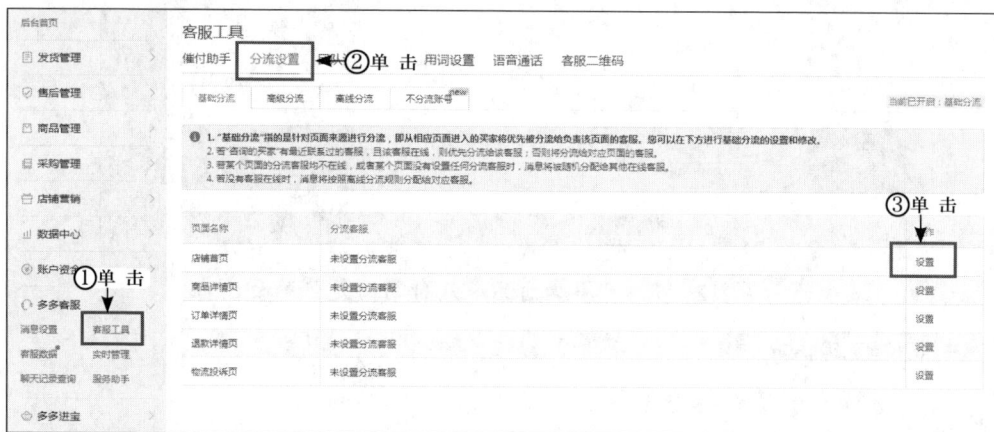

图 12-18　"基础分流"界面

▶▶ STEP02 弹出"选择分流客服"对话框后，❶选中对应的客服，分配客服人员；❷单击"确认"按钮，如图12-19所示。

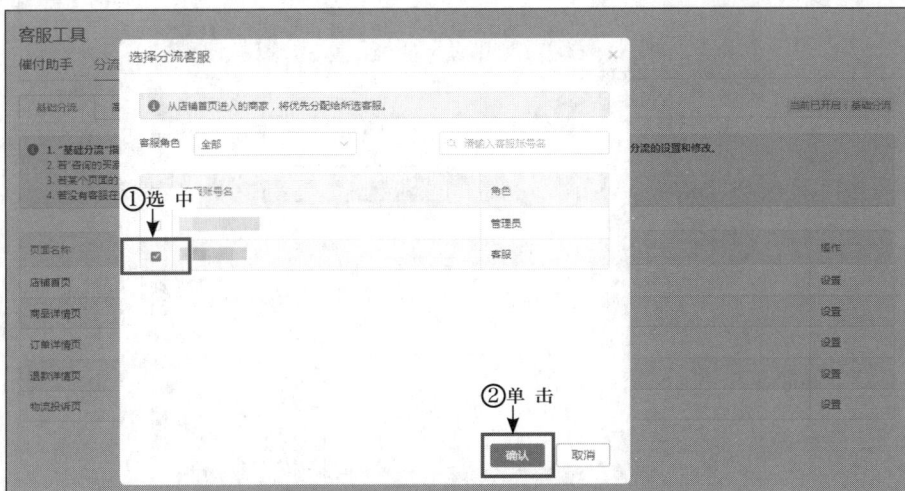

图 12-19　"选择分流客服"界面

2. 设置高级分流

高级分流可以对客服人员的职能进行划分，把客服人员分为不同的组，通过合理分配客服人员的任务，来提高工作效率。

因此，客服人员可以各司其职，充分发挥自己的特长。其中，设置高级分流的具体操作步骤如下。

▶▶ STEP01 在客服工具页面，❶单击"高级分流"按钮，切换界面；❷单击"开启高级分流"按钮，如图 12-20 所示。

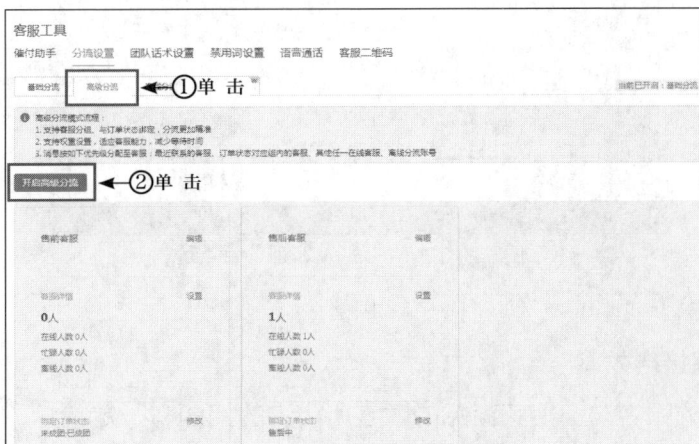

图 12-20　"高级分流"界面

▶▶ STEP02 弹出"新建分组"对话框后，❶输入分组名称；❷单击"确认"按钮，如图 12-21 所示。

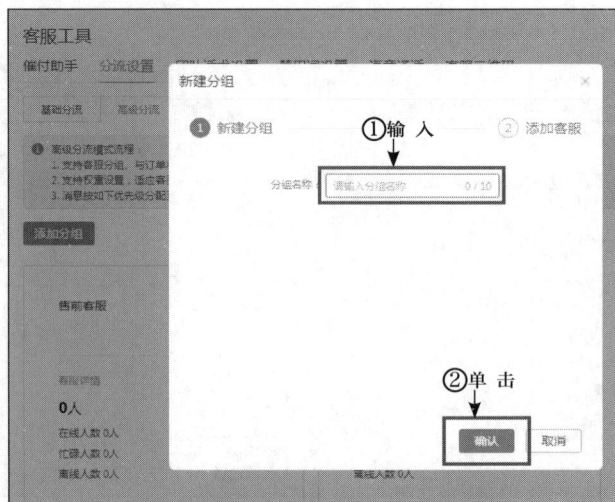

图 12-21 "新建分组"界面

▶▶ STEP03 弹出"新建分组"对话框后，❶选择对应客服；❷单击"确认"按钮，如图 12-22 所示。

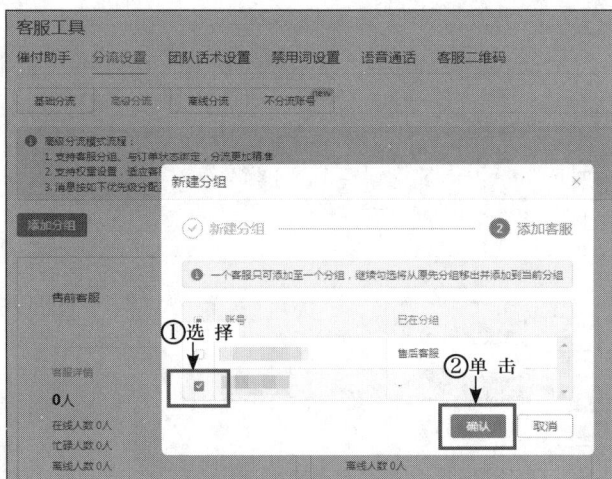

图 12-22 "添加客服"界面

【技巧解析】

1. 提高接待效率

未成单的顾客与已购买商品的顾客所咨询的问题有一定差异，对于未购买过该商品的顾客，咨询的问题一般是商品的基本信息，而已购买的顾客更多可能是咨询与售后有关的问题。如果能对客服人员的职能进行划分，那么将很大程度上提高工作效率。

2. 提升咨询体验

顾客网购的时间并不是固定的，店铺的所有客服人员并不会每天24小时随时在线，分流则能在一定程度上起到提高顾客咨询体验的作用，比如，当顾客没有联系过或者已经联系过的客服不在线时，系统则能自动将信息按照分流规则分给对应客服。

12.1.6　共享话术，团队协作

拼多多的共享话术功能会针对商家的经营类目来推荐一些行业相关的高质量话术模板，帮助客服有效提升沟通效率和询单转化率。客服如果需要使用或者修改这些话术内容，那么可以联系客服主管帮忙进行操作，从而快速调用话术，提升回复速度。

【操作步骤】

开启共享话术有利于提高店铺回复速度，增强客服人员团队协作能力，具体设置步骤如下。

▶▶ STEP01 在拼多多管理后台的"客服工具"界面，❶单击"团队话术设置"按钮；❷单击"新增话术组"按钮；弹出"新增话术组"对话框后，❸输入话术组名称；❹单击"确定"按钮，如图 12-23 所示。

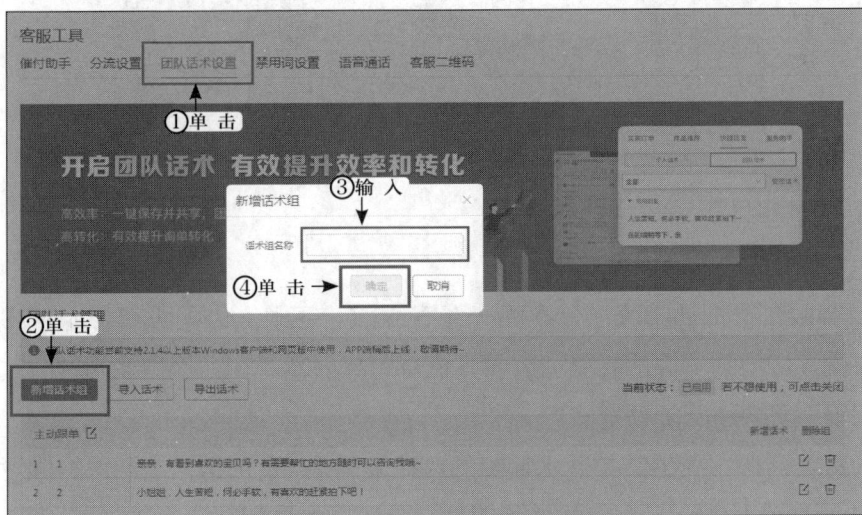

图 12-23　"新增话术组"页面

▶▶ STEP02 新增话术组之后，客服人员可以在新增的话术组列表中，单击"新增话术"按钮，如图 12-24 所示。

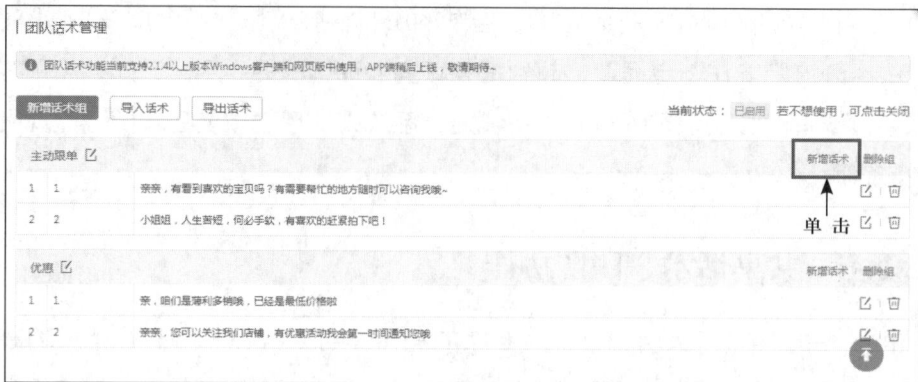

图 12-24　新增共享话术页面

▶▶ STEP03 弹出"新增话术组"对话框后，❶输入快捷编码；❷输入话术内容；❸单击"确定"按钮，如图 12-25 所示。

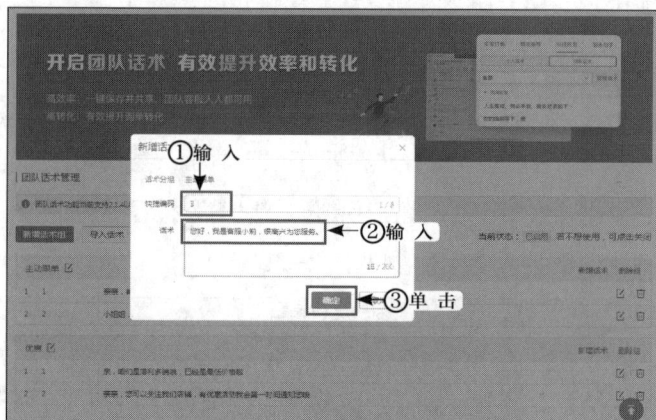

图 12-25　新增共享话术页面

【技巧解析】

1. 利用快捷编码提高效率

当客服主管把话术统一分享给一线客服时，客服人员即可在与顾客沟通界面的右侧，切换到"快捷回复"页面，查看团队话术。在回答顾客问题时，输入话术编码即可快速回复顾客信息。

比如，客服主管给某条话术编辑的快捷编码是 1，那么，该话术的触发方式则为 /1，客服人员输入"/+ 快捷编码"，就可以发送团队话术。

2. 利用禁用词功能规避处罚

客服人员除了可以通过共享团队话术提高效率，还可以利用商家或客服主管开启的禁用词功能，减少因误发违禁词或辱骂顾客而导致的处罚，给顾客营造一个文明的沟通环境。

12.2 利用功能，处理售后

售后问题是客服工作内容的重中之重，客服人员在处理售后时，一定要做到少时高效，在给顾客一个良好的购物体验的同时，避免给店铺利益带来损失。

所以，客服人员可以利用拼多多平台的部分功能，快速处理顾客的退货退款，识别并应对部分顾客的恶买行为（顾客非正常目的下单的行为），提高处理顾客的售后问题的工作效率，从而规避拼多多平台对店铺的处罚，维护店铺利益。

12.2.1 快递拦截，召回省事

商家已经发货后，如果顾客此时申请退款，那么客服人员可以使用快递拦截召回功能，迅速地拦截商品，并把商品召回。

【操作步骤】

快递拦截召回功能可以让客服人员直接跳过联系快递人员这一步，阻止快递派发，提升售后处理的效率，对此，发起快递拦截召回功能的具体操作步骤如下。

▶▶ STEP01 客服人员在拼多多商家后台中的"售后管理"标题栏的下方，❶单击"售后工作台"按钮，查看对应顾客的退款申请；❷单击"处理退款"，如图 12-26 所示。

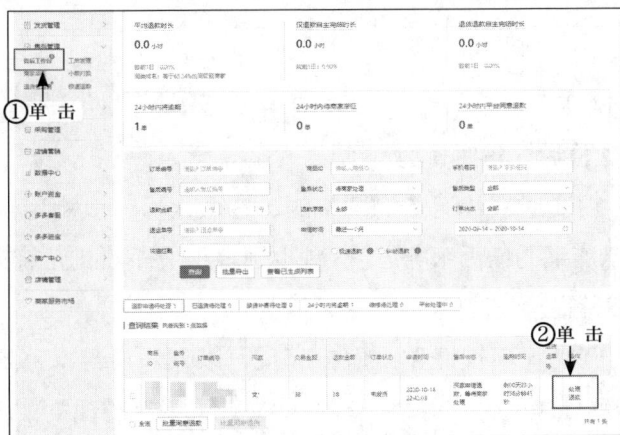

图 12-26 顾客退款页面

▶▶ STEP02 跳转到售后详情页面后，客服人员单击"快速拦截"按钮，如图 12-27 所示。

图 12-27　售后详情页面

▶▶ STEP03 跳转到快递拦截的状态信息时，在"快递拦截"选项中选择查看拦截情况即可，如图 12-28 所示。

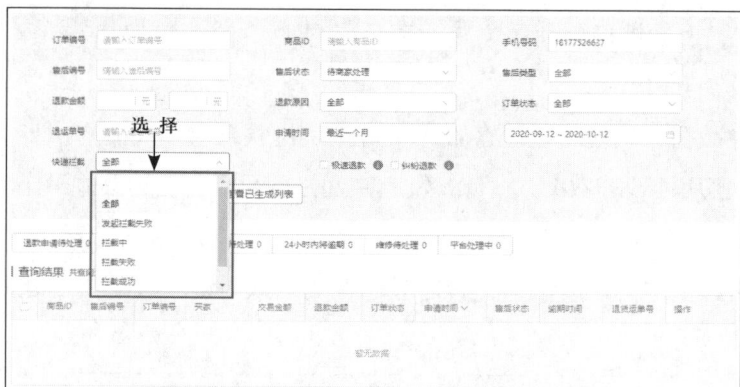

图 12-28　快递拦截的状态信息页面

【技巧解析】

1. 快速处理售后，省时省力

在遇到顾客需要退款或退货的情况时，客服人员可以利用快递拦截召回的功能，向顾客展示店铺的售后服务态度，减少顾客纠纷，同时增加店铺服务满意度。

2. 保障商家利益，规避风险

快递拦截召回功能不仅操作方便，而且可以降低平台介入率，同时还能提升客服人员的售后处理能力。如果出现拦截失败或丢件的现象，那么快递公司将对店铺进行全额货款赔付，让店铺的利益得到保障。

12.2.2 发现异常，阻止恶买

恶买行为是客服人员在工作中必然会遇到的情况，应对类似订单，客服人员可以发起异常下单投诉。

异常下单投诉主要是针对顾客非正常消费目的下单或由顾客原因导致的无法正常发货等情况的维权手段。客服人员发起申诉后，如果拼多多平台审核成功，那么针对该订单，商家可以无须再发货。

【操作步骤】

遇到有恶买行为的顾客，客服人员可以发起异常订单申诉，具体操作步骤如下。

▶▶ STEP01 客服人员在拼多多商家后台中的"店铺管理"下方，❶单击"订单申诉"按钮；❷在"异常订单不发货"下方单击"去申诉"按钮，如图 12-29 所示。

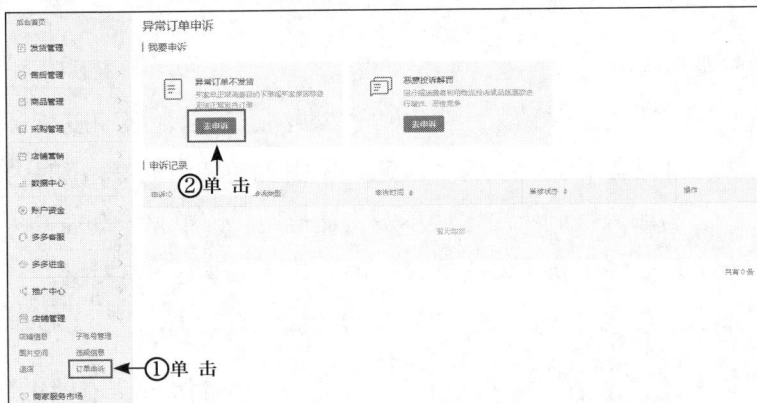

图 12-29　异常订单申诉页面

▶▶ STEP02 完成选择"申诉原因"，即可提交申诉，如图 12-30 所示。

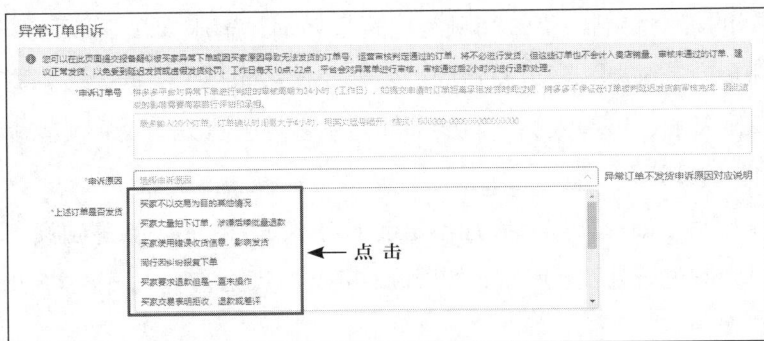

图 12-30　异常订单不发货申诉页面

【技巧解析】

1. 识别恶买行为

当店铺遇到恶买行为时，客服可以采用该功能保护店铺的权益。"异常订单不发货"申诉成功后，该订单将不计入店铺销量，商家也无须再发货。图 12-31 所示为一些常见的恶买行为。

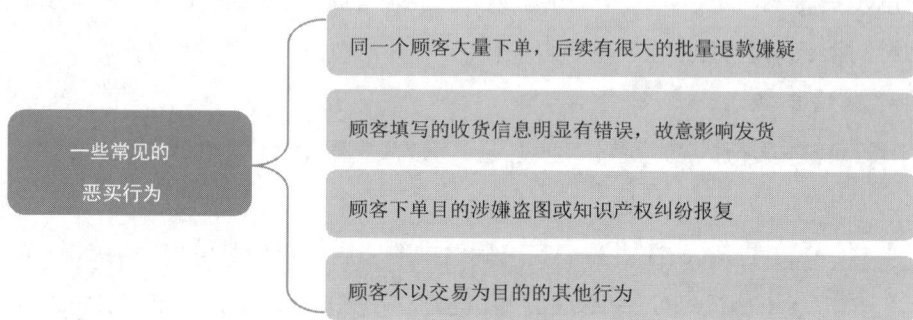

一些常见的恶买行为

- 同一个顾客大量下单，后续有很大的批量退款嫌疑
- 顾客填写的收货信息明显有错误，故意影响发货
- 顾客下单目的涉嫌盗图或知识产权纠纷报复
- 顾客不以交易为目的的其他行为

图 12-31　一些常见的恶买行为

2. 应对恶买行为

面对某些顾客的恶买行为，客服人员需要注意的是，极速发货订单必须在成团后 12 小时内提交不发货申请，普通订单需要在成团后 24 小时内提交不发货申请。同时，客服人员向平台申请不发货通过后，订单将自动退款；如果平台审核后，客服人员的不发货申请未通过，那么该订单需要正常发货。

所以，商家一定要及时识别出某些顾客的恶买行为，并且了解平台规则，及时处理有恶买行为的订单。

12.2.3　申请缺货，减少损失

当店铺的某个商品缺货，而顾客已经下单时，客服人员可以通过主动申请缺货，来避免商家被判为延迟发货而遭受处罚，从而减少商家损失。需要注意的是，在申请缺货时，客服人员一定要提前与顾客沟通情况，取得顾客理解。

【操作步骤】

顾客下单后，商家如果因库存不足而迟迟不发货，不仅会遭到顾客的投诉，系统也会对商家进行处罚，所以，如果库存不足，那么客服人员要主动申请缺货，具体操作步骤如下。

▶▶ STEP01 客服人员可以进入拼多多管理后台，❶单击"发货管理"标题栏下方的"订单查询"按钮；进入"订单查询"页面，找到相关订单后，❷单击"查看详情"按钮，如图 12-32 所示。

图 12-32　"订单查询"页面

▶▶ STEP02 进入"订单详情"页面后，在页面右上方，单击"申请缺货"按钮，如图 12-33 所示。

图 12-33　"申请缺货"页面

【技巧解析】

1. 注意申请条件

客服人员需要注意的是，申请缺货的订单对应的必须是未发货状态的非活动商品，并且订单对应的商品已下架，同时要保证店铺资金充足。

2. 规避延迟发货

如果订单量过多，那么客服人员需要快速处理，规避延迟发货。此时，商家可以在后台主页的"发货中心"导入表格批量申请缺货。

读者意见反馈表

亲爱的读者：

感谢您对中国铁道出版社有限公司的支持，您的建议是我们不断改进工作的信息来源，您的需求是我们不断开拓创新的基础。为了更好地服务读者，出版更多的精品图书，希望您能在百忙之中抽出时间填写这份意见反馈表发给我们。随书纸制表格请在填好后剪下寄到：北京市西城区右安门西街8号中国铁道出版社有限公司大众出版中心 张亚慧收（邮编：100054）。或者采用传真（010-63549458）方式发送。此外，读者也可以直接通过电子邮件把意见反馈给我们，E-mail地址是：lampard@vip.163.com。我们将选出意见中肯的热心读者，赠送本社的其他图书作为奖励。同时，我们将充分考虑您的意见和建议，并尽可能地给您满意的答复。谢谢！

- -

所购书名：_____

个人资料：

姓名：_____ 性别：_____ 年龄：_____ 文化程度：_____

职业：_____ 电话：_____ E-mail：_____

通信地址：_____ 邮编：_____

- -

您是如何得知本书的：

□书店宣传 □网络宣传 □展会促销 □出版社图书目录 □老师指定 □杂志、报纸等的介绍 □别人推荐
□其他（请指明）

您从何处得到本书的：

□书店 □邮购 □商场、超市等卖场 □图书销售的网站 □培训学校 □其他

影响您购买本书的因素（可多选）：

□内容实用 □价格合理 □装帧设计精美 □带多媒体教学光盘 □优惠促销 □书评广告 □出版社知名度
□作者名气 □工作、生活和学习的需要 □其他

您对本书封面设计的满意程度：

□很满意 □比较满意 □一般 □不满意 □改进建议

您对本书的总体满意程度：

从文字的角度 □很满意 □比较满意 □一般 □不满意
从技术的角度 □很满意 □比较满意 □一般 □不满意

您希望书中图的比例是多少：

□少量的图片辅以大量的文字 □图文比例相当 □大量的图片辅以少量的文字

您希望本书的定价是多少：

本书最令您满意的是：

1.
2.

您在使用本书时遇到哪些困难：

1.
2.

您希望本书在哪些方面进行改进：

1.
2.

您需要购买哪些方面的图书？对我社现有图书有什么好的建议？

您更喜欢阅读哪些类型和层次的书籍（可多选）？

□入门类 □精通类 □综合类 □问答类 □图解类 □查询手册类 □实例教程类

您在学习计算机的过程中有什么困难？

您的其他要求：